Guttentagsche Sammlung
Nr. 112 Deutscher Reichsgesetze Nr. 112
Textausgaben mit Anmerkungen.

Reichsgesetz
betreffend
Kaufmannsgerichte
vom 6. Juli 1904
und die anzuwendenden Bestimmungen des
Gewerbegerichtsgesetzes.

Mit Anmerkungen unter besonderer Berücksichtigung der Literatur und Rechtsprechung nebst Sachregister

bearbeitet von

Dr. Hans Depène,
Magistratsrat
Vorsitzender des Kaufmannsgerichts Berlin.

Berlin 1914.
J. Guttentag, Verlagsbuchhandlung,
G. m. b. H.

Roßberg'sche Buchdruckerei, Leipzig.

Vorwort.

Das Reichsgesetz, betreffend Änderungen des Gerichtsverfassungsgesetzes, der Zivilprozeßordnung usw., vom 1. Juni 1909 (RGBl. S. 475 ff.) ist auch für das Verfahren vor den Kaufmannsgerichten von wesentlicher Bedeutung gewesen. Während der nunmehr neunjährigen Tätigkeit dieser Gerichte hat sich ferner die Literatur und Rechtsprechung, auch der ordentlichen Gerichte, eingehend mit den Bestimmungen dieses Gesetzes beschäftigt. Erst die Praxis konnte eine hinreichende Auslegung des Gesetzes bringen. Freilich gibt es noch genug streitige Fragen, die infolge des Mangels einer einheitlichen höchsten Rechtsprechung vorderhand auch bestehen bleiben, vielleicht einmal durch authentische Auslegung beseitigt werden. Eine Zusammenstellung des einschlägigen Materials ist die Aufgabe dieser Arbeit. Zunächst dem Juristen, insbesondere dem Richter des ordentlichen Gerichts und dem Rechtsanwalt, welche nur selten in die Lage kommen, sich in die Materie einarbeiten zu müssen, will das Buch ein Wegweiser sein. Verfasser hat sich bemüht, das Gesetz unter Heranziehung der Literatur und Rechtsprechung bis in die neueste Zeit zu erläutern. Entsprechend dem Zweck und der Bestimmung des Werkes konnte dies natürlich nur in der knappsten Form geschehen. Zur Bequemlichkeit des Lesers sind die im Gesetz zitierten oder für das Verständnis notwendigen Paragraphen anderer Gesetze, insbesondere des Gewerbegerichtsgesetzes und der Zivilprozeßordnung bei den entsprechenden Stellen abgedruckt und durch besondere Druckart kenntlich gemacht worden. Wo die Bestimmungen des Gewerbegerichtsgesetzes als integrierender Bestandteil des Kaufmannsgerichtsgesetzes anzusehen sind, sind auch sie mit Anmerkungen versehen worden.

Auch der Nichtjurist, welcher im kaufmännischen Leben steht, der Beisitzer oder wer sich für das Amt eines Beisitzers vorbereiten will, wird manches Wissenswerte in dem Buche finden. Möge es daher allerseits gütig aufgenommen werden.

Besonderen Dank spreche ich auch an dieser Stelle Herrn Referendar Honcamp aus, welcher mich bereitwilligst durch die Anfertigung eines ausführlichen Wörterverzeichnisses unterstützt hat.

Berlin, im Januar 1914.

Hans Depène.

Inhalt.

Erklärung der Abkürzungen.

a. A. = anderer Ansicht.
AbgZBl. = Zentralblatt für Abgabenverwaltung.
a. F. = alte Fassung.
AG.BGB. = Ausführungsgesetz zum Bürgerlichen Gesetzbuch.
a. M. = anderer Meinung.
AN. = Amtliche Nachrichten des Reichsversicherungsamts.
Arndt, St. = Das Staatsrecht des Deutschen Reiches. Berlin 1901.
Arndt, V. = Verfassung d. Deutschen Reiches. 5. Aufl. Berlin.
BadRpr. = Badische Rechtspraxis.
BankA. = Bank-Archiv.
BayObLG. = Bayrisches Oberstes Landesgericht.
BayObLGZ. = Sammlung von Entscheidungen des Obersten Landesgerichts für Bayern in Gegenständen des Zivilrechts.
BayZ. = Zeitschrift für Rechtspflege in Bayern.
BGB. = Bürgerliches Gesetzbuch.
BGBl. = Bundesgesetzblatt.
Bitter = Handwörterbuch der preußischen Verwaltung. 2. Aufl. Leipzig.
BreslauAK. = Zeitschrift der Anwaltskammer Breslau.
DJZ. = Deutsche Juristenzeitung.
DRAZ. = Deutsche Rechtsanwaltszeitung.
DRZ. = Deutsche Richterzeitung.
EG.BGB. = Einführungsgesetz zum Bürgerlichen Gesetzbuch.
EG.GVG. = Einführungsgesetz zum Gerichtsverfassungsgesetz.
EG.ZPO. = Einführungsgesetz zur Zivilprozeßordnung.
ElsLothZ. = Juristische Zeitschrift für das Reichsland Elsaß-Lothringen.
ErgBd. = Ergänzungsband.

FrankfRundsch. = Rundschau. Sammlung gerichtlicher Entscheidungen aus dem Bezirke des Oberlandesgerichts Frankfurt a. M.

Gaupp-Stein = Die Zivilprozeßordnung für das Deutsche Reich, erläutert von Friedrich Stein. 10. Aufl. Tübingen.

GewKfmG. = Das Gewerbe- und Kaufmannsgericht. Monatsschrift des Verbandes deutscher Gewerbe- und Kaufmannsgerichte. Berlin.

GG. = Zeitschrift: Das Gewerbegericht. Mitteilungen des Verbandes deutscher Gewerbegerichte. Berlin.

GGG. = Gewerbegerichtsgesetz.

GKG. = Das deutsche Gerichtskostengesetz.

GO. = Gewerbeordnung.

GruchotsBeitr. = Beiträge zur Erläuterung des deutschen Rechts. Begründet von Gruchot.

GS. = Preußische Gesetzsammlung.

GVBl. = Gesetz- und Verordnungsblatt.

GVGebO. = Gebührenordnung für Gerichtsvollzieher.

GVO. = Gerichtsvollzieherordnung.

Haas, G. = Kommentar zum Gewerbegerichtsgesetz. 2. Aufl. Göttingen.

Haas, K. = Kommentar zum Kaufmannsgerichtsgesetz. Göttingen 1904.

Hanow = Kommentar zur Reichsversicherungsordnung. Berlin 1913.

HansGZ. = Hanseatische Gerichtszeitung.

HessRspr. = Hessische Rechtsprechung.

HGB. = Handelsgesetzbuch.

HirthsAnn. = Annalen des Deutschen Reiches. Begründet von Hirth.

HK. = Gutachten über Handelsgebräuche. Erstattet von der Handelskammer Berlin. Bd. I u. II.

HMBl. = Ministerialblatt der Handels- und Gewerbeverwaltung.

HoldheimsMSchr. = Monatsschrift für Handelsrecht und Bankwesen, Steuer- und Stempelfragen. Herausgegeben von Holdheim.

Jahrb. = Jahrbuch des Kaufmannsgerichts Berlin. Bd. I bis III.

JMBl. = Preußisches Justizministerialblatt.

JW. = Juristische Wochenschrift.

KaufmannRspr. = Handelsrechtliche Rechtsprechung. Hannover.

KG. mit Datum = Entscheidungen des Kammergerichts.

KG. mit Ortsbezeichnung und Datum = Entscheidungen der Kaufmannsgerichte.

KG. mit arabischer Zahl (Jahrg.) u. Seitenzahl = Das Kaufmannsgericht. Monatsschrift. Hamburg.

KGBl. = Blätter für Rechtspflege im Bezirk des Kammergerichts.

KGG. = Kaufmannsgerichtsgesetz.

KGJ. = Jahrbuch der Entscheidungen des Kammergerichts in Sachen der nicht streitigen Gerichtsbarkeit und in Strafsachen.

KO. = Konkursordnung.

Komment. v. Reichsg. = Das Bürgerliche Gesetzbuch, Kommentar von Reichsgerichtsräten.

Kulka = Das Kaufmannsgerichtsgesetz. Handausgabe mit Erläuterungen. Leipzig 1904.

LG. = Landgericht.

LZ. = Leipziger Zeitschrift für Handels-, Konkurs- und Versicherungsrecht.

MinBl. f d. i. V. = Preußisches Ministerialblatt für die gesamte innere Verwaltung.

MittdSt. = Mitteilung aus der Verwaltung der direkten Steuer.

Mot. = Motive.

OLG. = Oberlandesgericht.

OLGRspr. = Die Rechtsprechung der Oberlandesgerichte. Herausgegeben von Falkmann und Mugdan.

Olshausen = Kommentar zum Strafgesetzbuch für das Deutsche Reich. 8. Aufl. Berlin.

PosMSchr. = Juristische Monatsschrift für Posen, West- und Ostpreußen.

Prenner = Menzinger-Prennersche Textausgabe des Gesetzes, betr. die Kaufmannsgerichte, von Prenner. München 1910.

PrVerf. = Preußische Verfassung.

PrVerwBl. = Preußisches Verwaltungsblatt.

PucheltsZ. = Zeitschrift für deutsches bürgerliches Recht und französisches Zivilrecht.

RBG. = Reichsbeamtengesetz.

Recht = Das Recht. Rundschau für den deutschen Juristenstand.

Reger = Entscheidungen der Gerichte und Verwaltungsbehörden von Reger.

RGBl. = Reichsgesetzblatt.

RGSt. = Entscheidungen des Reichsgerichts in Strafsachen.

RGZ. = Entscheidungen des Reichsgerichts in Zivilsachen.

RheinArch. = Archiv für das Zivil- und Kriminalrecht der Königlich preußischen Rheinprovinz.

ROHG. = Entscheidungen des Reichsoberhandelsgerichts.

SächsArchR. = Sächsisches Archiv für bürgerliches Recht und Prozeß bzw. Sächsisches Archiv für Rechtspflege.

SchlHolstAnz. = Schleswig-Holsteinische Anzeigen.

v. Schulz = Das Reichsgesetz, betr. Kaufmannsgerichte, erläutert von M. v. Schulz. Jena 1905.

SeuffA. = Seufferts Archiv für Entscheidungen der obersten Gerichte in den deutschen Staaten.

SeuffBl. = Seufferts Blätter für Rechtsanwendung.

Sörgel = Rechtsprechung zum gesamten Zivil-, Handels- und Prozeßrecht des Reiches und der Bundesstaaten.

SozPr. = Soziale Praxis, Zentralblatt für Sozialpolitik.
Staub = Kommentar zum Handelsgesetzbuch. 9. Aufl. Berlin.
StGB. = Strafgesetzbuch.
StPO. = Strafprozeßordnung.
Sydow-Busch = Zivilprozeßordnung mit Anmerkungen von L. Busch und A. Busch. 14. Aufl. Berlin 1913.
UWG. = Unterstützungswohnsitzgesetz.
W. = Warneyers Jahrbuch der Entscheidungen. A. Zivil-, Handels- und Prozeßrecht. Leipzig.
WarnRspr. = Warneyers Jahrbuch der Entscheidungen. Ergänzungsband, enthaltend die Rechtsprechung des Reichsgerichts auf dem Gebiete des Zivilrechts.
Wilhelmi-Bever = Das Gewerbegerichtsgesetz. Kommentar. Berlin 1903.
ZAktG. = Zeitschrift f. d. gesamte Aktienwesen.
ZfDGerSekr. = Zeitschrift für das deutsche Gerichtssekretariat.
ZGO. = Gebührenordnung für Zeugen und Sachverständige.
ZPO. = Zivilprozeßordnung.
ZZP. = Zeitschrift für deutschen Zivilprozeß. Begründet von Busch.

Literatur.

I. Kommentare, Hand- und Textausgaben mit Erläuterungen.

Baum, Handbuch für Gewerbe- und Kaufmannsgerichte. Berlin.

Haas, Kommentar zum Kaufmannsgerichtsgesetz. Göttingen 1904.

Kulka, Gewerbe- und Kaufmannsgericht. Handausgabe mit Erläuterungen. Leipzig 1904.

Menzinger-Prenners Textausgabe mit Anmerkungen. München 1910.

v. Meyeren, Das Reichsgesetz, betr. die Kaufmannsgerichte. Berlin 1905.

Pannier, Reichsgesetz, betr. Kaufmannsgerichte. Text mit Anmerkungen. Leipzig 1910.

M. v. Schulz, Das Reichsgesetz, betr. die Kaufmannsgerichte. Kommentiert. Jena 1905.

Stiehler, Das Kaufmannsgericht. Taschenhandbuch. Halle a. S. 1905.

II. Lehrbücher, systematische Darstellungen.

van Borght, Das Recht der Handlungsgehilfen. Berlin 1909.

Graef, Die Kaufmannsgerichte, ihre Verfassung und ihr Verfahren. Leipzig 1904.

Röber, Das Verfahren vor den Kaufmannsgerichten. Berlin 1906.

Schön, Die Kaufmannsgerichte. Systematische Darstellung der für die Verfassung und das Verfahren geltenden gesetzlichen Bestimmungen. Kiel 1905.

Schöninger, Die Kaufmannsgerichte. Eine rechts- und fachwissenschaftliche Belehrung für Kaufleute. Stuttgart 1907.

III. Abhandlungen.

Baum, Die Bedeutung der deutschen Zivilprozeßreform für die Gewerbe- und Kaufmannsgerichte (GewKfmG. **13** 25).

Behrens, Handelsgesetz über Anstellung und Kündigung mit Anhang: Das Kaufmannsgericht. Hamburg 1911.

Bever, Der Vorsitzende ist ohne Zustimmung beider Parteien nicht befugt, über die Zuständigkeit allein zu entscheiden (GewKfmG. **17** 186).

Bolze, Ist der Kommanditist Kaufmann? (Recht **13** 570).

Fuld, Zuständigkeit des Kaufmannsgerichts bei Rechtsnachfolge (PuchéltsZ. **37** 348).

Hansen, Zur Frage der Überflüssigkeit der Kaufmannsgerichte (DJZ. **14** 485; s. auch Neumann).

Hausmeister, Kaufmannsgericht und § 139 BGB. (HoldheimsMSchr. **19** 286).

Krönig, Die Unzuständigkeit des Kaufmannsgerichts für Streitigkeiten zwischen Versicherungsvereinen auf Gegenseitigkeit und ihren Angestellten (DJZ. **15** 1291).

Landsberger, Die Unanfechtbarkeit der Nichtzulassung gewerbsmäßiger Vertreter vor den Gewerbe- und Kaufmannsgerichten (GewKfmG. **17** 220).

Marcus, Aufrechnung der Ansprüche des früheren Handlungsgehilfen vor dem ordentlichen Gericht (DRZ. **4** 476).

Möricke, Das Zwischenurteil über den Grund des Anspruchs (GewKfmG. **14** 334).

Neumann, Zur Frage der Überflüssigkeit der Kaufmannsgerichte (DJZ. 14 653; s. auch Hansen).

Roth, Ist das ordentliche Gericht oder das Kaufmannsgericht zuständig, wenn es sich um eine Streitigkeit der im § 5 KGG. bezeichneten Art handelt, aber ohne daß bereits ein Dienst- oder Lehrverhältnis besteht? (Recht 13 672).

Pappenheim, Die Kaufmannseigenschaft des Kommanditisten. Kiel 1907.

Pappenheim, Zum Kaufmannsbegriff des HGB. (LZ. 4 1).

v. d. Pfordten, Anleitung für die Beisitzer des Kaufmannsgerichts. München, A. G. Müller.

Prenner, Über den Ausbau der Gewerbe- und Kaufmannsgerichte zu allgemeinen Anstaltsgerichten unter Angliederung an die Amtsgerichte (RechtuWirtsch. 1 370).

Reichel, Zuständigkeit des Gewerbe- und Kaufmannsgerichts für Klagen gegen Bürgen und Schuldübernehmer (SächsArchR. 08 73).

Reichert, Der Einfluß der Zivilprozeßnovelle v. 1. 6. 09 auf das gewerbegerichtliche Verfahren (GewKfmG. 15 147).

Sohm, Der Kommanditist ein Kaufmann? (LZ. 3 594; s. auch WarnRspr. 09 249 zu § 1 HGB.).

Traebs, Die Stellung des Gewerbe- und Kaufmannsgerichtsvorsitzenden zum Magistratsdirigenten (GewKfmG. 12 97).

Zimmermann, Die Tätigkeit der Kaufmannsgerichte im Jahre 1907 (HirthsAnn. 42 69).

IV. Rechtsprechung.

Jahrbuch des Kaufmannsgerichts Berlin. Bd. 1—3. Berlin.

Kaufmann, Handelsrechtliche Rechtsprechung. Hannover.

Warneyer, Jahrbuch der Entscheidungen. A. Zivil-, Handels-Prozeßrecht. Leipzig.

V. Zeitschriften.

Das Gewerbe- und Kaufmannsgericht. Monatsschrift des Verbandes deutscher Gewerbe- und Kaufmannsgerichte. Berlin bei Georg Reimer.

Das Kaufmannsgericht. Monatsschrift zur Förderung volkstümlicher Rechtsanschauungen über den kaufmännischen Dienstvertrag. Hamburg 36 Holstenwall 4.

Blätter für soziale Praxis. Wochenschrift. Berlin bei Siemenroth & Worms.

Einleitung.

Die Entwicklungsgeschichte des Kaufmannsgerichtsgesetzes vom 6. Juli 1904 in seinen wesentlichen Zügen[1]) enthält der allgemeine Teil der Begründung, welche dem Entwurf dieses Gesetzes, wie solcher vom Bundesrat beschlossen worden und dem Reichstage zur verfassungsmäßigen Beschlußnahme vorgelegt worden ist, und welcher folgenden Wortlaut hat:

„Seit Jahren macht sich bei den Handlungsgehilfen in weitem Umfange der Wunsch geltend, gleichfalls zu Einrichtungen zu gelangen, welche es ermöglichen, Streitigkeiten aus dem Dienstverhältnisse vor einem durch sachkundige Beisitzer aus den Kreisen der Arbeitgeber und Arbeitnehmer verstärkten Gericht in einem schleunigen und billigen Verfahren zum Austrage zu bringen. Auch fehlt es nicht an Stimmen aus den Vertretungen der Kaufleute, welche sich den Wünschen der Handlungsgehilfen anschließen und für die Errichtung besonderer kaufmännischer Gerichte eintreten. Der Reichstag hat diesen Bestrebungen gegenüber von vornherein eine wohlwollende Stellung eingenommen und wiederholt zu erkennen gegeben, daß er auf die baldige Befriedigung der geltend gemachten Wünsche Wert legt. Bereits

---

[1]) Eingehend dargestellt von Riesenfeld: „Kaufmännische Schiedsgerichte" in Volkswirtschaftliche Zeitfragen, herausgegeben von der Volkswirtschaftlichen Gesellschaft, Jahrg. XIX; Leonhard Simion, Berlin 1897.

im Jahre 1897 bei der Beratung über den Entwurf eines Handelsgesetzbuchs beschloß er,

‚die verbündeten Regierungen zu ersuchen, baldtunlichst die Vorlegung eines Gesetzentwurfs zu veranlassen, wonach zur Entscheidung von Streitigkeiten zwischen Prinzipalen einerseits und Handlungsgehilfen und -lehrlingen anderseits kaufmännische Schiedsgerichte errichtet werden‘.

(Sten. Ber. vom 7. April 1897 S. 5586 C, D; zu vergleichen Reichstags-Drucksachen 1895/97 Nr. 735 S. 147.)

Neben mehreren Anträgen, die eine entsprechende Ausdehnung der Zuständigkeit der Gewerbegerichte bezweckten

(zu vergleichen Reichstags-Drucksachen 1894/95 Nr. 46, 1895/96 Nr. 50, 1898/99 Nr. 36),

sind ferner die mit der obigen Resolution übereinstimmenden Anträge

(Reichstags-Drucksachen 1898/99 Nr. 55 und 85)

zu erwähnen, welche in der Sitzung vom 25. Januar 1899 (Sten. Ber. 1898/99 S. 448) mit großer Mehrheit angenommen wurden. Es folgten sodann noch ein Antrag mit dem ‚Entwurf eines Gesetzes, betreffend die kaufmännischen Schiedsgerichte‘

(Reichstags-Drucksachen 1900/02 Nr. 423),

und endlich ein Antrag auf Vorlegung eines Gesetzentwurfs, durch welchen besondere Gerichte für Rechtsstreitigkeiten aus dem kaufmännischen Dienstvertrag eingeführt werden,

(Reichstags-Drucksachen 1900/01 Nr. 29).

Diesen Antrag hat der Reichstag in der Sitzung vom 29. Januar 1902 (Sten. Ber. S. 3725) an eine Kommission von 14 Mitgliedern überwiesen.

In Übereinstimmung mit der Stellungnahme der Beteiligten und des Reichstags muß das Bedürfnis nach einer Regelung der Frage anerkannt werden. Hierfür spricht einmal die wirtschaftliche Lage der Handlungsgehilfen, deren Einkommen meist so bemessen ist, daß es zwar zum täglichen Unterhalt ausreicht, nicht aber das Ansammeln wesentlicher Ersparnisse ermöglicht. Die Handlungsgehilfen sind daher auf den pünktlichen Bezug ihres Gehalts angewiesen und können im Streitfalle die durch eine nicht besonders beschleunigte Rechtsprechung hervorgerufene Hinausschiebung der Gehaltszahlung um so lästiger empfinden, als es für sie erfahrungsgemäß besonders schwer fällt, eine neue Stellung zu erlangen, solange sie noch mit ihren bisherigen Prinzipalen im Prozesse liegen.

Ein weiterer Grund, der es den Handlungsgehilfen zu einem großen Teil bei ihren Gehaltsverhältnissen besonders erschwert, die im ordentlichen Gerichtsverfahren entstehenden Kosten zu bestreiten, ist der, daß die Kündigungs- und Lohnzahlungsperioden in der Regel bei ihnen länger bemessen sind als bei den gewerblichen Arbeitern, so daß bei ihren Ansprüchen der Wert des Streitgegenstandes häufiger den Betrag von 300 ℳ übersteigt, und somit die Zuständigkeit der Landgerichte, der Anwaltszwang und eine entsprechende Steigerung der Prozeßkosten gegeben sind. Die Einführung eines einfachen, schleunigen und billigen Verfahrens erscheint daher geboten.

Was die Organisation der kaufmännischen Gerichte betrifft, so haben von den bei der öffentlichen Erörterung der Angelegenheit vorgeschlagenen Wegen zunächst die Errichtung freiwilliger Schiedsgerichte bei den Handelskammern, die Übertragung der Entscheidung an die Kammern für Handelssachen sowie die Errichtung von besonderen, selbständigen kaufmännischen Gerichten auszuscheiden. Freiwillige Schiedsgerichte würden ohne wesentliche Bedeutung bleiben, weil der im Recht schwächere Teil sich ihnen zumeist nicht unterwerfen würde. Die Kammern für Handelssachen sind deshalb nicht geeignet, weil ihre fachkundigen Beisitzer lediglich aus den Kreisen der Kaufleute entnommen werden, weil sie sehr ungleich über das Land verteilt sind und teilweise räumlich zu ausgedehnte Bezirke haben. Völlig selbständige kaufmännische Gerichte aber würden nur einer verhältnismäßig kleinen Zahl der Handlungsgehilfen zugute kommen. Denn da nach einer von dem Deutschen Verbande kaufmännischer Vereine mitgeteilten Zusammenstellung die Handlungsgehilfen nicht einmal in allen Großstädten — mit mindestens 100000 Einwohnern — die Zahl von 2000 erreichen, so würden, von besonderen Mittelpunkten des Handels abgesehen, kaum in allen Großstädten die Voraussetzungen für die Lebensfähigkeit solcher selbständigen Gerichte gegeben sein, jedenfalls aber deren Errichtung und Erhaltung einen unverhältnismäßigen Kostenaufwand verursachen. Hiernach konnte für die geplante Neuregelung nur eine Anlehnung an die Amtsgerichte oder die Benutzung der gewerbegerichtlichen Organisation in Frage kommen.

Die erstere Gestaltung ist unter Berücksichtigung ihrer mannigfachen Vorzüge ernstlich erwogen und dabei sowohl die organische Angliederung kaufmännischer Gerichte an die Amtsgerichte als auch die Einführung eines vereinfachten und verbilligten Verfahrens bei den Amtsgerichten, unter Zuziehung kaufmännischer Beisitzer, in Betracht gezogen worden. Bei näherer Prüfung erwiesen sich jedoch die einem solchen Plane entgegenstehenden Bedenken als so groß, daß er nicht weiter verfolgt werden konnte. Bei einer derartigen Einrichtung würde insbesondere die Frage einer Umgestaltung des ganzen amtsgerichtlichen Verfahrens aufgerollt sein. Dies aus dem gegenwärtigen Anlasse geschehen zu lassen, empfahl sich jedoch schon um deswillen nicht, weil die Erörterung einer so weitgehenden Reform die Erledigung der Frage eines vereinfachten Verfahrens für die Handlungsgehilfen unter Umständen erheblich verzögern würde.

Hiernach erschien es angezeigt, die bestehende gewerbegerichtliche Organisation für die beabsichtigte Neueinrichtung heranzuziehen. Dabei war allerdings dem Umstande Rechnung zu tragen, daß bei Streitigkeiten aus dem kaufmännischen Dienst- oder Lehrverhältnisse schwierige Rechtsfragen in größerer Zahl aufzutauchen pflegen, als dies bei den dem Verfahren nach dem Gewerbegerichtsgesetz unterliegenden Streitigkeiten der Fall ist. Im Interesse einer sachgemäßen Rechtsprechung mußte daher die Führung des Vorsitzes bei den Verhandlungen Personen mit der Befähigung zum Richteramt oder zum höheren Verwaltungsdienste vorbehalten werden.

Überdies aber war es nicht angängig, die Zuständigkeit der Gewerbegerichte auf jene erstbezeichneten Streitigkeiten ohne weiteres auszudehnen, da trotz einiger Ähnlichkeiten doch mannigfache tiefgreifende Verschiedenheiten zwischen den Berufsverhältnissen der kaufmännischen Gehilfen und denjenigen der gewerblichen Arbeiter bestehen. Insbesondere haben die rechtlichen Beziehungen der Kaufleute zu ihrem Personale nicht in der Gewerbeordnung, sondern im Handelsgesetzbuch ihre besondere Regelung gefunden. Die Beisitzer der Gewerbegerichte sind daher nicht geeignet, bei der Entscheidung von Streitigkeiten aus dem kaufmännischen Dienstverhältnis überall mit der erforderlichen Sachkunde mitzuwirken, ebensowenig wie dies umgekehrt für die kaufmännischen Beisitzer bei gewerblichen Streitigkeiten der Fall sein würde. Auch liegt die Gefahr nahe, daß bei gemeinschaftlichen

Wahlen infolge des zahlenmäßigen Übergewichts der gewerblichen Arbeiter das kaufmännische Element unverhältnismäßig in den Hintergrund gedrängt werden könnte. Eine solche Unterstellung der Handlungsgehilfen unter die Gewerbegerichte würde auch den Wünschen der Beteiligten nicht entsprechen, wie von den mitgliederreichsten Vertretungen der Handlungsgehilfen nachdrücklich geltend gemacht worden ist.

Es empfiehlt sich daher, die Gerichte für die kaufmännischen Streitigkeiten nur durch die Person des Vorsitzenden und die für den Geschäftsverkehr erforderlichen Einrichtungen tunlichst mit den Gewerbegerichten in Verbindung zu bringen. Ausnahmsweise kann daneben die Errichtung eines besonderen Gerichts für die kaufmännischen Streitigkeiten zugelassen werden, sofern am Orte ein Gewerbegericht nicht besteht, oder neben einem vollbeschäftigten Gewerbegerichte noch ein vollbeschäftigtes Kaufmannsgericht zur Betätigung gelangen kann, oder endlich besondere sachliche oder persönliche Gründe für die Trennung der beiden Gerichte sprechen. Bei einem solchen Vorgehen werden zunächst die von den Gemeinden oder weiteren Kommunalverbänden zu tragenden Kosten der Gerichtshaltung wesentlich herabgemindert; ferner wird die vermehrte Zahl der zur Entscheidung gelangenden Streitigkeiten an vielen Orten die gemeinsame Einrichtung lebensfähiger gestalten, oft deren Schaffung erst ermöglichen. Das für die Gewerbegerichte vorgeschriebene Verfahren, das sich nach den seitherigen Wahrnehmungen im allgemeinen als zweckdienlich bewährt hat, kann ohne weiteres auf die Streitigkeiten aus dem kaufmännischen Dienstverhältnis übertragen werden, wobei dann die die Regel bildende Einheit in der Person des Vorsitzenden eine gleichmäßige Handhabung der Verfahrensvorschriften gewährleisten und die Gewöhnung des Personals der Gewerbegerichte an einen raschen Geschäftsgang auch den kaufmännischen Parteien zugute kommen wird. Weiterhin werden viele Streitigkeiten über die Zuständigkeit und über den Gerichtsstand vermieden werden. Zurzeit nämlich begründet namentlich in größeren industriellen Betrieben der Umstand, daß die den Handlungsgehilfen sozial meist gleichstehenden technischen Angestellten den Gewerbegerichten unterstellt sind, bei den ersteren häufig den Irrtum, daß auch sie zur Erhebung der Klage bei den Gewerbegerichten befugt seien. Die Unzuträglichkeiten, die sich infolgedessen aus der unverhältnismäßig großen Zahl von Unzuständigkeitserklärungen der Gewerbegerichte ergeben, lassen sich da, wo das Gewerbegericht und das Kaufmannsgericht ihren Sitz am gleichen Orte haben, auf ein wesentlich geringeres Maß beschränken (vgl. § 15). Auf der anderen Seite verbürgt die völlig getrennte Wahl der Beisitzer und der Ausschluß der Teilnahme von Beisitzern der einen Gruppe an Entscheidungen, welche die Rechtsverhältnisse der anderen Gruppe berühren, die erforderliche Kenntnis und Berücksichtigung der besonderen Verhältnisse.

Von mehr untergeordneter Bedeutung ist demgegenüber die Frage, ob man die neuen Einrichtungen als selbständige Abteilungen oder Kammern der Gewerbegerichte bezeichnen oder ob man ihnen eine eigene Benennung geben will, welche ihre selbständige Bedeutung und Gleichberechtigung gegenüber den Gewerbegerichten klarer zutage treten läßt. Der Entwurf hat das letztere schon deshalb vorgezogen, weil, wie oben hervorgehoben worden ist, Kaufmannsgerichte selbständig auch da errichtet werden können, wo ein Gewerbegericht nicht besteht."

Am 8. Januar 1904 ging der Entwurf, betreffend Kaufmannsgericht (Reichstags-Drucksachen Nr. 143) an den Reichstag und gelangte in erster Lesung in Verbindung mit dem von den Abgeordneten Lattmann, Liebermann von Sonnenberg, Graf zu Reventlow eingebrachten Entwurfe (Reichstags-Drucksachen Nr. 114) am 20. und 21. Januar 1904 im Plenum zur Beratung (Sten. Ber. S. 392 ff. u. 417 ff.). Er wurde einer Kommission von 21 Mitgliedern überwiesen. Dieser Kommission, welche sich am 22. Januar 1904 konstituierte, gehörte als Vorsitzender der Abgeordnete Wattendorff, als sein Stellvertreter der Abgeordnete Singer, als Schriftführer die Abgeordneten Dr. Dröscher und Dr. Müller (Meiningen) an. Mit der Berichterstattung wurde der Abgeordnete Dr. Hieber beauftragt und schriftliche Berichterstattung beschlossen.

Von seiten der verbündeten Regierungen beteiligten sich an den Kommissionsberatungen:

a) Die Bevollmächtigten zum Bundesrat:

Dr. Graf v. Posadowsky-Wehner, Stellvertreter des Reichskanzlers, Königlich preußischer Staatsminister, Staatssekretär des Innern,

Caspar, Direktor im Reichsamt des Innern,

Ritter v. Herrmann, Königlich bayrischer Staatsrat,

Ritter v. Schneider, Königlich bayrischer Ministerialrat,

Dr. Fischer, Königlich sächsischer Geheimer Rat mit dem Range eines Ministerialdirektors,

v. Schicker, Königlich württembergischer Präsident,

Braun, Großherzoglich badischer Geheimer Ober-Regierungsrat,

Dr. Pauli, Bürgermeister der freien Hansastadt Bremen;

b) die auf Grund des Artikels 16 der Reichsverfassung vom Bundesrat ernannten besonderen Kommissare:

Delbrück, Kaiserlicher Geheimer Ober-Regierungsrat im Reichs-Justizamt,

Spielhagen, Kaiserlicher Geheimer Regierungsrat im Reichsamt des Innern,

Dr. Vierhaus, Professor, Königlich preußischer Geheimer Ober-Justizrat im Justizministerium,

Dr. Habicht, Königlich preußischer Geheimer Justizrat im Justizministerium,

v. Meyeren, Königlich preußischer Geheimer Regierungsrat im Ministerium für Handel und Gewerbe.

Die Kommission begann ihre Beratungen am 29. Januar 1904 und beschloß, zwei Lesungen abzuhalten, sowie ihren Beratungen die Regierungsvorlage zugrunde zu legen und es den Abgeordneten Lattmann und Genossen zu überlassen, den Inhalt ihres Initiativantrages in Form von Einzelanträgen bei der Beratung zu vertreten. Die Kommission beschloß ferner, vor Eintritt in die Einzelberatungen in eine Generaldebatte über die grundsätzliche Frage einzutreten, ob die Kaufmannsgerichte an die Gewerbegerichte oder an die Amtsgerichte angeschlossen werden sollten. Hierzu wurde, da von verschiedenen Seiten der Anschluß an die Amtsgerichte empfohlen wurde, folgender Antrag gestellt:

„Unter Ablehnung der Vorlage – die verbündeten Regierungen um eine Vorlage zu ersuchen, durch welche bei den Amtsgerichten kaufmännische Schiedsgerichte eingerichtet werden, welche eine Beschleunigung und Verbilligung des Verfahrens über Streitigkeiten aus dem Dienst- oder Lehrverhältnisse zwischen Kaufleuten einerseits und ihren Handlungsgehilfen oder Handlungslehrlingen andererseits ermöglichen.“

Nachdem sich die Mehrzahl der Redner für den Anschluß der Kaufmannsgerichte an die Gewerbegerichte im Sinne der

Regierungsvorlage ausgesprochen hatte, wurde der vorher erwähnte Antrag mit 17 gegen 13 abgelehnt und demgemäß mit derselben Mehrheit der grundsätzliche Anschluß an die Gewerbegerichte beschlossen.

Die Kommission erledigte nunmehr ihre Aufgabe in 12 Sitzungen und gelangte damit am 14. März 1904 zum Abschluß.

Vor Eintritt in die zweite Lesung des Entwurfs wurden eine Reihe von Abänderungsanträgen gestellt, welche sich in Nr. 423/24, 453, 454, 459, 462, 463 und für die dritte Lesung in Nr. 469, 491, 492 der Reichstags-Drucksachen, I. Session 1903/04, befinden.

Inzwischen hatte die Kommission einen schriftlichen Bericht erstattet (Nr. 340 der Reichstags-Drucksachen). Vom 8. bis 10. Juni 1904 fand die zweite Lesung im Plenum des Reichstags statt (Sten. Ber. S. 3009 ff., 3045 ff., 3064 ff.). Die dritte Lesung erfolgte am 16. Juni 1904 (Sten. Ber. S. 3225 ff.). Nach Zustimmung des Bundesrats wurde das Gesetz am 6. Juli 1904 vom Kaiser vollzogen und am 14. Juli 1904 im Reichsgesetzblatt (Nr. 30 S. 266 ff.) veröffentlicht.

Wesentlicher Inhalt des Kaufmannsgerichtsgesetzes und das für die Kaufmannsgerichte geltende Verfahren.

Das Kaufmannsgericht ist berufen:

A. Als **Prozeßgericht** zur Entscheidung der im § 5 KGG. besonders bezeichneten Streitigkeiten aus dem Dienst- oder Lehrverhältnis zwischen Kaufleuten einerseits und ihren Handlungsgehilfen oder Handlungslehrlingen andererseits (§ 1). Die Errichtung ist obligatorisch für Gemeinden, welche nach der jeweilig letzten Volkszählung mehr als 20000 Einwohner haben (§ 2). Im übrigen erfolgt sie nach Ermessen.

Die Errichtung kann entweder für den Bezirk einer Gemeinde geschehen oder es können sich mehrere Gemeinden zur Errichtung eines gemeinsamen Kaufmannsgerichts für ihre Bezirke vereinigen. Die Errichtung geschieht im ersteren Falle durch Ortsstatut nach Maßgabe des § 142 GO., im letzteren Falle durch übereinstimmende Ortsstatuten der betreffenden Gemeinden. Die Ortsstatuten bedürfen der Genehmigung der höheren Verwaltungsbehörde. In jedem Falle sind vor der Errichtung sowohl Kaufleute als Handlungsgehilfen des Bezirks in entsprechender Anzahl zu hören. Die Landeszentralbehörde kann auf Antrag beteiligter Kaufleute und Handlungsgehilfen die Errichtung anordnen, wenn ungeachtet einer von ihr an die beteiligten Gemeinden oder den weiteren Kommunalverband ergangenen Aufforderung innerhalb der gesetzten Frist die Errichtung nicht erfolgt ist. In diesem Falle erfolgen die dem Statut vorbehaltenen Vorschriften durch Anordnung der Landeszentralbehörde. Letztere ist befugt, die örtliche Zuständigkeit eines auf ihre Anordnung errichteten Kaufmannsgerichts nach Anhörung der beteiligten Ortsbehörden auszudehnen (§ 3). Auf Handlungsgehilfen, deren Jahresarbeitsverdienst an Lohn oder Gehalt den Betrag von 5000 ℳ übersteigt, sowie auf die in Apotheken beschäftigten Gehilfen und Lehrlinge findet dieses Gesetz keine Anwendung (§ 4). Das Kaufmannsgericht ist für die ihm zugewiesenen Sachen ausschließlich zuständig. Vereinbarungen, durch welche Streitigkeiten seiner Zuständigkeit entzogen werden sollen, sind nichtig (§ 6). Für jedes Kaufmannsgericht sind ein Vorsitzender und mindestens ein Stellvertreter desselben sowie eine Anzahl von Beisitzern zu berufen. Die Zahl der Beisitzer soll mindestens vier betragen. Bei Kaufmannsgerichten, welche aus mehreren Abteilungen (Kammern) bestehen, können mehrere Vorsitzende bestellt werden. Die

Einrichtungen für die Gerichtsschreiberei, den Bureaudienst, die Sitzungs- und Bureauräumlichkeiten u. dgl. können mit denen eines auf Grund des § 1 oder 2 des GGG. errichteten Gewerbegerichts gemeinsam sein (§ 9). Zum Mitgliede eines Kaufmannsgerichts können nicht berufen werden:

1. Personen weiblichen Geschlechts,
2. Ausländer,
3. Personen, welche die Fähigkeit zur Bekleidung öffentlicher Ämter infolge strafgerichtlicher Verurteilung verloren haben,
4. Personen, gegen welche das Hauptverfahren wegen eines Verbrechens oder Vergehens eröffnet ist, das die Aberkennung des bürgerlichen Ehrenrechts und der Fähigkeit zur Bekleidung öffentlicher Ämter zur Folge haben kann,
5. Personen, welche infolge gerichtlicher Anordnung in der Verfügung über ihr Vermögen beschränkt sind.

Zum Mitglied eines Kaufmannsgerichts soll nur berufen werden, wer das 30. Lebensjahr vollendet und in dem der Wahl vorangegangenen Jahre für sich oder seine Familie Armenunterstützung aus öffentlichen Mitteln nicht empfangen oder die empfangene Armenunterstützung erstattet hat. Zum Beisitzer soll nur berufen werden, wer im Bezirk des Gerichts seit mindestens zwei Jahren seine Handelsniederlassung hat oder beschäftigt ist (§ 10). Als Vorsitzender und dessen Stellvertreter sollen Personen gewählt werden, welche die Fähigkeit zum Richteramt erlangt haben, auch können Personen gewählt werden, welche die Fähigkeit zu dem höheren Verwaltungsdienst besitzen. Ausnahmen sind der höheren Verwaltungsbehörde überlassen; der Vorsitzende und seine Stellvertreter dürfen weder Kaufleute noch Handlungsgehilfen sein. Sie werden durch den Magistrat oder durch die Gemeindevertreter, in weiteren Kommunalverbänden durch deren Vertretung auf mindestens ein Jahr gewählt. Ihre Wahl bedarf der Bestätigung der höheren Verwaltungsbehörde. Auch können Staats- oder Gemeindebeamte, welche den obigen Voraussetzungen genügen, bestellt werden, ebenso Vorsitzende des Gewerbegerichts oder deren Stellvertreter. In letzteren beiden Fällen ist die Bestätigung durch die höhere Verwaltungsbehörde nicht erforderlich (§ 11). Die Berufung der Beisitzer, welche zur Hälfte aus Kaufleuten und zur Hälfte aus Handlungsgehilfen entnommen werden, geschieht durch die Wahl. Diese ist unmittelbar und geheim; sie findet nach den Grundsätzen der Verhältniswahl statt, derart, daß neben den Mehrheitsgruppen auch die Minderheitsgruppen entsprechend ihrer Zahl vertreten sind. Hierbei kann die Stimmabgabe auf Vorschlagslisten beschränkt werden. Die Wahl erfolgt auf mindestens ein Jahr und höchstens sechs Jahre, eine Wiederwahl ist zulässig (§ 12). Als Kaufleute in diesem Sinne sind auch die Mitglieder des Vorstandes einer Aktiengesellschaft oder eingetragenen Genossenschaft oder einer als Kaufmann geltenden juristischen Person, sowie die Geschäftsführer einer Gesellschaft mit beschränkter Haftung anzusehen. Wählbar sind sie aber nur, wenn sie mindestens einen Handlungsgehilfen oder Handlungslehrling regelmäßig das Jahr hindurch oder zu gewissen Zeiten des Jahres beschäftigen. Zur Teilnahme an den Wahlen ist berechtigt, wer das 25. Lebensjahr vollendet hat und in dem Bezirke des Kaufmannsgerichts seine Handelsniederlassung hat oder beschäftigt ist. Personen weiblichen Geschlechts sind bei der Wahl ausgeschlossen (§ 13). Die näheren Bestimmungen über diese Wahl und das Wahlverfahren trifft das Statut. Beschwerden gegen die Rechtsgültigkeit der Wahl sind nur binnen eines Monats nach der Wahl zulässig. Sie werden durch die höhere Verwaltungsbehörde entschieden. Dieselbe kann auf erhobene Beschwerde Wahlen, welche gegen das Gesetz oder die erlassenen Wahlvorschriften verstoßen, für ungültig erklären (§ 17 GGG.). Das Amt der Beisitzer ist ein Ehrenamt, indessen erhalten sie für jede Sitzung, der sie beigewohnt haben, eine Vergütung etwaiger Reisekosten oder eine Entschädigung für Zeitversäumnis, deren Höhe das Statut festsetzt. Eine Zurückweisung der Vergütung ist unstatthaft. Die Übernahme dieses Amtes kann nur in den vom Gesetz bestimmten Fällen verweigert werden (§ 20 GGG.). Eine Bestrafung der Beisitzer wegen Verletzung ihrer Obliegenheiten ist durch den Vorsitzenden zulässig. Abgesehen hiervon kann ein Mitglied des Gerichts, hinsichtlich dessen Umstände eintreten oder bekannt werden, welche die Wählbarkeit zu dem von ihm bekleideten Amte nach Maßgabe dieses Gesetzes ausschließen, ihres Amtes enthoben werden. Ein Mitglied des Gerichts, welches sich einer groben Verletzung seiner Amtspflicht schuldig macht, kann seines Amtes durch Strafurteil entsetzt werden. Die Entsetzung erfolgt in der Form des Strafprozesses durch das Landgericht, in dessen Bezirk das Kaufmannsgericht seinen Sitz hat, auf Antrag der höheren Verwaltungsbehörde und nach Klageerhebung durch die Staatsanwaltschaft (§ 23 GGG.). Die Mitglieder des Kaufmannsgerichts sind zu beeidigen. Das Kaufmannsgericht verhandelt und entscheidet in der Besetzung von mindestens drei Mitgliedern mit Einschluß des Vorsitzenden, die Zuziehung einer größeren Anzahl von Beisitzern kann durch das Statut bestimmt werden. Kaufleute und Handlungsgehilfen müssen stets in gleicher Zahl vorhanden sein. Die Kosten der Einrichtung und Unterhaltung des Kaufmannsgerichts trägt die Gemeinde bzw. der Kommunalverband, für den es errichtet ist (§ 8).

Für das **Verfahren** vor den Kaufmannsgerichten kommen die Vorschriften des Gewerbegerichtsgesetzes §§ 26—61 zur Anwendung, mit der Maßgabe, daß die Berufung gegen die Urteile der Kaufmannsgerichte nur zulässig ist, wenn der Wert des Streitgegenstandes den Betrag von 300 *M* übersteigt. Da gemäß § 26 GGG. auf das Verfahren vor den Gewerbegerichten, die für das amtsgerichtliche Verfahren geltenden Vorschriften der Zivilprozeßordnung und auf diese diejenigen des landgerichtlichen Verfahrens Anwendung finden, so sind auch hier alle diese Bestimmungen zu beachten, soweit sie eben nicht durch die §§ 27—61 des Gewerbegerichtsgesetzes abgeändert sind. Wird bei dem Kaufmannsgericht eine vor das Gewerbegericht gehörige Klage erhoben, so hat das Kaufmannsgericht, sofern nicht für die Verhandlung und Entscheidung derselben ein Gewerbegericht besteht, durch Beschluß seine Unzuständigkeit auszusprechen und den Rechtsstreit an das Gewerbegericht zu verweisen. Eine Anfechtung des Beschlusses findet nicht statt; mit der Verkündung des Beschlusses gilt der Rechtsstreit als bei dem Gewerbegericht anhängig. Die in dem Verfahren vor dem Kaufmannsgericht erwachsenen Kosten werden als Teil der bei dem Gewerbegericht erwachsenen Kosten behandelt. Diese Vorschriften finden entsprechende Anwendung, wenn bei dem Gewerbegericht eine vor das Kaufmannsgericht gehörige Klage erhoben wird (§ 16). Örtlich zuständig ist dasjenige Kaufmannsgericht, in dessen Bezirk die streitige Verpflichtung zu erfüllen ist, oder in welchem sich die gewerbliche Niederlassung des Arbeitgebers befindet oder beide Parteien ihren Wohnsitz haben. Unter mehreren zuständigen Kaufmannsgerichten hat der Kläger die Wahl. Dem auf Beschleunigung gerichteten Prinzip entsprechend erfolgen die Zustellungen und Ladungen von Amts wegen durch den Gerichtsschreiber

(§§ 32 ff. GGG.). Die zur Erledigung des Rechtsstreits erforderlichen Verhandlungstermine werden von dem Vorsitzenden von Amts wegen angesetzt (§ 35 GGG.). In dem ersten, auf die Klage angesetzten Termin kann die Zuziehung der Beisitzer unterbleiben. Der Vorsitzende, welcher diesen Termin allein wahrnimmt, kann aber beim Nichterscheinen der Parteien ein Versäumnisurteil erlassen. Bleibt die Sache im Termin streitig, so hat der Vorsitzende die Entscheidung zu erlassen, wenn dieselbe sofort erfolgen kann und beide Parteien sie beantragen. Andernfalls ist ein neuer Verhandlungstermin anzusetzen und sofort zu verkünden, und zu diesem Beisitzer zuzuziehen (§ 54 GGG.). Rechtsanwälte und Personen, welche das Verhandeln vor Gericht geschäftsmäßig betreiben, werden als Prozeßbevollmächtigte oder Beistände vor dem Gericht nicht zugelassen (§ 31 GGG.). Erscheinen beide Parteien im Termin, so hat das Gericht tunlichst auf eine gütliche Erledigung des Rechtsstreits hinzuwirken. Es kann diesen Versuch in jeder Lage des Verfahrens erneuern und hat denselben bei Anwesenheit der Parteien am Schluß der Verhandlung zu wiederholen (§ 41 GGG.). Kommt ein Vergleich nicht zustande, so ist über den Rechtsstreit zu verhandeln. Die Leitung der Verhandlung liegt dem Vorsitzenden ob. Die Beweisaufnahme erfolgt in der Regel vor dem Kaufmannsgerichte, sie kann in besonderen Fällen dem beauftragten Vorsitzenden oder mittels Ersuchens einem Amtsgericht übertragen werden (§ 43 GGG.). Die Beeidigung der Zeugen und Sachverständigen erfolgt nur, wenn das Gericht die Beeidigung zur Herbeiführung einer wahrheitsgemäßen Aussage für notwendig erachtet oder wenn eine Partei dieselbe beantragt (§ 44 GGG.). Gegen die Entscheidung der Kaufmannsgerichte findet Berufung bzw. Beschwerde statt. Als Berufungs- und Beschwerdegericht ist das Landgericht, in dessen Bezirke das Kaufmannsgericht seinen Sitz hat, zuständig. Die Berufung ist binnen einer Notfrist von einem Monat nach Zustellung durch einen Rechtsanwalt einzulegen (§ 55 GGG.). Aus den Endurteilen des Kaufmannsgerichts, welche rechtskräftig oder für vorläufig vollstreckbar erklärt sind, sowie aus den Vergleichen, welche nach Erhebung der Klage vor dem Kaufmannsgerichte geschlossen sind, findet Zwangsvollstreckung nach den Regeln des Zivilprozesses statt (§ 57 GGG.). Für die Verhandlung des Rechtsstreits vor dem Kaufmannsgericht wird eine einmalige Gebühr, welche mindestens 1 ℳ und höchstens 30 ℳ beträgt, erhoben (§ 58 GGG.). Die Einziehung der Gerichtskosten erfolgt nach den für die Einziehung der Gemeindeabgaben geltenden Vorschriften (§ 59 GGG.).

B. Als **Einigungsamt** bei Streitigkeiten zwischen Kaufleuten und Handlungsgehilfen oder Handlungslehrlingen über die Bedingungen der Fortsetzung oder Wiederaufnahme des Dienst- oder Lehrverhältnisses. Auf die Zusammensetzung und das Verfahren vor dem Einigungsamt finden die Vorschriften der §§ 63—73 GGG. entsprechende Anwendung (§ 17).

C. **Gutachten** zu erstatten und **Anträge** an Behörden, an Vertretungen von Kommunalverbänden und an die gesetzgebenden Körperschaften der Bundesstaaten oder des Reiches zu richten (§ 18).

Ist ein zuständiges Kaufmannsgericht nicht vorhanden, so kann bei Streitigkeiten der im § 5 Abs. 1 Nr. 1 bezeichneten Art jede Partei die vorläufige Entscheidung durch den **Vorsteher der Gemeinde** (Bürgermeister, Schultheiß, Ortsvorsteher usw.) nachsuchen. Die örtliche Zuständigkeit ist entsprechend dem § 27 GGG. geregelt. Im übrigen finden auf dieses Verfahren nicht die prozeßrechtlichen Vorschriften für das Kaufmannsgericht, sondern die auf besondere Einfachheit und Beschleunigung gerichteten Bestimmungen der §§ 76 Abs. 2, 3 und 77—80 GGG. Anwendung (§ 19). Gegen die Entscheidungen der Gemeindevorsteher ist binnen einer Notfrist von zehn Tagen seit Verkündung bzw. Behändigung der Entscheidung die Klage beim ordentlichen Gericht zulässig (§ 77 GGG.). Aus rechtskräftigen Entscheidungen oder vor dem Gemeindevorsteher abgeschlossenen Vergleichen findet nach Antrag der Partei auf Ersuchen des Gemeindevorstehers die Vollstreckung durch die Ortspolizeibehörde nach den Vorschriften über das Verwaltungszwangsverfahren statt (§ 78 GGG.).

Schluß- und Übergangsbestimmungen enthalten die §§ 20—21.

Gesetz, betreffend Kaufmannsgerichte.

Vom 6. Juli 1904.

(RGBl. 04 Nr. 30 S. 266 ff.)

Wir Wilhelm, von Gottes Gnaden Deutscher Kaiser, König von Preußen usw.
verordnen im Namen des Reichs, nach erfolgter Zustimmung des Bundesrats und des Reichstags, was folgt:

Materialien: Reichstagssession 1903/04: Entwurf Drucksachen Nr. 143; Erste Lesung: StenB. S. 392 ff. u. 417 ff.; Kommissionsbericht Drucks. Nr. 340; Zweite Lesung: StenB. S. 3009 ff., 3045 ff., 3064 ff.; Dritte Lesung: StenB. S. 3227 ff.

Vorbemerkung: Es empfahl sich für die neu zu schaffenden Gerichte eine kurze, dem verwandten Gewerbegericht entsprechende Benennung zu wählen. Da Handelsgericht wegen der Möglichkeit der Verwechselung mit ähnlich benannten Einrichtungen des Gerichtsverfassungsgesetzes (Kammer für Handelssachen, Handelsrichter) ausgeschlossen erschien, ist der Name „Kaufmannsgericht" gewählt worden (Mot. S. 9).

Die Kaufmannsgerichte sind zur Entscheidung (§ 1 Abs. 1) berufen. Sie sind trotz der Bestimmung des § 41 Abs. 1 GGG., tunlichst auf eine gütliche Erledigung des Rechtsstreits hinzuwirken, keine Schiedsgerichte, sondern für die ihnen zugewiesenen Sachen „ordentliche Gerichte". Sie sind staatliche Gerichte und sprechen Recht im Namen des Königs. Sie führen nach dem für die Gewerbegerichte ergangenen MinErl. v. 1. 8. 91 (MinBl. S. 134), welcher auch auf die in Preußen errichteten Kaufmannsgerichte Anwendung findet, als Dienstsiegel den preußischen Adler und als

3*

Umschrift den Namen des betreffenden Kaufmannsgerichtes. Dagegen dürfen sie nach einem Erl. des Justizministers und des Ministers für Handel und Gewerbe v. 31. 10. 92 nicht als „Königliche Kaufmannsgerichte" bezeichnet werden.

Die Dienstaufsicht über die Geschäftsführung der Kaufmannsgerichte regelt das Landesrecht. In Preußen ist Dienstaufsichtsbehörde der Regierungspräsident und über die Kaufmannsgerichte, die nur für den Bezirk von Landgemeinden, Ämter der Provinz Westfalen und Bürgermeistereien der Rheinprovinz errichtet sind, der Landrat (s. Haas, K. G. 12). Im Stadtkreis Berlin der Oberpräsident.

Errichtung und Zusammensetzung der Kaufmannsgerichte.

§ 1.

Zur Entscheidung von Streitigkeiten aus dem Dienst- oder Lehrverhältnisse zwischen Kaufleuten einerseits und ihren Handlungsgehilfen oder Handlungslehrlingen andererseits können bei vorhandenem Bedürfnisse Kaufmannsgerichte errichtet werden.

Die Errichtung erfolgt für den Bezirk einer Gemeinde durch Ortsstatut nach Maßgabe des § 142 der Gewerbeordnung. Die Entscheidung der höheren Verwaltungsbehörde über die Genehmigung des Statuts ist binnen sechs Monaten zu erteilen. Die Entscheidung, durch welche die Genehmigung versagt wird, muß mit Gründen versehen sein.

Mehrere Gemeinden können sich durch übereinstimmende Ortsstatuten zur Errichtung eines gemeinsamen Kaufmannsgerichts für ihre Bezirke vereinigen. Für die Genehmigung der übereinstimmenden Ortsstatute ist die

höhere Verwaltungsbehörde zuständig, in deren Bezirke das Kaufmannsgericht seinen Sitz haben soll.

Auch für den Bezirk eines weiteren Kommunalverbandes kann ein Kaufmannsgericht errichtet werden. Die Errichtung erfolgt in diesem Falle nach Maßgabe der Vorschriften, nach welchen Angelegenheiten des Verbandes statutarisch geregelt werden. Die Zuständigkeit eines solchen Gerichts ist ausgeschlossen, soweit die Zuständigkeit eines für eine oder mehrere Gemeinden des Bezirkes bestehenden oder später errichteten Kaufmannsgerichts begründet ist.

Die Landes-Zentralbehörde kann auf Antrag beteiligter Kaufleute oder Handlungsgehilfen die Errichtung anordnen, wenn ungeachtet einer von ihr an die beteiligten Gemeinden oder den weiteren Kommunalverband ergangenen Aufforderung innerhalb der gesetzten Frist die Errichtung auf dem in Abs. 2 bis 4 vorgesehenen Wege nicht erfolgt ist. Alle Bestimmungen, welche dieses Gesetz dem Statute vorbehält, erfolgen in diesem Falle durch Anordnung der Landes-Zentralbehörde.

Vor der Errichtung sind sowohl Kaufleue als Handlungsgehilfen des Bezirkes in entsprechender Anzahl zu hören.

Zu Abs. 1: I. Nur für Streitigkeiten über Ansprüche, die sich aus dem Dienst- oder Lehrverhältnis ergeben, ist das Kaufmannsgericht zuständig. Es genügt nicht, daß sie aus Anlaß oder bei Gelegenheit desselben entstanden sind. Es kommt nicht sowohl auf den zivilrechtlichen Charakter des Anspruchs als darauf an, ob und inwieweit seine Entstehung mit dem Dienstverhältnis zusammenhängt (SeuffA. 56 Nr. 85). Die Zuständigkeit ist daher nicht begründet, z. B. bei Hingabe von Darlehen (OLGRspr. 19 42); nicht für Ansprüche aus § 823 BGB. (BadRpr. 08 294); nicht für Ansprüche eines Angestellten gegen eine Pensionskasse (RG. 2. 2. 09, KG. 7 20); nicht für Ansprüche auf Auszahlung eines Guthabens aus einer von dem Prinzipal zugunsten der Arbeitnehmer gegründeten, lediglich durch ihn nicht durch Beiträge der Arbeitnehmer dotierten Pensions- oder Unterstützungskasse (Recht 09 Nr. 3622 u. 3875); nicht für Ansprüche des Prinzipals auf Erfindungen Angestellter (OLGRspr. 19 38); nicht für Ansprüche des Prinzipals aus einem auf Grund einer Abrechnung abgegebenen Schuldanerkenntnisses (LG. Breslau 8. 11. 07, GewKfmG. 14 292); nicht für Ansprüche aus einer Vorstellung, wenn das Engagement nicht zustande kam (GewKfmG. 15 17).

Über die Zuständigkeit bei Geltendmachung von Ansprüchen aus § 62 HGB. herrscht keine übereinstimmende Rechtsprechung. Dafür sind: Prenner § 5 Anm. 3; Kulka S. 24; Haas, K. S. 19; — dagegen sind: KG. 7 267; KGBl. 08 97; GewKfmG. 13 38; s. dazu auch Jahrb. 3 305 Anm.

Das Kaufmannsgericht ist aber zuständig bei einem Streit darüber, ob ein Vertrag zustande gekommen ist (KG. 1 82; 8 94 u. 181), auch ist das Kaufmannsgericht nicht nur zuständig für Streite über Leistungen aus dem ursprünglichen Dienstvertrage, sondern aus dem Dienstverhältnis überhaupt, so auch bei nachträglichen Lohnerhöhungen oder Pensionszusagen (Recht 1911 Nr. 976 u. 1059). Ebenso in dem Falle, daß der Kläger durch arglistige Täuschung des Beklagten zur Eingehung des Dienstvertrages und Zahlung einer Geldeinlage (Kaution) bestimmt worden ist und diese zurückverlangt (OLG. Frankfurt a. M. 1. 3. 07, Recht 07 Nr. 3035).

Die Zuständigkeit des Kaufmannsgerichts für Streitigkeiten aus Verträgen, die nach ausländischem Recht zu beurteilen sind, ist zweifelhaft (OLGRspr. 23 61).

Die Streitigkeiten müssen zwischen Kaufleuten einerseits und ihren Handlungsgehilfen oder Handlungslehrlingen andererseits bestehen.

A. Kaufleute:

Wer Kaufmann ist, bestimmen die §§ 1, 2, 3 HGB.

§ 1 HGB. Kaufmann im Sinne dieses Gesetzbuchs ist, wer ein Handelsgewerbe betreibt.

Als Handelsgewerbe gilt jeder Gewerbebetrieb, der eine der nachstehend bezeichneten Arten von Geschäften zum Gegenstande hat:

1. die Anschaffung und Weiterveräußerung von beweglichen Sachen (Waren) oder Wertpapieren, ohne Unterschied, ob die Waren unverändert oder nach einer Bearbeitung oder Verarbeitung weiter veräußert werden;
2. die Übernahme der Bearbeitung oder Verarbeitung von Waren für andere, sofern der Betrieb über den Umfang des Handwerks hinausgeht;
3. die Übernahme von Versicherungen gegen Prämie;
4. die Bankier- und Geldwechslergeschäfte;
5. die Übernahme der Beförderung von Gütern oder Reisenden zur See, die Geschäfte der Frachtführer oder der zur Beförderung von Personen zu Lande oder auf Binnengewässern bestimmten Anstalten sowie die Geschäfte der Schleppschiffahrtsunternehmer;
6. die Geschäfte der Kommissionäre, der Spediteure oder der Lagerhalter;
7. die Geschäfte der Handlungsagenten oder der Handelsmäkler;
8. die Verlagsgeschäfte sowie die sonstigen Geschäfte des Buch- oder Kunsthandels;
9. die Geschäfte der Druckereien, sofern ihr Betrieb über den Umfang des Handwerks hinausgeht.

§ 2 HGB. Ein gewerbliches Unternehmen, das nach Art und Umfang einen in kaufmännischer Weise eingerichteten Geschäftsbetrieb erfordert, gilt, auch wenn die Voraussetzungen des § 1 Abs. 2 nicht vorliegen, als Handelsgewerbe im Sinne dieses Gesetzbuchs, sofern die Firma des Unternehmers in das Handelsregister eingetragen worden ist. Der Unternehmer ist verpflichtet, die Eintragung nach den für die Eintragung kaufmännischer Firmen geltenden Vorschriften herbeizuführen.

§ 3 HGB. Auf den Betrieb der Land- und Forstwirtschaft finden die Vorschriften der §§ 1, 2 keine Anwendung.

Ist mit dem Betriebe der Land- oder Forstwirtschaft ein Unternehmen verbunden, das nur ein Nebengewerbe des land- oder forstwirtschaftlichen Betriebs darstellt, so findet auf dieses der § 2 mit der Maßgabe Anwendung, daß der Unternehmer berechtigt, aber nicht verpflichtet ist, die Eintragung in das Handelsregister herbeizuführen; werden in dem Nebengewerbe Geschäfte der im § 1 bezeichneten Art geschlossen, so gilt der Betrieb dessenungeachtet nur dann als Handelsgewerbe, wenn der Unternehmer von der Befugnis, seine Firma gemäß § 2 in das Handelsregister eintragen zu lassen, Gebrauch gemacht hat. Ist die Eintragung erfolgt, so findet eine Löschung der Firma nur nach den allgemeinen Vorschriften statt, welche für die Löschung kaufmännischer Firmen gelten.

Außer diesen gesetzlichen Merkmalen, welche die Kaufmannseigenschaft verleihen, sind auch die Anschauungen des Verkehrs zu beachten (BayObLGZ. **4** 64 ff. u. 901 ff.; **11** 267). Letzteres besonders, wenn mehrere Eigenschaften auf dieselbe Person zutreffen, z. B. diejenige des Kaufmanns und des Gewerbetreibenden, ohne daß bei letzterem die Erfordernisse der §§ 2 u. 3 HGB. vorliegen. In solchen Fällen wird zunächst die Haupttätigkeit den Ausschlag geben. Soweit aber eine Feststellung nach dieser Richtung hin nicht möglich ist, wird es notwendig sein, zu prüfen, ob eine derartige Tätigkeit im Verkehr als Handelsgewerbe und der es Betreibende als Kaufmann anzusehen ist (s. hierzu auch Staub, Exkurs zu § 5 HGB. Anm. 1 und §§ 15 u. 31 Abs. 2 HGB.). Derartige Untersuchungen sind besonders auch bei den sog. Minderkaufleuten (§ 4 HGB.) anzustellen.

§ 4 HGB. Die Vorschriften über die Firmen, die Handelsbücher und die Prokura finden auf Handwerker sowie auf Personen, deren Gewerbebetrieb nicht über den Umfang des Kleingewerbes hinausgeht, keine Anwendung.

Durch eine Vereinigung zum Betrieb eines Gewerbes, auf welches die bezeichneten Vorschriften keine Anwendung finden, kann eine offene Handelsgesellschaft oder eine Kommanditgesellschaft nicht begründet werden.

Die Landesregierungen sind befugt, Bestimmungen zu erlassen, durch welche die Grenze des Kleingewerbes auf der Grundlage der nach dem Geschäftsumfange bemessenen Steuerpflicht oder in Ermangelung einer solchen Besteuerung nach anderen Merkmalen näher festgesetzt wird.

S. hierzu Staub Anm. zu § 4 HGB.

So ist z. B. ein Bauhandwerker nie Kaufmann, auch wenn er mit kostspieligem Material arbeitet und die Zahlungen für größere Wareneinkäufe durch Wechsel begleicht, auch ordnungsmäßige Buchführung vorhanden ist (OLGRspr. **24** 110; BayObLG. 12. 5. 11, Recht **15** Nr. 2464, Sörgel 1911, 723). Auch gilt ein Geschäftsbetrieb selbst bei einem Jahresumsatz von 20000 ℳ, der sich aber in der einfachsten Weise ohne Beschäftigung kaufmännischer Angestellter abspielt, als Kleingewerbe (OLGRspr. **21** 366).

Bei der Feststellung eines Handelsgewerbes auf Grund des § 2 HGB. ist zu beachten, daß der Geschäftsbetrieb des Unternehmens wenigstens ein Gewerbe darstellen muß. Die Erfüllung sämtlicher übrigen Erfordernisse lassen allein kein Handelsgewerbe entstehen, z. B. bei einem auf einem wissenschaftlichen oder idealen Zwecke gerichteten Unternehmen; ferner nicht bei einer Versicherungsgesellschaft auf Gegenseitigkeit (Krönig, DJZ. **15** 1291);

letztere kann die Kaufmannseigenschaft auch nach § 2 HGB. nicht erwerben, da der hierzu erforderliche gewerbliche Charakter des Unternehmens fehlt (BadRpr. 1910, 30).

Die in betreff der Kaufleute gegebenen Vorschriften finden nach § 6 HGB. auch auf die Handelsgesellschaften Anwendung. Solche sind: Offene Handelsgesellschaften, Kommanditgesellschaften, Aktiengesellschaften und Kommanditgesellschaften auf Aktien, Gesellschaften mit beschränkter Haftung. Zwar sind die Erwerbs- und Wirtschaftsgenossenschaften keine Handelsgesellschaften, sie gelten aber als Kaufleute im Sinne des HGB., soweit das Genossenschaftsgesetz keine abweichende Vorschriften enthält (§ 17 Abs. 2 d. RG., betr. Erwerbs- und Wirtschaftsgenossenschaften, v. 1. 5. 89 in der Fassung v. 20. 5. 98). Solche abweichende Vorschrift ist im § 42 Abs. 2 enthalten, wonach die Bestellung von Prokuristen oder Handlungsbevollmächtigten zum gesamten Geschäftsbetrieb nicht geschieht. Im übrigen finden die auf Handlungsgehilfen und -lehrlinge bezüglichen Vorschriften des HGB. auch bei Genossenschaften Anwendung.

Als Inhaber eines Geschäfts gilt, wer nach außen als solcher auftritt, d. h. auf dessen Namen das Gewerbe geht (Recht 15 Nr. 619; OLG. Kolmar 6. 1. 11, Sörgel 1911, 723). Die Kaufmannseigenschaft beginnt naturgemäß mit der Aufnahme des Geschäftsbetriebes bzw. mit der Eintragung in das Handelsregister, sie erlischt aber schon mit der vollständigen Aufgabe des Betriebes (BayObLGZ. 10 80). Der Inhaber, welcher die Firma im Register nicht hat löschen lassen, hat jedoch bis dahin noch als Kaufmann zu gelten (RGZ. 65 413).

Das Kaufmannsgericht ist zuständig für die Klage des gesetzlichen Vertreters (RGZ. 55 266).

Ein Minderjähriger, der ohne Genehmigung des Vormundschaftsgerichts ein Handelsgewerbe betreibt, ist nicht Kaufmann (RGSt. 1. 5. 11, JW. 1912, 977; Sörgel 1912, 630).

Eine ausführliche Aufstellung von Personen, die ein Handelsgewerbe betreiben und daher als Kaufleute anzusehen sind, befindet sich bei Staub Anm. 84 zu § 1 HGB.

Als Nichtkaufleute haben u. a. folgende Betriebe, soweit sie nicht durch Eintragung nach §§ 2 u. 3 HGB. zu Kaufleuten werden, zu gelten:

Autoreifenreparaturanstalten (Handwerksbetrieb, BayObLG. 29. 1. 09, Recht **13** Nr. 899 und BayObLGZ. **10** 49), Auskunfteien (KG. 2 75), Baugelddarleiher (kann auch Kaufmann sein; RG. 25. 9. 09, Recht **14** Nr. 3645), Dampfwäschereien (ev. Kaufmann nach § 1 Ziff. 2 HGB.; RG. 4. 12. 09, WarnRspr. 1910 Nr. 89), Einziehungsbureau (FrankfRundsch. 1911, 165), Gelddarleiher, gewöhnlicher (RG. 19. 12. 11, BankA. **11** 155), Handelsgärtner, der nur eigene Produkte verkauft (OLGRspr. **21** 366 und SchlHolstAnz. 1910, 74), Hypotheken- und Grundstücksmakler (RG. 30. 6. 08 und KG. 7. 11. 07, OLGRspr. **24** 110), Kinematographentheater (KG. 7 70), photographische Anstalten (KG. **6** 119), Pfandleiher (KG. **1** 39 und GewKfmG. **11** 177), Schiffsprokurengeschäft (OLGRspr. **19** 289), Sparkassen (KG. 5 137; LG. Hamburg 27. 1. 09, HansGZ. **30** H. 95), Vereine zur Pflege der Geselligkeit, die nur an ihre Mitglieder Waren verkaufen (können auch nicht nach § 2 HGB. Kaufleute werden; OLGRspr. **12** 413); s. ferner hierzu Staub Anm. 85 zu § 1 und Anm. 3 zu § 2 HGB.

B. Handlungsgehilfen:

Handlungsgehilfe ist gemäß § 59 HGB., wer in einem Handelsgewerbe zur Leistung kaufmännischer Dienste gegen Entgelt angestellt ist.

Wer in einem Nicht-Handelsgewerbe zur Leistung kaufmännischer Dienste angestellt ist, ist nicht Handlungsgehilfe (RGZ. **63** 202).

Daher ist eine Person, soweit sie als einziger Angestellter bei Bäckern, Schlächtern, Gast-, Schank- und Speisewirten und ähnlichen Gewerbetreibenden beschäftigt wird, selbst wenn sie eine kaufmännische Tätigkeit ausübt, als Gewerbegehilfe anzusehen, da sie lediglich die Ausübung des Gewerbebetriebes unterstützt. Nur wenn sich der Betrieb der oben genannten Person über das Gewerbe erhebt und nach der Verkehrsanschauung als kaufmännisches Unternehmen betrachtet wird, können Angestellte, soweit die gesetzlichen Merkmale des § 59 HGB. auf sie zutreffen, als Handlungsgehilfen anzusehen sein. So sind z. B. erste Verkäufer derartiger Betriebe unbedingt Handlungsgehilfen (s. hierzu Jahrb. 1 304; 2 302 u. 311; 3 333 ff.).

Was unter kaufmännischen Diensten zu verstehen ist, ist nach den Umständen des Einzelfalles und der Verkehrsauffassung zu beurteilen (RGZ. 1 268). Allgemein wird man darunter nur eine Tätigkeit verstehen können, welche unmittelbar den Betrieb eines Handelsgewerbes zu ermöglichen oder zu fördern bestimmt ist. Das Reichsoberhandelsgericht (ROHG. 17 309 und 24 270) versteht darunter Dienste, welche nach den in den Verkehrsauffassung historisch und herkömmlichem Sinne des Wortes kaufmännische Signatur an sich tragen (s. hierzu auch RGZ. 1 268; JW. 90 295 Nr. 3; RG. 16. 10. 08, GruchotsBeitr. 53 429, Sörgel 09 813).

Es ist kein charakteristisches Merkmal, daß der Handlungsgehilfe in den Räumen des Prinzipals tätig ist (ROHG. 7 301). Auch wird die kaufmännische Eigenschaft einer im Dienste eines Kaufmanns vorgenommenen Tätigkeit nicht vermutet (RGZ. 1 268). Da die Anstellung ein wesentliches Erfordernis ist, sind Nicht-Handlungsgehilfen der Volontär und der Handlungslehrling. Für den Begriff des Handlungsgehilfen kommt es auch nicht darauf an, was er für Dienste leistet, sondern als was er angestellt ist (OLG. Hamburg 3. 8. 10, Recht 14 Nr. 3265; Sörgel 1910, 741; OLGRspr. 21 380).

Die Eigenschaft eines Geschäftsmannes als selbständiger Kaufmann schließt nicht aus, daß er im Verhältnis zu einem anderen bestimmten Gewerbetreibenden Handlungsgehilfe sein kann (RG. 12. 12. 06, BankA. 6 150; JW. 07 110).

Inwieweit sich der minderjährige Handlungsgehilfe durch Dienstverträge verpflichten kann, regelt sich nach bürgerlichem Recht. Im allgemeinen ist hierzu die Ermächtigung des gesetzlichen Vertreters notwendig (§§ 108 u. 113 BGB.); s. auch Jahrb. 08 336. Wegen Rücknahme der Genehmigung s. § 112 Abs. 2 BGB. Besondere Genehmigung des Vormundschaftsgerichts ist erforderlich bei Abschluß von Dienstverträgen über ein Jahr (§ 1822 Nr. 7 BGB.). Letzteres gilt nicht für den Vater (§ 1643 BGB.).

Soweit sich der Minderjährige durch Verträge verpflichten kann, ist er auch prozeßfähig. Im übrigen ist auch die Klage des gesetzlichen Vertreters vor dem Kaufmannsgericht zulässig (RGZ. 55 266). Kann eine Partei nur durch ihren gesetzlichen Vertreter handeln, so richtet sich ein Zurückweisungsrecht des Gerichts auch gegen ihn (HansGZ. 33 B. 204; W. 1912, 331.

Über die Frage, ob Verwandte zu Verwandten in einem Beschäftigungsverhältnis stehen können, s. RegersE. Beil. zu 29 39 u. 40 sowie zu 31 14; KG. 3 14. So ist die Frau eines offenen Handelsgesellschafters, die ohne Gehalt Dienste leistet, nicht Handlungsgehilfin (RG. 7. 7. 09, 385/08, Recht 13 Nr. 3001; JW. 09 502; Sörgel 09 813).

Ohne Einfluß auf den Begriff des Handlungsgehilfen ist das Geschlecht. Auch verheiratete Frauen können Handlungsgehilfinnen sein (Beschränkungen enthalten die §§ 1353 Abs. 1 und 1356, 1358 BGB.).

Für die Feststellung, ob jemand Handlungsgehilfe ist, sind außer den gesetzlichen Merkmalen des § 59 HGB. die Anschauungen des Verkehrs zu berücksichtigen. Dies um so mehr, wenn die Tätigkeit der betreffenden Personen auf der Grenze der kaufmännischen einerseits und der gewerblichen, privatdienstlichen oder selbständigen Tätigkeit andererseits liegt. Sind die verschiedenartigen Tätigkeiten getrennt zu ermitteln, so gibt im allgemeinen die überwiegende den Ausschlag, z. B. bei einem Mädchen, welches neben ihrer Tätigkeit als Verkäuferin, als Näherin, Binderin, Garniererin usw. beschäftigt wird oder die Wirtschaft des Prinzipals besorgt. Es gibt aber auch Fälle, in denen nicht ausschließlich die überwiegende Tätigkeit, sondern diejenige maßgebend ist, welche nach den Anschauungen des Verkehrs die Hauptbeschäftigung bildet, auch wenn sie mit der anderen verglichen, vielleicht weniger Arbeitszeit in Anspruch nimmt, aber für die Anstellung von besonderer Bedeutung war. So sind Bier-, Eis-, Milch-, Petroleumkutscher, welche den Absatz von Waren (auch gegen Umsatz — Provisionen oder Vergütungen) vermitteln, nicht als Handlungsgehilfen anzusehen, weil diese Personen in erster Linie als sachkundige Kutscher und erst in zweiter Linie für die Absatztätigkeit angestellt sind. Daß sie in letzterer Beziehung auch die Eigenschaften eines Handlungsgehilfen besitzen, kann für ihre Gesamtbeurteilung nicht ausschlaggebend sein, weil der Verkehr sie nicht als solche ansieht. Über gegenteilige Ansichten s. Jahrb. 3 98 und Staub Anm. 17 zu § 59 HGB., s. auch Düsseldorf 21. 2. 08, RheinArch. **106** 23.

Schwierigkeit bietet oft die Feststellung der Eigenschaft des Handlungsreisenden (Handlungsgehilfe oder Agent). Ausschlaggebend ist das Maß der Abhängigkeit von der Geschäftsleitung (OLGRspr. **14** 346, **19** 300; **20** 9). Im Zweifel wird die geringere Gebundenheit des Verpflichteten vermutet, d. h. also das Vorhandensein eines Agenturvertrages angenommen; denn, soweit der Vertrag keinen Anhalt für eine Gebundenheit bietet, bindet er den Verpflichteten nicht (PosMSchr. 1910, 145). Ausschlaggebend ist jedenfalls nicht die Art der Bezahlung, auch Handlungsgehilfen können gegen Provision und ohne Spesen angestellt sein, wie auch Agenten mit festen Bezügen und Gewährung von Spesen engagiert werden können. Trotz der Verpflichtung, einen vorgeschriebenen Reiseweg innezuhalten, Reiseberichte zu erstatten und trotz der Bewilligung von Reisevorschüssen kann der Dienstverpflichtete Agent sein (RG. 17. 1. 11, Recht 1911 Nr. 1192 und LZ. **11** 465, ferner s. hierzu KG. **1** 91, **2** 4, 68, **4** 23; **7** 265, **8** 116; GewKfmG. **17** 265).

Gleiche Grundsätze entscheiden darüber, ob ein Angestellter als Buchhalter oder selbständiger Bücherrevisor zu gelten hat.

Über die Feststellung der Eigenschaft verschiedener Angestellter des Kaufmanns s. Neumann, Jahrb. 3 96 ff. und Staub Anm. zu § 59.

C. Handlungslehrlinge.

Handlungslehrling ist derjenige, welcher in einem Handelsgewerbe zur Erlernung desselben und zur Leistung entsprechender Dienste durch Vertrag angestellt ist (§§ 76 ff. HGB.; Lit.: Gordan, Das Recht des kaufmännischen Lehrvertrages, Jahrb. 3 9 ff.).

II. Durch die Wortfassung des Abs. 1 (Streitigkeiten aus dem Dienst- oder Lehrverhältnis . . .) wird zum Ausdruck gebracht, daß die Zuständigkeit des Kaufmannsgerichtes auch dann gegeben ist, wenn der erhobene Anspruch vor oder nach Erhebung der Klage auf einen Rechtsnachfolger übergegangen ist (Mot. S. 9). Es kommt eben nur auf die Natur der Forderung, nicht auf das Verhältnis der streitenden Parteien an (Recht 09 Nr. 1947, Jahrb. 1 314 u. 315; JW. 08 22; RGZ. 67 114, W. 08 674). Wegen Abtretung nur zum Inkasso Jahrb. 1 324.

Die Zuständigkeit des Kaufmannsgerichts ist auch dann begründet, wenn der Anspruch aus dem Dienst- oder Lehrverhältnis unbestritten ist und der Streit nur den Übergang des Anspruchs auf den Rechtsnachfolger betrifft (Recht 08 Nr. 185). Über die Klage des Pfandgläubigers, dem die Forderung des Handlungsgehilfen zur Einziehung überwiesen ist: DJZ. 06 1313. Das Kaufmannsgericht ist auch zuständig, wenn der Streit der Parteien lediglich die Pfändung betrifft (GewKfmG. 13 218).

III. Das Kaufmannsgericht ist zuständig für Klagen auf Feststellung bestrittener Ansprüche eines Handlungsgehilfen gegen die Konkursmasse. Gehaltsansprüche aus dem letzten Jahr vor Eröffnung des Konkurses sind bevorrechtigte Forderungen. Der Anspruch auf Rückzahlung einer Kaution ist nicht bevorrechtigt (§ 61 Nr. 1, § 146 Abs. 5 KO.; Jahrb. 33 60 Nr. 274; ebenso KfmG. Braunschweig 11. 10. 09 in Recht 1910 Nr. 2684; OLG. Dresden 29. 5. 07 in LZ. 08 Sp. 89 und RGZ. 55 267; LZ. 1910 Sp. 492; — a. A.: Recht 07 Nr. 3034).

Das Kaufmannsgericht ist auch dann zuständig, wenn an Stelle des Handlungsgehilfen der Verwalter seines Konkurses klagt (BreslauAK. 25 27).

Dagegen ist das Kaufmannsgericht nicht zuständig für einen Anspruch, der sich darauf gründet, daß der 125 ℳ übersteigende Betrag dem Dritten zur Einziehung überwiesen worden ist (DJZ. 06 1036; — a. M.: Wasser, DJZ. 06 1313).

Das Kaufmannsgericht ist nicht zuständig für Ansprüche aus einer Bürgschaft, die ein Dritter für die Verpflichtung des einen Teiles aus dem kaufmännischen Dienst- oder Lehrverhältnis dem anderen Teil gegenüber übernommen hat (RGZ. 66 384).

Das Kaufmannsgericht ist nicht zuständig, wenn der Streit der Parteien lediglich die Zulässigkeit der Pfändung betrifft (GewKfmG. 13 218).

Das Kaufmannsgericht ist nicht zuständig für die Klage des Handlungsgehilfen gegen den Prinzipal auf Erteilung der Abtretungsurkunde, um einen Fehlbetrag, für den er haftet, von einem Kunden einziehen zu können (GewKfmG. 16 225).

Ebenso wird die Zuständigkeit des Kaufmannsgerichts im Falle einer Bürgschaft, die ein Dritter für Verpflichtungen aus dem Dienstverhältnis übernahm, verneint (JW. 09 368). Daraus, daß der Hauptschuldner vor dem Sondergericht verklagt wird, folgt noch nicht die Zuständigkeit des Sondergerichts für die Bürgschaft. Ebensowenig ist die Zuständigkeit bei privativer oder kumulativer Schuldübernahme begründet (Reichel, SächsArchR. 3 73, ZZP. 40 361; Kaufmann, Rspr. 1912, 468).

Zu Abs. 2: Der Erlaubnis zur freiwilligen Errichtung eines Kaufmannsgerichts im § 1 steht der im § 2 normierte Zwang zur Errichtung gegenüber. Ob ein Kaufmannsgericht zu errichten ist, entscheidet die Zweckmäßigkeit.

Nur für den gesamten Bezirk einer Gemeinde, nicht auch für einen örtlichen Teil kann ein Kaufmannsgericht errichtet werden.

§ 142 GO. Statutarische Bestimmungen einer Gemeinde oder eines weiteren Kommunalverbandes können die ihnen durch das Gesetz überwiesenen gewerblichen Gegenstände mit verbindlicher Kraft ordnen. Dieselben werden nach Anhörung beteiligter Gewerbetreibender und Arbeiter abgefaßt, bedürfen der Genehmigung der höheren Verwaltungsbehörde und sind in der für Bekanntmachungen der Gemeinde oder des weiteren Kommunalverbandes vorgeschriebenen oder üblichen Form zu veröffentlichen.

Die Zentralbehörde ist befugt, statutarische Bestimmungen, welche mit den Gesetzen oder den statutarischen Bestimmungen des weiteren Kommunalverbandes in Widerspruch stehen, außer Kraft zu setzen.

Höhere Verwaltungsbehörde ist für Preußen der Bezirksausschuß (Zuständigkeitsgesetz v. 1. 8. 83 § 122); Beschwerde geht an den Provinzialrat (Landesverwaltungsgesetz v. 30. 7. 83 § 121). Im Stadtkreis Berlin ist es der Oberpräsident; Beschwerde geht an den Handelsminister (Landesverwaltungsgesetz § 43 Abs. 3).

Das Ortsstatut darf keine Bestimmungen enthalten, die gegen dieses oder ein anderes Gesetz verstoßen (s. Musterstatut S. 205 ff.).

Zu Abs. 3: Die Statuten müssen übereinstimmen.

Sind für mehrere Gemeinden mehrere höhere Verwaltungsbehörden zuständig, so soll nur diejenige die mehreren Ortsstatuten genehmigen, in deren Bezirk das zu errichtende Kaufmannsgericht seinen Sitz haben wird.

Zu Abs. 4: Welche Verbände als weitere Kommunalverbände anzusehen sind, wird nach dem durch § 15 KGG. für anwendbar erklärten § 88 GGG. durch die Zentralbehörden der Bundesstaaten bestimmt.

§ 88 GGG. Die Zentralbehörden der Bundesstaaten bestimmen, welche Verbände als weitere Kommunalverbände im Sinne dieses Gesetzes anzusehen, von welchen Organen der Gemeinden und weiteren Kommunalverbände die Statuten über Errichtung von Gewerbegerichten zu beschließen, und von welchen Staats- oder Gemeindeorganen die übrigen in diesem Gesetze den Staats- oder Gemeindebehörden sowie den Vertretungen der Gemeinden und weiteren Kommunalverbände zugewiesenen Verrichtungen wahrzunehmen sind.

Mit den von der höheren Verwaltungsbehörde wahrzunehmenden Geschäften können jedoch nur diejenigen höheren Verwaltungsbehörden betraut werden, welche nach Landesrecht die Aufsicht oder Oberaufsicht in Gemeindeangelegenheiten wahrzunehmen haben; auf die in Gemäßheit des § 82 errichteten Gewerbegerichte findet diese Bestimmung keine Anwendung.

Für Preußen: Bek. der Minister des Innern und für Handel und Gewerbe v. 23. Sept. 90 und v. 9. Jan. 91 (MinBl. S. 206). Für die anderen Bundesstaaten s. Haas, K. S. 13 und Wilhelmi-Bever S. 26.

Zu Abs. 5: Für Preußen: Handelsminister und Minister des Innern. Für Bayern, Sachsen, Württemberg, Mecklenburg-Schwerin und Baden der Minister des Innern.

Zu Abs. 6: Vor der Errichtung sind Kaufleute und Handlungsgehilfen — nicht auch Handlungslehrlinge — zu hören. Dies ist eine formell zwingende Vorschrift, deren Nichtbefolgung das Statut ungültig macht. Im Gesetz ist dies nicht zum Ausdruck gebracht und auch die Motive sagen nichts hierüber. Dagegen wird die obige Ansicht durch die Motive zum § 142 GO. (abgedr. bei Anm. zu Abs. 2) unterstützt, welcher allgemein die Zulässigkeit statutarischer Bestimmungen für Gemeinde- und Kommunalverbände nach Anhörung Beteiligter, Gewerbetreibender und Arbeiter regelt (§ 156 Entw., StenBer. 1869 Anl. 3 125). Hier wird ausdrücklich bemerkt, daß die Anhörung Vorbedingung für die Gültigkeit des Statuts ist. Die Art und Form der Anhörung ist Sache der das Statut erlassenden Behörde und unterliegt nicht der Nachprüfung durch den Richter. Es genügt für diesen, daß in dem Statut beurkundet ist, daß die Anhörung erfolgt ist (KG. 15. 5. 02, KGJ. 24 C 6 u. 7; RegersE. Erg-Bd. 1 412).

§ 2.

Für Gemeinden, welche nach der jeweilig letzten Volkszählung mehr als zwanzigtausend[1]) Einwohner haben, muß ein Kaufmannsgericht errichtet werden. Die Landes-Zentralbehörde[2]) hat erforderlichenfalls die Errichtung nach Maßgabe der Vorschriften des § 1 Abs. 5 anzuordnen, ohne daß es eines Antrags beteiligter Kaufleute oder Handlungsgehilfen bedarf.[3])

Dieser Paragraph ist dem § 2 GGG. nachgebildet.

Nach dem Vorgange der Nov. zum GGG. v. 30. 6. 01 sollte

für größere Gemeinden mit einer bestimmten Mindestzahl von Einwohnern die Errichtung obligatorisch gemacht werden, weil dort das Vorhandensein eines Bedürfnisses und die Lebensfähigkeit des Gerichts ohne weiteres vorausgesetzt werden darf (Mot. S. 9).

1) Auch nach späterem Rückgang der Einwohnerzahl nach Errichtung des Kaufmannsgerichts unter 20000 bleibt das Gericht bestehen (s. hierzu Ber. der XII. Komm. von 1900/1901 Nr. 299 S. 4 u. 5).

2) Über Landeszentralbehörde s. § 1 Anm. zu Abs. 5.

3) Auch hier sind die Vorschriften des § 1 bei der Errichtung des Kaufmannsgerichts zu befolgen, insbesondere sind vor der Errichtung beteiligte Kaufleute und Handlungsgehilfen zu hören. Dies gilt auch, falls die Errichtung durch die Landeszentralbehörde erfolgt (a. M.: v. Meyren S. 9). Seine Ansicht, die Landeszentralbehörde habe nur den Abs. 5 des § 1 zu beachten, ist, soweit ein Antrag der beteiligten Kaufleute und Handlungsgehilfen vorliegt, richtig; denn die Anhörung ist dann überflüssig, sobald aber gemäß § 2 KGG. die Landeszentralbehörde ohne Antrag von Kaufleuten und Handlungsgehilfen die Errichtung vornimmt, dürfte eine Anhörung gemäß § 1 Abs. 6 notwendig sein (ebenso Wilhelmi-Bever S. 30). Freilich können die angehörten Kaufleute und Handlungsgehilfen, die Errichtung gegenüber dem Zwange des § 2 nicht hindern, sie können aber zweckmäßige Fingerzeige für die Einrichtung geben.

§ 3.

Die Landes-Zentralbehörde[1]) kann die örtliche Zuständigkeit eines auf ihre Anordnung errichteten Kaufmannsgerichts ausdehnen. Die beteiligten Ortsbehörden[3]) sind zuvor zu hören.[4])

§ 3 ist dem § 7 Abs. 2 GGG. nachgebildet. Dagegen hat Abs. 1 bezüglich Ausdehnung der sachlichen Zuständigkeit auf bestimmte Arten von Gewerbe- oder Fabrikbetrieben in diesem Gesetz nicht Aufnahme gefunden.

1) Über Landeszentralbehörde s. § 1 Anm. zu Abs. 5.

Antrag oder Anhörung von Kaufleuten und Handlungsgehilfen ist nicht erforderlich; ebensowenig eine zuvorige Aufforderung an die beteiligten Gemeinden (Mot. S. 10).

3) Über Ortsbehörde s. Wilhelmi-Bever S. 70 Anm. 4.

4) Die Vorschrift der Anhörung der beteiligten Ortsbehörden ist hier nicht formell zwingend, ihre Unterlassung hat daher auch nicht Nichtigkeit der Anordnung der Landeszentralbehörde zur Folge. Bei der Beratung des diesem Paragraphen zugrunde liegenden § 7 Abs. 2 GGG. im Reichstag ist dies ausdrücklich erklärt worden (StenBer. 1890, 352; — a. M.: v. Mehren Anm. 2 zu § 3).

§ 4.

Auf Handlungsgehilfen, deren Jahresarbeitsverdienst[1]) an Lohn oder Gehalt den Betrag von fünftausend Mark übersteigt, sowie auf die in Apotheken beschäftigten Gehilfen und Lehrlinge finden die Vorschriften dieses Gesetzes keine Anwendung.[2])

§ 4 ist dem § 3 Abs. 2 GGG. nachgebildet.

Die Vorschrift des § 4 ist die Ausnahme von der Regel. Kann daher die von Amts wegen zu treffende Feststellung, daß der Handlungsgehilfe mehr als 5000 ℳ Gehalt verdient, wegen Unsicherheit der Bezüge nicht getroffen werden, so ist das Kaufmannsgericht zuständig (RG. 12. 5. 08, WarnRspr. 08 Nr. 549).

1) Jahresarbeitsverdienst: In den Motiven (10) heißt es: „Die Bedeutung des mit dem Gewerbegerichtsgesetz übereinstimmenden Ausdrucks Jahresarbeitsverdienst an Lohn oder Gehalt ist durch die Wissenschaft und Rechtsprechung übereinstimmend so ausgelegt worden, daß darunter Tantiemen mit einbegriffen sind. Von anderen unsicheren Bezügen, wie Provisionen, Reisespesen, gilt das gleiche insofern, als sie ein über die Erstattung

von Kosten und Auslagen hinausgehendes, eigentliches Arbeitsentgelt bilden." Durch die Häufung der dasselbe bedeutenden Ausdrücke soll das gesamte Entgelt des Handlungsgehilfen für die geleisteten Dienste bezeichnet werden. Darunter fallen: feste Geld- und Naturalbezüge, Garantien, Tantiemen, Provisionen, zugesicherte Gratifikationen, Bonifikationen, Beteiligung am Reingewinn und sog. Mundspesen. Daher können diejenigen vertragsmäßigen an ihn geleisteten Vermögensvorteile, welche nicht als Entgelt z. B. schenkungsweise geschehen sind, oder lediglich ihm als Auslagen erstattet werden, nicht bei Berechnung des Jahresarbeitsverdienstes Berücksichtigung finden (FrankfRundsch. **40** 121. RegersE. Beil. zu **29** 21 und Beil. zu **30** 77).

Naturalbezüge (Kost, Logis, Wäsche usw.) sind entsprechend abzuschätzen oder zu berechnen.

Über Bemessung freier Station bei überseeischer Stellung s. OLGRspr. **22** 383.

Tantieme ist Beteiligung am Reingewinn, Provision am einzelnen Geschäft (Recht **08** 2422; W. 1911, 208).

In der Zusicherung des Anteils am Gebührenreingewinn ist die Zusicherung eines durchschnittlich zu berechnenden Gehalts zu finden; dagegen ist der versprochene Anteil am Gebührenreingewinn dem Gehalt nicht zuzurechnen, wenn weder ein Mindestreingewinn garantiert ist, noch bereits Geschäftseinrichtungen in Kraft getreten sind, die wenigstens die Möglichkeit einer Gewinnbeteiligung gewähren (KG. 23. 6. 08, OLGRspr. **17** 401. W. 1909, 571).

Reisespesen dienen zum Teil zur Deckung von Unkosten und Auslagen; sie bilden insoweit keinen Verdienst. Mit ihnen bestreitet der Angestellte aber auch seinen Unterhalt; daher kann als Verdienst nur der Betrag der Unterhaltsbestreitung angesehen werden, welcher nach Abzug der durch das Entferntsein von dem ständigen Aufenthaltsort entstandenen Mehrkosten verbleibt (sog. Mundspesen; HK. **07** 12 Nr. 41; KG. 6. 10. 09, KGBl. 1909, 111; Sörgel 1910, 812; GewKfmG. **11** 149 u. 333, BadRspr. 1911, 105).

Bei 10 ℳ täglicher Reisespesen sind 2 ℳ Mundspesen anzunehmen (LG. Leipzig 26. 2. 10, KG. **6** 243). Dies Urteil entspricht auch der allgemeinen Praxis des Berliner Kaufmannsgerichts.

Für die Berechnung des Monatsgehalts wird üblicherweise der Monat zu 30 Tagen gezählt (HK. 1912, 4 u. 16).

Über die Berechnung des Jahresarbeitsverdienstes bei Unsicherheit der Bezüge s. GruchotsBeitr. **52** 1154.

Das Gericht ist bei Feststellung der Zuständigkeit auf die Angaben des Klägers oder des Beklagten nicht beschränkt. Es kann von Amts wegen in eine Beweisaufnahme über diese Vorfrage eintreten. Diese darf aber, wenn es sich nur um die Feststellung des Jahresarbeitsverdienstes handelt, nicht erfolgen, sondern nur eine Schätzung nach freiem Ermessen eintreten (KG. 6. 10. 09, KGBl. 1909, 111; OLGRspr. **20** 283; **23** 60 und KGBl. 1910, 16).

Behauptet der Handlungsgehilfe, sein Gehalt betrage mehr als 5000 ℳ, so ist zur sachlichen Entscheidung über den Gehaltsanspruch das ordentliche Gericht auch dann zuständig, wenn der Beklagte jene Behauptung bestreitet und sie in dem Endurteil als unrichtig zurückgewiesen wird (OLG. Stuttgart 8. 1. 08, Recht **09** Nr. 603).

Die Zuständigkeit des Kaufmannsgerichts ist auch schon dann ausgeschlossen, wenn einer der eingeklagten Jahresbeträge die Summe von 5000 ℳ übersteigt (KG. 23. 5. 11, JW. 1911, 663; Recht **11** Nr. 3388). Bezieht der Angestellte von mehreren Prinzipalen Einkünfte, die zusammen mehr als 5000 ℳ betragen, so ist das Kaufmannsgericht unzuständig (KG. 11. 12. 09, OLGRspr. **20** 283 und **23** 60); nur bei wirtschaftlichem Zusammenhang der Betriebe (Recht **14** Nr. 846; Sörgel 1910, 812; W. 1911, 578).

Das Kaufmannsgericht ist unzuständig für die Klage eines im Auslande gewesenen Handlungsgehilfen, dessen Gehalt zwar nach dem Vertrage weniger als 5000 ℳ beträgt, das diesen Betrag aber infolge vereinfachter Auszahlung in ausländischer Währung überstiegen hat (KfmG. Hamburg 16. 2. 06, GewKfmG. **11** 333).

Maßgebend ist der tatsächliche Gehaltsbezug (Recht 1911 Nr. 3388) zur Zeit der Klageerhebung, wenn das Dienstverhältnis, aus dem geklagt wird, in diesem Zeitpunkt noch fortdauert, falls es nicht mehr besteht, zur Zeit der Beendigung des streitigen Dienstverhältnisses (KommB. S. 9).

2) Auf die in Apotheken ausschließlich zu kaufmännischen Diensten angestellten Gehilfen (Buchhalter, Verkäufer, Kassierer) und Lehrlingen findet das Gesetz Anwendung. Bei technischen und kaufmännischen Arbeiten, die von einer Person geleitet werden, entscheiden die überwiegenden Arbeiten.

§ 5.

Die Kaufmannsgerichte sind ohne Rücksicht auf den Wert des Streitgegenstandes zuständig für Streitigkeiten der im § 1 Abs. 1 bezeichneten Art, wenn die Streitigkeiten betreffen:

1. **den Antritt, die Fortsetzung oder die Auflösung des Dienst- oder Lehrverhältnisses sowie die Aushändigung oder den Inhalt des Zeugnisses;**
2. **die Leistungen aus dem Dienst- oder Lehrverhältnisse;**
3. **die Rückgabe von Sicherheiten, Zeugnissen, Legitimationspapieren oder anderen Gegenständen, welche aus Anlaß des Dienst- oder Lehrverhältnisses übergeben worden sind;**
4. **die Ansprüche auf Schadensersatz oder Zahlung einer Vertragsstrafe wegen Nichterfüllung oder nicht gehöriger Erfüllung der Verpflichtungen, welche die unter Nr. 1 bis 3 bezeichneten Gegenstände betreffen, sowie wegen gesetzwidriger oder unrichtiger Eintragungen in Zeugnisse, Krankenkassenbücher oder Quittungskarten der Invalidenversicherung;**
5. **die Berechnung und Anrechnung der von den Handlungsgehilfen oder Handlungslehrlingen zu leistenden Krankenversicherungsbeiträge und Eintrittsgelder (§§ 53a, 65 des Krankenversicherungsgesetzes);**

6. die Ansprüche aus einer Vereinbarung, durch welche der Handlungsgehilfe oder Handlungslehrling für die Zeit nach Beendigung des Dienst- oder Lehrverhältnisses in seiner gewerblichen Tätigkeit beschränkt wird.

Lit.: Roth, Ist das ordentliche Gericht oder das Kaufmannsgericht zuständig, wenn es sich um Streitigkeiten der im § 5 KGG. bezeichneten Art handelt, aber ohne daß bereits ein Dienst- oder Lehrverhältnis besteht? (Recht 09 S. 672).

§ 5 regelt im Zusammenhang mit § 1 (s. Anm. zu Abs. 1) ausschließlich gegenüber anderen Gerichten und erschöpfend die sachliche Zuständigkeit. Die Bestimmungen lassen in ihrer Eigenschaft als Sondergesetz eine ausdehnende Auslegung nicht zu. § 4 bildet keine Einschränkung dieser Vorschriften. Über örtliche Zuständigkeit s. KGG. §§ 3, 16 und GGG. § 27.

Über Feststellung des Wertes des Streitgegenstandes s. § 55 GGG. Anm. zu Abs. 1. Der Zeitpunkt für die Feststellung ist die Klageerhebung (§§ 36, 37 GGG.).

Zu Ziff. 1: Zugrunde zu legen sind die parteilichen Abmachungen, welche weder bei der Anstellung des Handlungsgehilfen, noch des Handlungslehrlings einer Form bedürfen (Ausnahme: § 79 HGB.; s. dazu Jahrb. 3 136). Hierher gehört auch der Anspruch des Prinzipals gegen den Handlungsgehilfen, der ihm die versprochenen Dienste, insbesondere infolge unbefugten Eintritts in den Dienst eines anderen, nicht leistet, auf Unterlassung der Leistung von Diensten für den anderen (Erfüllungsanspruch, RGZ. 67 3).

Die neben dem Dienstvertrag einherlaufenden Klagegründe auf ein und dieselbe Leistung aus dem Dienstverhältnis unterliegen der Zuständigkeit des Kaufmannsgerichts (LZ. 1 524 u. 674; OLG. Marienwerder 21. 9. 06, GewKfmG. 12 137).

Abänderbar sind nur Zeugnisse, die unrichtige Tatsachen oder wider besseres Wissen abgegebene Urteile enthalten. Beweispflichtig ist der Handlungsgehilfe oder Lehrling. Das Urteil des

Gerichts darf nicht an die Stelle des subjektiven Urteils des Prinzipals treten (OLGRspr. 5 271, s. auch Anm. zu § 51 GGG.).

Zu Ziff. 2: Hierzu gehören alle vertraglichen und außervertraglichen (gesetzlichen) Verpflichtungen, welche das Dienst- oder Lehrverhältnis begründen. Als Leistungen des Prinzipals kommen in Betracht Zahlung des Gehalts und Erfüllung sonstiger zugesicherter Versprechungen. Aber auch die durch das Gesetz zum Schutze und zur Fürsorge des Gehilfen bzw. Lehrlings auferlegten Verpflichtungen (Beschl. des KG., 8. ZS., 21. 6. 05, OLGRspr. 11 164). Ferner gehören hierzu auch Ansprüche aus einer während des Dienstverhältnisses gemachten Pensionszulage (GewKfmG. 16 392), Ansprüche auf Feststellung einer Gehaltsforderung gegenüber einem Konkursgläubiger, welcher diese im Prüfungstermin bestritten hat (GewKfmG. 17 18), Ansprüche auf Herausgabe von Geld, welches der zum Inkasso bevollmächtigte Reisende eingenommen hat (Recht 14 Nr. 4198, Sörgel 1910, 811; KG. 7 93), Ansprüche auf eine nachträgliche Honorierung schon geleisteter Dienste (Recht 15 Nr. 1059; JW. 1911, 230 Nr. 51; RGZ. 75 325), Ansprüche auf Rückvergütung gewährter Vorschüsse (OLG. München 13. 1. 09, OLGRspr. 19 42); Ansprüche aus Darlehen, die der Handlungsgehilfe als Vorschüsse auf die Provision empfangen hat (OLG. Hamburg 31. 10. 08, OLGRspr. 19 42 u. 43); Ansprüche des Leiters der Zweigniederlassung einer Gesellschaft m. b. H. gegen die Gesellschaft, deren Gesellschafter er nicht gewesen ist (ElsLothZ. 34 121; ZAktG. 16 184), Ansprüche des Dienstherrn aus Unterschlagungen aus Anlaß des Dienstverhältnisses anvertrauter Sachen (OLG. Dresden 12. 5. 11, SächsArchR. 1911, 470); Ansprüche auf Herausgabe eines Kassenbuches (KG. 5 48 Nr. 420), Ansprüche eines Kassierers auf Rückzahlung bereits erstatteter Beträge (KG. 7 208).

Zu Ziff. 3: Die hier aufgezählten Gegenstände müssen aus Anlaß — nicht notwendig ist auch auf Grund — des Dienstverhältnisses übergeben sein. Einbringung allein, auch mit Genehmigung des Prinzipals oder bei Gelegenheit des Dienstverhältnisses genügt nicht, um die Zuständigkeit des Kaufmannsgerichts zu begründen (DJZ. **16** 1280). Hierunter zählen auch Ansprüche auf Herausgabe zwecks Bewerbung übersandter Zeugnisse, auch dann, wenn es zum Abschluß eines Vertrages nicht gekommen ist (Recht **13** S. 672, ZZP. **41** 447); ebenso Ansprüche auf Herausgabe von Sachen, die auf Anweisung des Prinzipals aufbewahrt worden sind (GewKfmG. **17** 79).

Zu Ziff. 4 (s. auch Anm. zu Ziff. 1, 2, 3): Hierher gehören Rechtsstreite über ein Manko, welches der Inhaber einer Filiale dem Prinzipal gegenüber zu vertreten hat. Auch der Anspruch auf Zahlung einer Vertragsstrafe wegen Übertretung eines Konkurrenzverbotes (s. Ziff. 6) während der Dauer des Dienstverhältnisses. Für Streitigkeiten aus dem Lehrverhältnis gegen den konventionalstrafpflichtigen Vater ist das Kaufmannsgericht nicht zuständig (KG. 5 47). Dagegen ist die Zuständigkeit begründet für die Klage gegen den Handlungsgehilfen aus einem Konkurrenzvertrage seiner Ehefrau (DJZ. **16** 99; Recht **15** Nr. 2665).

Ferner ist das Kaufmannsgericht zuständig bei Schadensersatzansprüchen für gestohlene Sachen, die auf Anweisung des Prinzipals aufbewahrt worden sind (GewKfmG. **17** 79). Bei Schadensersatzansprüchen einer Verkäuferin wegen Nichtgewährung von ordnungsmäßigen Trittleitern (PosMSchr. **9** 51); bei Schadensersatzansprüchen für Unfälle im Betriebe (SeuffA. **64** Nr. 198); bei Schadensersatzansprüchen des Handlungsgehilfen, der durch vertragswidriges Verhalten des Prinzipals eine Körperverletzung erlitten hat (LG. Hamburg 3. 4. 08, LZ. **08** Sp. 960).

Zu Ziff. 5: Vom 1. Januar 1914 (Kais. VO. v. 5. 7. 12, RGBl. S. 439 und AN. **12** 837) sind diese Streitigkeiten gemäß Art. 101 d. EGRVO. v. 19. 7. 11 (RGBl. S. 509ff.) der Zuständigkeit des Kaufmannsgerichts entzogen (Hanow Anm. zu Art. 4 u. 101 EGRVO. und § 405 RVO.).

Zu Ziff. 6 s. auch Anm. zu Ziff. 4.

Ansprüche aus der eigentlichen Konkurrenzklausel, d. i. eine Vereinbarung zwischen dem Prinzipal und dem Handlungsgehilfen, durch welche dieser für die Zeit nach der Beendigung des Dienstverhältnisses in seiner gewerblichen Tätigkeit beschränkt wird (§ 74 HGB.; Recht 09 Nr. 2732 und OLGRspr. 19 43). Auch bei Lehrlingen an sich zulässig (§ 76 HGB., s. aber § 74 Abs. 3 HGB.).

Zur Zuständigkeit des Kaufmannsgerichts gehört ein Rechtsstreit darüber, ob dem früheren Gehilfen, jetzigen selbständigen Kaufmann gegenüber eine seine Tätigkeit beschränkende Vereinbarung vorliegt oder aber durch spätere Vereinbarung beseitigt ist (FrankfRundsch. 44 228).

Das Kaufmannsgericht ist nicht zuständig für Klagen aus der Konkurrenzklausel gegen den Bürgen (RG. 3. 5. 09, JW. 09 378).

§ 6.

Durch die Zuständigkeit eines Kaufmannsgerichts wird die Zuständigkeit der ordentlichen Gerichte ausgeschlossen. Vereinbarungen, durch welche der Entscheidung des Kaufmannsgerichts künftige Streitigkeiten, welche zu seiner Zuständigkeit gehören, entzogen werden, sind nichtig.

Lit.: Markus, Ansprüche des früheren Handlungsgehilfen auf Gehalt usw. kann er in einem gegen ihn vor dem ordentlichen Gericht geführten Prozesse nicht zur Aufrechnung bringen (DRichtZ. 4 476).

§ 6 stellt das Grundprinzip der ausschließlichen sachlichen Zuständigkeit der Kaufmannsgerichte hin; ausdrücklich zwar nur den ordentlichen Gerichten gegenüber. Die ausschließliche Zuständigkeit besteht aber auch gegenüber anderen Gerichten (Gewerbegericht, Konsulargericht u. a.). Vereinbarung eines anderen Kaufmannsgerichts ist zulässig. Im übrigen aber sind gegenteilige Abreden gegenüber der zwingenden Norm des § 6 nichtig; selbst dann, wenn die Vereinbarung vor Inkrafttreten des Kaufmannsgerichtsgesetzes geschah (Recht 07 Nr. 3213; 08 Nr. 1694; DJZ. 07 367; — s. auch: OLGRspr. 13 145 und 17 95; SchlHolstAnz. 06 273).

Ist ein an sich örtlich unzuständiges besonderes ordentliches Gericht vereinbart, so tritt an seine Stelle das an diesem Orte zuständige Kaufmannsgericht (LG. Köln 26. 3. 07, KG. **4** 87).

Die Vereinbarung eines örtlich unzuständigen Kaufmannsgerichts soll dann nichtig sein, wenn sie lediglich einer Partei die Rechtsverfolgung erschwert (GewKfmG. **13** 168).

Auch für die Widerklage kann ein an sich sachlich unzuständiges Kaufmannsgericht nicht vereinbart werden (RGZ. **66** 232). In zweifelhaften Fällen der Zuständigkeit hat Kläger nicht etwa die Wahl, da ja die Zuständigkeit des Kaufmannsgerichts diejenige der anderen Gerichte ausschließt (GruchotsBeitr. **53** 425, Sörgel **09** 903; RG. 16. 10. 08, SeuffBl. **74** 60).

Nur durch die Zuständigkeit eines deutschen Kaufmannsgerichts ist die Zuständigkeit der ordentlichen Gerichte ausgeschlossen (OLG-Rspr. **23** 63).

Die Zuständigkeit ist von Amts wegen zu prüfen (KGBl. **08** 97). Diese Prüfung von Amts wegen hat auch noch in der Berufungsinstanz zu geschehen (LG. Halle 4. 6. 08, KG. **4** 13; RG. 6. 11. 09, GewKfmG. **15** 114). Die Einrede der Unzuständigkeit kann noch erhoben werden, nachdem Beklagter zur Hauptsache verhandelt hat (LG. Stuttgart 1. 12. 06, GewKfmG. **12** 111); dagegen nicht mehr im Läuterungsverfahren (KG. 29. 2. 12, GewKfmG. **17** 213 und OLGRspr. **25** 41). Auf die Einrede der Unzuständigkeit kann nicht verzichtet werden (OLG. Dresden 7. 11. 11, SächsArchR. 1912, 110).

Zweifelhaft ist es, ob das Kaufmannsgericht ausschließlich zuständig ist für Streitigkeiten aus Verträgen, die nach ausländischem Recht zu beurteilen sind (OLGRspr. **23** 61).

Der im ordentlichen Verfahren erhobene Einwand der Unzuständigkeit des Kaufmannsgerichts ist nicht die Einrede der Unzulässigkeit des Rechtswegs, sondern diejenige der Zuständigkeit (SchlHolstAnz. **06** 273 und OLGRspr. **13** 145).

Ein Angestellter, der zugleich kaufmännische und gewerbliche Dienste leistet, untersteht im allgemeinen je nach seiner überwiegenden Tätigkeit dem Kaufmannsgericht oder dem Gewerbegericht. Sind in solchen Fällen die Voraussetzungen der nach der Stellung des Angestellten in Betracht kommenden Sondergerichtsbarkeit nicht gegeben, so tritt ohne weiteres die Zuständigkeit der ordentlichen Gerichte ein (Recht 06 Nr. 2437, JW. 06 396 Nr. 27; Recht 1910 Nr. 2924, JW. 1910, 839 Nr. 78). So ist auch das ordentliche Gericht zuständig, wenn nach der Klageschrift der Ehemann als Handlungsgehilfe, die Ehefrau als Gewerbegehilfin angestellt und die Vergütung gemeinschaftlich festgesetzt ist, da keines der beiden Sondergerichte entscheiden darf (OLG-Rspr. 20 392); ebenso für Ansprüche aus einer Konkurrenzklausel, wenn der Angestellte zugleich kaufmännische und gewerbliche Dienste geleistet hat, die gewerblichen aber überwiegen (RG. 14. 6. 10, GewKfmG. 17 87).

§ 7.

Die Zusammensetzung des Gerichts nach Maßgabe der Vorschriften dieses Gesetzes ist durch das Statut zu regeln.

Nur nach den Vorschriften dieses Gesetzes, d. h. nicht gegen dieselben, ist die Zusammensetzung des Kaufmannsgerichts zu regeln. Das Statut enthält auch noch andere Bestimmungen (s. §§ 1 Abs. 2—5, 11, 12 u. 18 sowie §§ 15, 18—20, 24 GGG.). Das von dem Minister für Handel und Gewerbe veröffentlichte Musterstatut (abgedruckt S. 205 ff.).

§ 8.

Die Kosten der Einrichtung und der Unterhaltung des Gerichts sind, soweit sie in dessen Einnahmen ihre Deckung nicht finden, von der Gemeinde oder dem weiteren Kommunalverbande zu tragen.

Soll das Gericht nicht ausschließlich für eine Gemeinde oder einen weiteren Kommunalverband zuständig sein, so ist bei Festsetzung der Zuständigkeit zugleich zu bestimmen[1]), zu welchen Anteilen die einzelnen Bezirke an der Deckung der Kosten teilnehmen.

Gebühren, Kosten und Strafen, welche in Gemäßheit dieses Gesetzes zur Hebung gelangen, bilden Einnahmen des Gerichts.

Zu Abs. 1: Diese Bestimmung hindert nicht, daß die Kaufmannsgerichte als Staatsgerichte anzusehen sind (s. Vorbem. vor § 1).

Die Kosten der Einrichtung und Unterhaltung sind auch dann zu tragen, wenn die Errichtung auf Anordnung und gegen den Willen der Beteiligten erfolgt ist.

Zu den Kosten der Unterhaltung gehören ferner die von dem Gericht zu erstattenden Vergütungen, Entschädigungen, Gebühren und Auslagen, z. B. an Beisitzer (§ 20 GGG.), an Zeugen (§ 401 ZPO.), an Sachverständige (§ 413 ZPO.; ZGO. in der Fassung d. G. v. 20. 5. 98, RGBl. S. 659 und GVG. § 166), an Gerichtsvollzieher, die für eine arme Partei gestellt sind (§ 124 ZPO.; GVGebO. v. 20. 5. 98, RGBl. S. 683, § 21 und Gerichtsvollzieherordnung v. 31. 3. 00, JMBl. S. 345, § 64 Nr. 5 u. 6), an ersuchte Gerichte (Rechtshilfegesetz v. 21. 6. 69, BGBl. S. 305; s. auch Anm. zu §§ 58 u. 61 GGG.), ferner Haftkosten. Über Erstattung der auf Ersuchen eines Kaufmannsgerichts zu vollstreckenden Haftstrafen s. Erl. des Justizministers v. 18. 1. 98 (JMBl. S. 25) und der Minister des Innern und für Handel v. 14. 2. 98 (MBl. d. i. V. S. 42).

Zu Abs. 2: Über weiteren Kommunalverband s. Anm. zu § 1 Abs. 4.

1) Diese Bestimmung kann im Statut geschehen.

Zu Abs. 3: Gebühren, Kosten und Strafen sind nur Beispiele von Einnahmen. Über Gebühren und Kosten s. §§ 58 u. 60 GGG.; über Strafen: § 16 KGG. und §§ 23, 38 Abs. 3 GGG., §§ 176 bis 193 GVG. (abgedr. hinter § 38 GGG.), §§ 380, 390 u. 888 ZPO.

Zu den Einnahmen gehören ferner geleistete Vorschüsse § 166 Abs. 3 GVG. und § 379 ZPO.); dagegen nicht Disziplinarstrafen gegen das Gerichtspersonal, weil sie nicht auf Grund dieses Gesetzes zur Hebung gelangen (Brenner S. 34 Anm. 5).

§ 9.

Für jedes Kaufmannsgericht sind ein Vorsitzender und mindestens ein Stellvertreter desselben sowie die erforderliche Zahl von Beisitzern zu berufen. Die Zahl der Beisitzer soll mindestens vier betragen.

Bei Kaufmannsgerichten, welche aus mehreren Abteilungen (Kammern) bestehen, können mehrere Vorsitzende bestellt werden.

Besteht am Sitze des Kaufmannsgerichts ein auf Grund des § 1 oder des § 2 des Gewerbegerichtsgesetzes errichtetes Gewerbegericht, so sind in der Regel dessen Vorsitzender und seine Stellvertreter, sofern auf sie die im § 11 Abs. 1[1]) bezeichneten Voraussetzungen zutreffen, zugleich zum Vorsitzenden und zu stellvertretenden Vorsitzenden des Kaufmannsgerichts zu bestellen, auch gemeinsame Einrichtungen für die Gerichtsschreiberei, den Bureaudienst, die Sitzungs- und Bureauräumlichkeiten und dergleichen zu treffen.

Zu Abs. 1 Satz 2: Ordnungsvorschrift. Übertretung beeinträchtigt nicht das Bestehen oder die Gültigkeit des Gerichts. Im übrigen bestimmt das Statut die Zahl der Beisitzer in den Spruchsitzungen (§ 24 GGG.).

Zu Abs. 2: Können, nicht müssen.

Zu Abs. 3: Die Angliederung der Kaufmannsgerichte an die Gewerbegerichte, die Gemeinsamkeit des Vorsitzenden, seiner Stellvertreter und der Bureaueinrichtungen beider Gerichte soll die Regel sein (Mot. S. 11). Ausnahmsweise und aus besonderen Gründen kann neben einem bestehenden Gewerbegericht die Errichtung eines besonderen Gerichts für kaufmännische Streitigkeiten zugelassen werden (Mot. S. 8).

Auch der Anschluß der Kaufmannsgerichte an bestehende Kgl. Gewerbegerichte ist an und für sich zulässig (Mot. S. 12).

1) Die im § 11 Abs. 1 bezeichneten Voraussetzungen sind die, daß der Vorsitzende oder sein Stellvertreter die Fähigkeit zum Richteramt oder zum höheren Verwaltungsdienst haben sollen und weder Kaufleute noch Handlungsgehilfen sein dürfen (s. Anm. zu § 11 Abs. 1).

§ 10.

Zum Mitglied eines Kaufmannsgerichts können nicht berufen werden:

1. Personen weiblichen Geschlechts;

2. Ausländer;

3. Personen, welche die Fähigkeit zur Bekleidung öffentlicher Ämter infolge strafgerichtlicher Verurteilung verloren haben;

4. Personen, gegen welche das Hauptverfahren wegen eines Verbrechens oder Vergehens eröffnet ist, das die Aberkennung der bürgerlichen Ehrenrechte oder der Fähigkeit zur Bekleidung öffentlicher Ämter zur Folge haben kann;

5. Personen, welche infolge gerichtlicher Anordnung in der Verfügung über ihr Vermögen beschränkt sind.

Zum Mitglied eines Kaufmannsgerichts soll nur berufen werden, wer das dreißigste Lebensjahr vollendet und in dem der Wahl vorangegangenen Jahre für sich oder seine Familie Armenunterstützung aus öffentlichen [1]) Mitteln nicht empfangen oder die empfangene Armenunterstützung erstattet hat.

Zum Beisitzer soll nur berufen werden, wer im Bezirke des Gerichts seit mindestens zwei Jahren seine Handelsniederlassung hat oder beschäftigt ist.

Zu Abs. 1: Die hier genannten Personen können nicht zum Mitglied eines Kaufmannsgerichts berufen werden, d. h. sie sind unfähig zu diesem Amt. Eine Zuwiderhandlung gegen diese Vorschrift bewirkt Nichtigkeit aller unter Mitwirkung dieser Person zustande gekommenen Amtshandlungen. Anders ist es bei den im Abs. 2 u. 3 bezeichneten Personen. Wirkt eine solche Person bei einer Entscheidung mit, so ist diese nicht deshalb etwa auf Grund des § 579 ZPO. anfechtbar, wohl aber kann die Wahl solcher Person für ungültig erklärt werden (§§ 15 KGG. u. 17 GGG.).

Mitglied im Sinne des § 10 ist auch der Vorsitzende. Die Unfähigkeitsgründe des Abs. 1 werden freilich bei ihm niemals vorliegen können, da sie schon mit Rücksicht auf die Voraussetzungen des § 11 Abs. 1 von vornherein ausgeschlossen sind. Aber die Vorbedingung des Abs. 2 bezüglich des Alters soll auch auf ihn Anwendung finden (Prenner S. 38 Anm. 2, hält auch die Bestimmung des Abs. 2 für zwingendes Recht. Seine Ausführungen sind zweifellos logisch richtig, der Wortlaut spricht aber dagegen).

Zu Abs. 2: Was den Zeitpunkt anbetrifft, in dem die Bedingungen des Abs. 2 u. 3 eingetreten bzw. nicht eingetreten sein dürfen, so ist es nicht allein zweckmäßig, sondern auch richtig, den Tag der Wahl hierfür anzunehmen. Wollte man einen späteren Zeitpunkt, wie es eine Ansicht ausspricht, z. B. den Beginn der Amtszeit hierfür festsetzen, so wäre dies aus dem Grunde schon höchst unzweckmäßig, weil dadurch die Aufstellung der Wahllisten sehr erschwert würde, da in der Zeit zwischen der Wahl und dem Amtsantritt mancherlei Veränderungen, die die Wählbarkeit beeinträchtigen, eintreten können. Das passive Wahlrecht der Beisitzer zum Kaufmannsgericht ist, abgesehen von dem Alter, nach dem Muster derjenigen für die Mitglieder des Abgeordnetenhauses und des Reichstags geregelt PrVf. Art. 115 und VO. v. 30. 5. 49 § 29 und Wahlgesetz v. 31. 5. 69 (BGBl. S. 145), § 4. Gegenüber dem dort gebrauchten Worte „wählbar" ist hier „berufen" gesagt. Letzteres soll aber offenbar nur ein anderer Ausdruck für ersteres sein. In § 12 Abs. 2 KGG. hat der Ausdruck „durch die Wahl bestellen" den gleichen Sinn. Für jene Wahlen steht aber außer Zweifel, daß das betreffende Alter und der Ablauf der genannten Fristen am Tage der Wahl vorhanden sein muß, daher ist dies auch hier anzunehmen (ebenso v. Schulz S. 48; Wilhelmi-Bever S. 75 u. a.; s. dazu auch Arndt, St. S. 120).

1) Nur Armenunterstützung aus öffentlichen Mitteln nicht auch von privater Seite schließt die Wählbarkeit aus. Diese Bestimmung ist nach dem Vorgange des § 3 Nr. 3 d. Wahlgesetzes v. 31. 5. 69 (für die Wahlen zum Reichstag) ergangen. Was als Armenpflege gilt, bestimmt sich nach dem RG. über den Unterstützungswohnsitz in der Fassung der Nov. v. 30. 5. 08 (RGBl. 08, 381) und den danach zugelassenen Landesgesetzen (§§ 2, 8 UWG.). S. hierzu Arndt, V. S. 406 Anm. 5. Auf Bayern erstreckt sich dieses Gesetz nicht (Art. III § 1 d. Vertrages, betr. den Beitritt Bayerns zur Verfassung des Deutschen Bundes, v. 23. 11. 70, BGBl. 71, 9 ff.). Über Armenpflege in Bayern s. Prenner S. 40 Anm. 4.

Die einjährige Frist wird vom Tage der Wahl an zurückgerechnet.

Zu Abs. 3: Abs. 3 gilt nach dem klaren Wortlaut nicht für den Vorsitzenden und seinen Stellvertreter.

Über Handelsniederlassung s. § 27 Anm. I 2 GGG.

§ 11.

Als Vorsitzender und dessen Stellvertreter sollen Personen gewählt werden, welche die Fähigkeit zum Richteramt erlangt haben; auch können Personen gewählt werden, welche die Fähigkeit zum höheren Verwaltungsdienste besitzen. Ausnahmen kann die höhere Verwaltungsbehörde[1]) zulassen. Der Vorsitzende und seine Stellvertreter dürfen weder Kaufleute noch Handlungsgehilfen sein.[2])

Sie werden durch den Magistrat und, wo ein solcher nicht vorhanden ist oder das Statut dies bestimmt, durch die Gemeindevertretung, in weiteren Kommunalverbänden durch die Vertretung des Verbandes auf mindestens ein Jahr gewählt.

Ihre Wahl bedarf der Bestätigung der höheren Verwaltungsbehörde, in deren Bezirke das Kaufmannsgericht

seinen Sitz hat. Diese Bestimmung findet auf Staats- oder Gemeindebeamte, welche ihr Amt kraft staatlicher Ernennung oder Bestätigung verwalten, keine Anwendung, solange sie dieses Amt bekleiden. Einer Bestätigung bedarf es ferner nicht, wenn im Falle des § 9 Abs. 3 der Vorsitzende des Gewerbegerichts oder sein Stellvertreter zum Vorsitzenden oder zum stellvertretenden Vorsitzenden des Kaufmannsgerichts gewählt werden.

Über die Entwicklungsgeschichte des § 11 s. v. Schulz Anm. 2 zu § 11.

Über die rechtliche Stellung des Vorsitzenden s. Kulka S. 37.

Zu Abs. 1: Bei der Besetzung der Stelle des Vorsitzenden oder dessen Stellvertreter soll in erster Linie darauf gesehen werden, daß sie die Fähigkeit zum Richteramt (§ 2 GVG.) erlangt haben. In gleicher Weise können aber auch Personen dafür bestellt werden, die die Fähigkeit zum höheren Verwaltungsdienst (Pr. G. v. 10. 8. 06, GS. 378) besitzen. Beide Fälle bilden die Regel und bedürfen zu ihrer Anwendung keiner besonderen Genehmigung der Verwaltungsbehörde, sondern lediglich gemäß Abs. 3 der Bestätigung. In letzterer liegt allerdings eine hinreichende Gewähr dafür, daß der Gewählte die für sein Amt erforderlichen Eigenschaften besitzt (Mot. S. 12).

Auf Antrag einer Gemeinde kann von der Landesjustizverwaltung auch ein Mitglied eines ordentlichen Gerichts (Amts- oder Landrichter) zur Führung des Amtes als Vorsitzender ermächtigt werden. Andere Personen bedürfen dagegen der Genehmigung und es müssen dafür, da dies als eine Ausnahme zu bezeichnen ist, besondere Gründe vorhanden sein. Gleichwohl bewirkt die Nichtbeachtung der Vorschrift in Satz 1 nicht Nichtigkeit der von entgegen dieser Vorschrift bestellten Personen vorgenommenen Amtshandlungen (s. hierzu § 10 Anm. zu Abs. 1). Eine zum Vorsitzenden oder dessen Stellvertreter bestellte Person darf aber in keinem Falle der Kategorie der Kaufleute oder der Handlungsgehilfen angehören, widrigenfalls in diesem Falle Nichtigkeit der Amtshandlungen eintritt.

1) Über höhere Verwaltungsbehörden s. § 1 zu Abs. 2.

2) Kaufleute im Sinne des Abs. 1 sind außer den im § 14 KGG. genannten Personen auch solche Kaufleute, die gemäß § 12 zu Beisitzern nicht gewählt werden dürfen. Ebenso sind unter Handlungsgehilfen hier nicht nur diejenigen mit einem Jahreseinkommen unter 5000 ℳ (§ 4), sondern allgemein alle zu verstehen.

Zu Abs. 2: Die Wahl des Vorsitzenden erfolgt wie bei den Gewerbegerichten in Gemeinden mit städtischer Verfassung in der Regel durch den Magistrat, nicht durch die Stadtverordnetenversammlung (Entsch. des Provinzialrates für die Stadt Bielefeld, Bl. f. soz. Pr. v. 15. 3. 94. 95 und v. 7. 6. 04. 199; v. Schulz S. 52 Anm. 6). Bezüglich der Wahl in anderen Gemeinden und weiteren Kommunalverbänden der verschiedenen Bezirke der Monarchie und der in Betracht kommenden gesetzlichen Vorschriften s. die Ausführungen Wilhelmi-Bever S. 82 u. 83.

Die Wahl erfolgt auf mindestens ein Jahr. Wiederwahl ist zulässig. Sie kann auf unbegrenzte Dauer, sogar auf Lebenszeit, bei Beamten auch auf die Dauer des Hauptamts ausgedehnt werden (ebenso Haas S. 30 Anm. 14).

Über die Stellung des Vorsitzenden zum Magistrat s. GewKfmG. 12 97 ff. Bezüglich der Haftung des Vorsitzenden s. BGB. Komm. von Reichsgerichtsräten Anm. zu § 839.

Zu Abs. 3: Wer Staats- oder Gemeindebeamter ist, ist nach den Landesgesetzen zu entscheiden; für Preußen: ALR. II 10 §§ 68, 69 und OVG. 19 429. Reichsbeamte rechnen nicht zu Staatsbeamten, sind aber gemäß § 19 RBG. v. 31. 3. 73 (RGBl. S. 61) in der Fassung d. Bek. v. 18. 5. 07 (RGBl. S. 245) wie solche zu behandeln (s. hierzu Bitter S. 209 ff.).

§ 12.

Die Beisitzer müssen zur Hälfte aus den Kaufleuten, welche mindestens einen Handlungsgehilfen[1]) oder Hand-

lungslehrling regelmäßig[2]) das Jahr hindurch oder zu gewissen Zeiten des Jahres beschäftigen, zur Hälfte aus den Handlungsgehilfen[3]) entnommen werden.

Die ersteren Beisitzer werden mittels Wahl der im Abs. 1 bezeichneten Kaufleute, die letzteren mittels Wahl der Handlungsgehilfen bestellt. Die Wahl der Beisitzer ist unmittelbar und geheim[4]); sie findet nach den Grundsätzen der Verhältniswahl statt derart, daß neben den Mehrheitsgruppen auch die Minderheitsgruppen entsprechend ihrer Zahl vertreten sind.[5]) Hierbei kann die Stimmabgabe auf Vorschlagslisten beschränkt werden, die bis zu einem im Statute festgesetzten Zeitpunkte vor der Wahl einzureichen sind.

Die Wahl erfolgt auf mindestens ein Jahr und höchstens sechs Jahre. Eine Wiederwahl ist zulässig.

§ 12 regelt das passive Wahlrecht der Beisitzer.

Über aktives Wahlrecht s. § 13; über Kaufleute s. § 1 Anm. zu Abs. 1A. Der Begriff „Kaufleute" ist beim aktiven und passiven Wahlrecht nicht der gleiche (s. §§ 11, 13 u. 14 KGG.).

Zu Abs. 1: Außer den Voraussetzungen im Abs. 1 müssen die zu Wählenden auch die Bedingungen des § 10 Abs. 3 KGG. erfüllen, d. h. seit mindestens zwei Jahren im Bezirke des Gerichts ihre Handelsniederlassung haben bzw. beschäftigt sein.

1) Der Handlungsgehilfe in diesem Sinne kann auch über 5000 ℳ Jahresarbeitsverdienst haben. Über Handlungsgehilfen s. § 1 Anm. zu Abs. 1B.

2) Die Bezeichnung „regelmäßig" soll nur dahin verstanden werden, daß als Arbeitgeber gelten solle, wer unter normalen, gewöhnlichen Verhältnissen einen Arbeiter beschäftigt. Es sollen daher solche Personen ausgeschlossen sein, welche nur zufällig und vorübergehend, vielleicht nur zur Erreichung der Wahlberechtigung einen Arbeiter einstellen und dann wieder entlassen (Ber. der XII. Komm. zur Vorberatung des Gewerbegerichtsgesetzes

1900/01 Nr. 299 S. 35). Brenner (S. 45) zählt zu den normalen Verhältnissen auch das Saisongewerbe ebenso Wilhelmi-Bever S. 95.

3) Für diese Art Handlungsgehilfen gilt die Beschränkung des § 4 KGG. (s. Anm. 1).

Zu Abs. 2: Verhältniswahl (Lit. s. bei Haas, K. S. 33, GG. 8 49; GewKfmG. **13** 94; KG. **1** 41; **2** 55, **3** 58; Cahn, Das Verhältniswahlsystem, Berlin 09).

Im Gegensatz zu dem gewöhnlichen Wahlverfahren, bei dem die absolute oder relative Mehrheit der Stimmen den Ausschlag gibt, verfolgt dieses System den Zweck, daß bestehende oder für die Wahl gebildete Vereinigungen oder Gruppen im Verhältnis ihrer Beteiligung an der Wahl zur Geltung kommen sollen, und zwar so, daß neben den Mehrheitsgruppen auch die Minderheitsgruppen entsprechend vertreten sind. Sind also z. B. 3000 Wähler vorhanden, die sich auf drei Gruppen (zu 1500, 1000 und 500 Wähler) verteilen, so würde die erste Gruppe mit $^1/_2$, die zweite mit $^1/_3$ und die dritte mit $^1/_6$ der Stimmenzahl an der Wahl beteiligt sein und daher, wenn 12 Beisitzer zu wählen sind, die erste 6, die zweite 4 und die dritte 2 in Vorschlag bringen können. Dies ist die einfachste Form dieses Wahlsystems.

Über andere Methoden, das Wahlergebnis zu berechnen, s. Statut mit Verhältniswahl für Frankfurt a. M. (GG. **7** 96 ff.), Kurzgefaßtes Statut mit und ohne Verhältniswahl „Märkische Fassung" (GG. **7** 114 ff.), Grundzüge des Wahlsystems für das Kaufmannsgericht München (Brenner S. 47), Vorschläge zur Regelung des Wahlverfahrens bei den Gewerbegerichten nach den Grundsätzen der Verhältniswahl (HMBl. **02** 165; s. dazu GG. **7** 190), Musterstatuten für die Kaufmannsgerichte veröffentlicht durch den preuß. Minister f. H. u. G., Berlin 04 bei Heymann (s. § 17 abgedr. S. 220 ff.).

4) Unmittelbar d. h. der Wähler wählt ohne Mittelspersonen (Wahlmänner) den zu Wählenden. Geheim d. h. mündliche Stimmabgabe ist ausgeschlossen.

5) Die Verhältniswahl ist für die Kaufmannsgerichte obligatorisch.

§ 13.

Zur Teilnahme an den Wahlen ist berechtigt, wer das fünfundzwanzigste Lebensjahr vollendet hat und in dem Bezirke des Kaufmannsgerichts seine Handelsniederlassung hat oder beschäftigt ist.

Zur Teilnahme an den Wahlen sind nicht berechtigt die im § 10 Abs. 1 bezeichneten Personen.

Zu Abs. 1: In dem entsprechenden § 14 GGG. heißt es noch präziser: „Zur Teilnahme an den Wahlen ist nur berechtigt!" Danach ist sowohl eine Erweiterung als eine Einschränkung der Wahlfähigkeit ausgeschlossen.

§ 13 normiert das aktive Wahlrecht (s. dazu § 12 Abs. 2 KGG.). Über das passive Wahlrecht bestimmt § 10 in Verb. mit § 12 KGG. Es genügt, daß die im Abs. 1 geforderten Vorbedingungen für die Wahlfähigkeit im Augenblick der Wahl, d. h. also am Wahltage, vorhanden sind. Einen früheren Zeitpunkt, etwa die Zeit der Aufstellung der Wahllisten, anzunehmen, findet nirgends eine Begründung (a. M.: Kulka S. 44). Über Handelsniederlassung s. Anm. zu § 10 KGG. und Anm. I 2 § 27 GGG. Daß der Wähler auch in dem Bezirke wohnt, ist weder ein Erfordernis noch von Belang.

Zu Abs. 2: Außer den Beschränkungen des § 10 Abs. 1 ist § 4 KGG. zu beachten; danach dürfen Handlungsgehilfen mit einem Jahresarbeitsverdienst von mehr als 5000 ℳ, auch wenn sie die sonstigen Voraussetzungen für die Wahlfähigkeit erfüllen, nicht an der Wahl teilnehmen. Ebensowenig können stellungslose Handlungsgehilfen bei der Aufstellung der Wahllisten berücksichtigt werden, da eine einzelne Person von der Organisation eines Kaufmannsgerichts erst dann und nur so lange ergriffen wird, wenn sie tatsächlich den im Gesetz vorgeschriebenen Voraussetzungen genügt (Bescheid des Ministers für Handel und Gewerbe v. 21. 8. 98 bezüglich der Gewerbegerichte, abgedr. in GG. 4 129; — a. M.: Prenner S. 49).

§ 14.

Den Kaufleuten im Sinne der §§ 11 bis 13[1]) stehen gleich die Mitglieder[2]) des Vorstandes einer Aktiengesellschaft[3]) oder eingetragenen Genossenschaft[4]) oder einer als Kaufmann[5]) geltenden juristischen Person[6]) sowie die Geschäftsführer einer Gesellschaft mit beschränkter Haftung.[7]) Vorsteher oder Mitglieder eines verwaltenden oder beschließenden Organs einer Gemeinde oder eines weiteren Kommunalverbandes können zum Vorsitzenden eines Kaufmannsgerichts (§ 11 Abs. 1) auch dann gewählt werden, wenn die Gemeinde oder der weitere Kommunalverband ein Handelsgewerbe betreibt.[8])

1) Kaufleute im Sinne dieses Paragraphen sind nicht notwendigerweise auch Kaufleute im Sinne der §§ 1 u. 2 d. G. oder des HGB.

2) D. h. das betreffende Mitglied muß den Erfordernissen des § 10 Abs. 3 genügen, nicht etwa die Gesellschaft oder die juristische Person, welche es vertritt. Jedes Mitglied für sich eines aus mehreren Personen bestehenden Vorstandes wird Kaufmann. Nicht das Vorstandsmitglied jeder juristischen Person, sondern nur einer solchen, welche als Kaufmann gilt (§§ 6, 36, 452 HGB.), wird als Kaufmann angesehen. Daher nicht dasjenige eines rechtsfähigen Vereins, ebensowenig der gesetzliche Vertreter eines Geschäftsunfähigen oder in der Geschäftsfähigkeit beschränkten Kaufmanns. Auch nicht der Prokurist oder der Handlungsbevollmächtigte (Haas, K. S. 37). Nach der Entscheidung der Königlichen Regierung in Speyer ist mit Bezug auf die Gewerbegerichte eine Person, die Arbeitgeber mehrerer Betriebe ebenso oft zur Ausübung des Wahlrechts berechtigt (GG. 3 5 ff . die Entscheidung ist sehr bedenklich).

3) HGB. §§ 231 ff.

4) G., betr. die Erwerbs- und Wirtschaftsgenossenschaften, v. 1. 5. 89 in der Fassung d. Bek. v. 20. 5. 98 (RGBl. S. 810) § 24.

5) Im Sinne des HGB. §§ 1—3, s. auch HGB. §§ 6, 36, 452.

6) BGB. §§ 22 ff. u. 89, nur wenn der Verein ein Kaufmann ist.

7) G., betr. die Gesellschaften mit beschränkter Haftung, v. 20. 4. 92 in der Fassung d. Bek. v. 20. 5. 98 (RGBl. S. 846) § 35.

8) Der letzte Satz wurde von der Kommission mit Rücksicht auf die Entscheidung des Oberverwaltungsgerichts (OVG. 25 314) hereingebracht (Mot. S. 38). Immerhin müssen diese Personen den im § 11 Abs. 1 bestimmten Voraussetzungen genügen.

§ 15.

Im übrigen finden auf die Wahlen die Vorschriften des § 15, § 17 Abs. 1, § 18 des Gewerbegerichtsgesetzes entsprechende Anwendung.

Ebenso sind die Vorschriften der §§ 19, 20, § 21 Abs. 1, 3, §§ 22 bis 25, 88 des Gewerbegerichtsgesetzes sinngemäß anzuwenden.

Aus den Handlungsgehilfen entnommene Beisitzer, deren Jahresarbeitsverdienst an Lohn oder Gehalt erst nach der Wahl den Betrag von fünftausend Mark übersteigt bleiben bis zur nächsten Wahl im Amte.

Die entsprechende Anwendung findenden Vorschriften lauten:

§ 15 GGG. Die näheren Bestimmungen über die Wahl und das Verfahren bei derselben werden durch das Statut[1]) getroffen. Es kann insbesondere festgesetzt werden, daß bestimmte gewerbliche Gruppen je einen oder mehrere Beisitzer zu wählen haben. Auch ist eine Regelung nach den Grundsätzen der Verhältniswahl zulässig;[2]) dabei kann die Stimmabgabe auf Vorschlagslisten beschränkt werden, die bis zu einem im Statute festgesetzten Zeitpunkte vor der Wahl einzureichen sind.

Ist in dem Statute bestimmt, daß die Gemeindebehörde[3]) Wahllisten[4]) aufzustellen hat, so sind die Polizeibehörden sowie Krankenkassen, welche im Bezirke des Gewerbegerichts bestehen oder eine örtliche Verwaltungsstelle haben, verpflichtet[5]), der Gemeindebehörde auf Verlangen die für die Fertigung der Wählerliste für Arbeitgeber und Arbeitnehmer erforderlichen Auskünfte zu geben, insbesondere Einsicht der Mitgliederverzeichnisse beziehungsweise der Gewerbeanzeigen zu gewähren.[6])

Lit.: Wilhelmi-Bever S. 91; v. Schulz, GGG. S. 61; Haas, G. S. 56.

1) Musterstatut S. 205 ff.

2) An Stelle dieser Vorschrift kommt § 12 Abs. 2 KGG. zur Anwendung, wonach die Verhältniswahl für die Kaufmannsgerichte obligatorisch ist.

3) Welche Gemeindebehörde die Wahllisten (Wählerlisten) aufzustellen hat, wird gemäß § 88 Abs. 1 (abgedr. bei Anm. zu Abs. 4 § 1 KGG.) von der Landeszentralbehörde bestimmt.

4) Über Wählerlisten s. Prenner S. 58 und GewKfmG. **15** 66.

5) Ev. Beschwerde.

6) Nur Einsicht nicht Abschriften (Wilhelmi-Bever S. 94).

§ 17 Abs. 1 GGG. Beschwerden[1]) gegen die Rechtsgültigkeit der Wahlen sind nur binnen eines Monats[2]) nach der Wahl zulässig. Sie werden durch die höhere Verwaltungsbehörde[3]) entschieden. Dieselbe hat auf erhobene Beschwerde Wahlen, welche gegen das Gesetz oder die auf Grund des Gesetzes erlassenen Wahlvorschriften verstoßen, für ungültig zu erklären.

1) Das Recht der Beschwerde wird man jedem zugestehen müssen, welcher ein rechtliches Interesse nachweist. Prenner (S. 59) hält nur solche Personen zur Beschwerdeeinlegung legiti-

miert, welchen das Gesetz Wahlrechte einräumt und hier auch nur insoweit, als innerhalb der gesetzlichen Interessensphäre eine Unregelmäßigkeit gerügt wird. Wilhelmi-Bever (S. 97) und v. Schulz (S. 129) geben das Recht jedem Beteiligten (Arbeiter, Arbeitgeber, Vorsitzenden des Gerichts, Magistrats, ev. auch dem die Wahl leitenden Beamten).

Da das Gesetz nichts darüber bestimmt, wo die Beschwerde einzulegen ist, wird sie bei jeder Amtsstelle, die mit der Wahl zu tun hat, und bei der höheren Verwaltungsstelle angebracht werden können.

2) Präklusivfrist.

3) Über höhere Verwaltungsbehörde s. § 1 Anm. zu Abs. 2.

§ 18 GGG. Sind Wahlen[1]) nicht zustande[2]) gekommen oder wiederholt für ungültig[3]) erklärt, so ist die höhere Verwaltungsbehörde[4]) befugt,

a) die Wahlen, soweit sie durch Arbeitgeber oder Arbeiter vorzunehmen waren, durch den Magistrat und, wo ein solcher nicht vorhanden ist oder wo das Statut dies bestimmt, durch die Gemeindevertretung, in weiteren Kommunalverbänden[5]) durch die Vertretung des Verbandes vornehmen zu lassen;

b) soweit die Wahlen vom Magistrat oder der Gemeindevertretung oder der Vertretung eines weiteren Kommunalverbandes vorzunehmen waren, die Mitglieder selbst zu ernennen.

1) Hierunter fallen sowohl die Wahlen der Beisitzer als des Vorsitzenden und dessen Stellvertreter.

2) Teilweise nicht zustande gekommene Wahlen sind als nicht zustande gekommen anzusehen.

3) Wegen Ungültigkeitserklärung s. § 17 GGG.

4) Über höhere Verwaltungsbehörde s. § 1 Anm. zu Abs. 2.

Zu a handelt es sich nur um Beisitzerwahlen, zu b zunächst um die Wahlen der Vorsitzenden und ihrer Stellvertreter, dann aber auch um solche im Falle des Abs. 1 zu a nach Anordnung der höheren Verwaltungsbehörde.

5) Über weiterer Kommunalverband s. § 1 Anm. zu Abs. 4.

§ 19 GGG. Namen und Wohnort der Mitglieder[1]) des Gewerbegerichts werden nach näherer Bestimmung des Statuts[2]) öffentlich[3]) bekanntgemacht.

1) Vorsitzender, Stellvertreter und Beisitzer, nicht Gerichtsschreiber.

2) S. Musterstatut S. 205 ff.

3) In welcher Art, insbesondere durch welche Blätter die öffentliche Bekanntmachung erfolgen soll, muß in dem Statut bestimmt sein. Ist dies dort versäumt, so dürfte jede öffentliche Bekanntmachung, da eine besondere Form nicht vorgeschrieben ist, genügen. Ev. ist der Mangel bei der Vorlegung zur Genehmigung durch die höhere Verwaltungsbehörde zu rügen. Rechtliche Folgen knüpfen sich nicht an die Unterlassung der öffentlichen Bekanntmachung (so auch Brenner S. 62). Letzterer ist der Meinung, daß beim Fehlen einer Bestimmung über die Art der Bekanntgabe diejenige Form entscheidet, in der ortsüblicherweise Bekanntmachungen geschehen.

§ 20 GGG. Das Amt der Beisitzer ist ein Ehrenamt. Die Übernahme kann nur aus den Gründen verweigert[1]) werden, welche zur Ablehnung[2]) eines unbesoldeten Gemeindeamts berechtigen. Wo landesgesetzliche Bestimmungen über die zur Ablehnung von Gemeindeämtern berechtigenden Gründe nicht bestehen, darf die Übernahme nur aus denselben Gründen verweigert werden, aus welchen das Amt eines Vormundes abgelehnt werden kann. Wer das Amt eines Beisitzers sechs Jahre versehen hat, kann während der nächsten sechs Jahre die Übernahme des Amtes ablehnen. Ablehnungsgründe gewählter Beisitzer sind nur zu berücksichtigen, wenn dieselben, nachdem der beteiligte Beisitzer von seiner Wahl in Kenntnis gesetzt ist, schriftlich geltend gemacht werden.[3]) Über den Ablehnungsantrag entscheidet die im § 12 Abs. 2 bezeichnete Stelle.

Die Beisitzer erhalten für jede Sitzung, der sie beigewohnt haben, Vergütung etwaiger Reisekosten und eine Entschädigung für Zeitversäumnis. Die Höhe der letzteren ist durch das Statut festzusetzen; eine Zurückweisung derselben ist unstatthaft.

Zu Abs. 1: Ehrenamt, d. h. eine Besoldung ist ausgeschlossen. Als solche gilt nicht die im Abs. 2 gewährte Vergütung etwaiger Reisekosten und Entschädigung für Zeitversäumnis. Für die Vorsitzenden und Stellvertreter gilt dies an und für sich nicht. Immerhin steht nichts im Wege, wenn auch sie ihr Amt unentgeltlich als Ehrenamt verwalten, z. B. als unbesoldetes Magistratsmitglied usw. Sie können dabei nicht auf Grund des Abs. 2 entschädigt werden.

Die Beisitzer sind Richter im Sinne des § 334 StGB., soweit sie an Amtshandlungen teilnehmen bzw. sich im Dienst befinden im Unterschiede zu den Handelsrichtern, welche auch außerhalb des Dienstes Rechte und Pflichten richterlicher Beamten haben (§ 116 GVG. und Begr. S. 137). Die Beisitzer sind keine Beamten im Sinne des Abschn. 28 StGB. (Olshausen S. 1328 ff.). RGZ. 65 176 spricht sich in diesem Sinne bezüglich der Schiedsrichter aus. Zu ihrer Vernehmung als Zeugen ist daher nicht die Genehmigung des Magistrats erforderlich. Über Disziplinarverfahren gegen die Beisitzer s. Anm. zu § 21 Abs. 3 GGG. Ihre zivilrechtliche Haftung aus Urteilssprüchen bestimmt sich nach § 823 BGB., nicht nach § 839, da letztere Bestimmung nur auf Spruchrichter, die gleichzeitig Beamte sind (RGZ. 6 105; 28 80; 37 225 67 117), Anwendung findet (Komm. von Reichsgerichtsräten Anm. 7 zu § 839 BGB.). Gleichgültig ist es dabei, ob die

Beisitzer von ihren Standesgenossen gemäß § 12 KGG. gewählt oder auf Grund des § 18b GGG. ernannt sind (ebenso Wilhelmi-Bever S. 104).

Über die zivilrechtliche Haftung des Vorsitzenden s. § 11 KGG. Anm. zu Abs. 2.

1) Als Verweigerung der Übernahme des Amtes ist nur Ablehnung des gesamten Amtes, nicht schon der Vornahme einzelner Handlungen anzusehen.

2) Für die Gründe der Ablehnung eines unbesoldeten Gemeindeamtes kommen die landesgesetzlichen Bestimmungen der Städte- und Landgemeindeordnungen in Frage. So bestimmt für die sechs östlichen Provinzen der preußischen Monarchie die Städteordnung v. 30. 5. 53 (GS. S. 271) im § 74:

§ 74 StO. Ein jeder stimmfähiger Bürger ist verpflichtet, eine unbesoldete Stelle in der Gemeindeverwaltung oder -vertretung anzunehmen, sowie eine angenommene Stelle mindestens drei Jahre lang zu versehen.

Zur Ablehnung oder zur früheren Niederlegung einer solchen Stelle berechtigen nur folgende Entschuldigungsgründe:

1. anhaltende Krankheit;
2. Geschäfte, die eine häufige oder lange dauernde Abwesenheit mit sich bringen;
3. ein Alter über sechzig Jahre;
4. die früher stattgehabte Verwaltung einer unbesoldeten Stelle für die nächsten drei Jahre;
5. die Verwaltung eines anderen öffentlichen Amtes;
6. ärztliche oder wundärztliche Praxis;
7. sonstige besondere Verhältnisse, welche nach dem Ermessen der Stadtverordnetenversammlung eine gültige Entschuldigung begründen.

Wer sich ohne einen dieser Entschuldigungsgründe weigert, eine unbesoldete Stelle in der Gemeindeverwaltung oder -vertretung anzunehmen, oder die noch nicht drei Jahre lang versehene Stelle ferner zu versehen, sowie derjenige, welcher sich der Verwaltung solcher Stellen tatsächlich entzieht, kann durch Beschluß der Stadtverordneten auf drei bis sechs Jahre der Ausübung des Bürgerrechts verlustig erklärt und um ein Achtel bis ein Viertel stärker zu den direkten Gemeindeabgaben herangezogen werden. Dieser Beschluß bedarf der Bestätigung der Aufsichtsbehörde (§ 76).

In den Bezirken, wo landesgesetzliche Bestimmungen dieser Art nicht gelten, kann die Ablehnung aus demselben Grunde verweigert werden, aus dem das Amt eines Vormunds abgelehnt werden kann. Hierüber bestimmt § 1786 BGB.:

§ 1786 BGB. Die Übernahme der Vormundschaft kann ablehnen:

1. eine Frau;
2. wer das sechzigste Lebensjahr vollendet hat;
3. wer mehr als vier minderjährige eheliche Kinder hat; ein von einem anderen an Kindes Statt angenommenes Kind wird nicht gerechnet;
4. wer durch Krankheit oder Gebrechen verhindert ist, die Vormundschaft ordnungsmäßig zu führen;
5. wer wegen Entfernung seines Wohnsitzes von dem Sitze des Vormundschaftsgerichts die Vormundschaft nicht ohne besondere Belästigung führen kann;
6. wer nach § 1844 zur Sicherheitsleistung angehalten wird;
7. wer mit einem anderen zur gemeinschaftlichen Führung der Vormundschaft bestellt werden soll;
8. wer mehr als eine Vormundschaft oder Pflegschaft führt; die Vormundschaft oder Pflegschaft über mehrere

Geschwister gilt nur als eine; die Führung von zwei Gegenvormundschaften steht der Führung einer Vormundschaft gleich.

Das Ablehnungsrecht erlischt, wenn es nicht von der Bestellung bei dem Vormundschaftsgerichte geltend gemacht wird.

3) Die Ablehnung muß gemäß Satz 4 schriftlich erfolgen und ist sonst unbeachtlich.

Die Folgen unberechtigter Ablehnung sind durch das Gesetz nicht bestimmt. Ein ordnungsgemäß gewählter und bestätigter Beisitzer wird gegen Verweigerung oder Vernachlässigung der einzelnen Obliegenheiten gemäß § 23 GGG. und ev. aus § 21 Abs. 3 GGG. zu bestrafen sein. Keinesfalls treten die Folgen der unberechtigten Ablehnung eines unbesoldeten Gemeindeamtes (§ 74 Abs. 3 StO., s. oben) oder des Amtes eines Vormunds (§§ 1787, 1788 BGB.) ein.

§ 1787 BGB. Wer die Übernahme der Vormundschaft ohne Grund ablehnt, ist, wenn ihm ein Verschulden zur Last fällt, für den Schaden verantwortlich, der dem Mündel dadurch entsteht, daß sich die Bestellung des Vormundes verzögert.

Erklärt das Vormundschaftsgericht die Ablehnung für unbegründet, so hat der Ablehnende, unbeschadet der ihm zustehenden Rechtsmittel, die Vormundschaft auf Erfordern des Vormundschaftsgerichts vorläufig zu übernehmen.

§ 1788 BGB. Das Vormundschaftsgericht kann den zum Vormund Ausgewählten durch Ordnungsstrafen zur Übernahme der Vormundschaft anhalten.

Die einzelne Strafe darf den Betrag von dreihundert Mark nicht übersteigen. Die Strafen dürfen nur in Zwischenräumen von mindestens einer Woche verhängt werden. Mehr als drei Strafen dürfen nicht verhängt werden.

Über Ablehnungsgründe in Bayern s. Prenner S. 63; in Sachsen s. Kulka S. 62 Nr. 3.

Bezüglich § 12 Abs. 2 GGG. s. Anm. zu Abs. 2 § 11 KGG., welcher gleichlautend ist.

Zu Abs. 2: Diese durch Vergütung bzw. Entschädigung entstehenden Leistungen sind Unterhaltskosten im Sinne des § 8 Abs. 1 KGG. (s. Anm. dort) und fallen der Gemeinde bzw. dem weiteren Kommunalverbande zur Last. Über Zurückweisung von Reisekosten und Entschädigung der Zeitversäumnis s. Wilhelmi-Bever S. 107 Anm. 7—9.

§ 21 Abs. 1 u. 3 GGG. Ein Mitglied des Gewerbegerichts, hinsichtlich dessen Umstände eintreten oder bekannt werden, welche die Wählbarkeit zu dem von ihm bekleideten Amte nach Maßgabe dieses Gesetzes ausschließen, ist des Amtes zu entheben. Die Enthebung erfolgt durch die höhere Verwaltungsbehörde nach Anhörung des Beteiligten.

Ein Mitglied des Gewerbegerichts, welches sich einer groben Verletzung seiner Amtspflicht schuldig macht, kann seines Amtes entsetzt werden. Die Entsetzung erfolgt durch das Landgericht, in dessen Bezirke das Gewerbegericht seinen Sitz hat. Hinsichtlich des Verfahrens und der Rechtsmittel finden die Vorschriften entsprechende Anwendung, welche für die zur Zuständigkeit der Landgerichte gehörigen Strafsachen gelten. Die Klage wird von der Staatsanwaltschaft auf Antrag der höheren Verwaltungsbehörde erhoben.

Zu Abs. 1: Mitglied im Sinne des § 21 Abs. 1 u. 3 ist der Vorsitzende, sein Stellvertreter und die Beisitzer. Die Amtsenthebung (Abs. 1) und die Amtsentsetzung (Abs. 3) können erst nach erfolgter Wahl eintreten; liegen die erwähnten Umstände des Abs. 1 vor der Wahl vor, so kommen die Bestimmungen der §§ 11, 12, 14, 15 KGG. zur Anwendung.

Die Enthebung geschieht durch die höhere Verwaltungsbehörde (s. § 1 Anm. zu Abs. 2). Beschwerde gegen die Entscheidung derselben ist nach Maßgabe der Landesgesetze zulässig. Beteiligter ist das zu enthebende Mitglied. Die Form seiner Anhörung ist nicht bestimmt.

Zu Abs. 3: Zu den Amtspflichten im engeren Sinne rechnen alle Obliegenheiten, die in der Eigenschaft als Richter (Vorsitzender, Stellvertretender, Beisitzer) zu erfüllen sind. Verletzungen sind z. B. Bruch der Amtsverschwiegenheit bezüglich der in der Beratung behandelten Gegenstände. Es muß sich hier aber, damit der Tatbestand erfüllt wird, um bestimmte Mitteilungen handeln, welche im Interesse einer unparteiischen und vertrauenswürdigen Rechtsprechung geheim zu halten sind, z. B. darüber, mit welcher Stimmenzahl der Spruch erreicht ist oder über persönliche Bemerkungen der betreffenden Parteien. Allgemeine Bekanntgabe von Ansichten und Rechtsausführungen der Mitglieder, die an der Beratung teilgenommen haben, zu wissenschaftlichen oder Diskussionszwecken, ohne daß Namen genannt werden oder die Prozeßsache im einzelnen gekennzeichnet wird, ist erlaubt.

Als Verletzung der Amtspflicht im weiteren Sinne sind auch außerdienstliche, mit dem Amt eines Beisitzers nicht vereinbare Verfehlungen anzusehen (RGSt. 29 171), z. B. gerichtliche Bestrafung wegen entehrender Straftaten, es genügt aber auch schon Vornahme fragwürdiger, unehrenhafter oder unsittlicher Geschäfte und Handlungen, auch wenn sie nicht strafbar sind.

Nur wegen grober Verletzung der Amtspflicht ist eine Amtsentsetzung zulässig. Die Feststellung des Begriffs „grob" ist Sache des Gerichts. Er kann in der Art der Handlungsweise und in dem Grade des Bewußtseins der Rechtswidrigkeit gefunden werden. Auch eine Reihe nicht grober Verletzungen der Amtspflicht können den Tatbestand des Begriffs erfüllen.

Das Verfahren wegen Amtsentsetzung wird eingeleitet durch den Antrag der höheren Verwaltungsbehörde (Anm. zu Abs. 1 § 1). Beschwerde hiergegen ist nur im Dienstaufsichtswege gegeben. Die Staatsanwaltschaft kann nicht aus eigener Initiative die Untersuchung eröffnen. Lehnt sie die Erhebung der Klage ab oder stellt sie das Untersuchungsverfahren ein, so findet Beschwerde an die Oberstaatsanwaltschaft, dagegen nicht an das Oberlandesgericht statt, da die die antragstellende höhere Verwaltungsbehörde nicht Verletzte im Sinne der §§ 170 ff. StPO. ist.

Über Erhebung der Klage s. §§ 151, 152, 154 Abs. 1 StPO., über das weitere Verfahren s. die Ausführungen bei Wilhelmi-Bever S. 112 Anm. 8.

Gegen ein Mitglied des Kaufmannsgerichts als solches ist nur das Verfahren aus § 21 Abs. 3 (so auch Erl. des Ministers für Handel und Gewerbe v. 11. 3. 01 MinBl. 20).

Ist das Mitglied außerdem noch Beamter, so kann daneben gegen dasselbe ein Disziplinarverfahren nach den für ihn in Frage kommenden Disziplinarvorschriften erfolgen. Ebenso ist ein nebenher laufendes Strafverfahren möglich und zulässig.

§ 22 GGG. Der Vorsitzende des Gewerbegerichts und dessen Stellvertreter sind vor ihrem Amtsantritte durch den von der höheren Verwaltungsbehörde[1]) beauftragten Beamten, die Beisitzer vor der ersten Dienstleistung[2]) durch den Vorsitzenden auf die Erfüllung der Obliegenheiten[3]) des ihnen übertragenen Amtes eidlich[4]) zu verpflichten.

1) Höhere Verwaltungsbehörde s. § 1 Anm. zu Abs. 2.

2) Spätestens vor Verhandlungsbeginn der ersten Sache, der sie als Beisitzer beiwohnen.

3) Über Obliegenheiten s. § 21 GGG. Anm. zu Abs. 3.

4) Die Eidesformel ist reichsgesetzlich nicht fixiert und wird daher durch das Statut zu bestimmen sein. Für Preußen kommt hierfür Bek. der Minister für Handel und Gewerbe und des Innern v. 17. 2. 91, betr. die Vereidigung der Mitglieder und Gerichtsschreiber der Gewerbegerichte, unter sinngemäßer Anwendung auf die Kaufmannsgerichte zur Anwendung, welche folgendes bestimmt:

a) Behufs Vereidigung derjenigen Mitglieder eines Gewerbegerichts, welche den Staatsdienereid abgelegt haben oder als Mitglieder eines Gewerbegerichts bereits vereidet worden sind, genügt der Hinweis auf den früher geleisteten Eid.

b) Die Vereidigung der übrigen Mitglieder eines Gewerbegerichts hat in folgender Weise zu geschehen:

Der mit der Vereidigung beauftragte Beamte oder Vorsitzende des Gewerbegerichtes richtet an die zu Vereidigenden die Worte:

„Sie schwören bei Gott dem Allmächtigen und Allwissenden, die Pflichten eines Vorsitzenden (Beisitzers) des Gewerbegerichts getreulich zu erfüllen und Ihre Stimme nach bestem Wissen und Gewissen abzugeben."

Die zu Vereidigenden leisten alsdann den Eid, indem jeder unter Erheben der rechten Hand die Worte spricht

„ich schwöre es, so wahr mir Gott helfe."

Dem Schwörenden bleibt es dabei überlassen, diesen Eidesworten die seinem religiösen Bekenntnisse entsprechende Bekräftigungsformel hinzuzufügen. Ist der zu Vereidigende Mitglied einer Religionsgesellschaft, welcher das Gesetz den Gebrauch gewisser Beteuerungsformeln an Stelle des Eides gestattet, so wird Abgabe einer Erklärung unter der Beteuerungsformel dieser Religionsgesellschaft der Eidesleistung gleichgeachtet.

Über die Vereidigung wird ein Protokoll aufgenommen.

S. hierzu auch Musterstatut § 24 S. 227.

Verweigert der Vorsitzende, Stellvertreter oder Beisitzer den Eid, so ist er unfähig, sein Amt anzutreten. Nur gegen Beisitzer ist dieserhalb mit Ordnungsstrafen gemäß § 23 Abs. 1 GGG. und bei beharrlicher Weigerung ev. gemäß § 21 Abs. 3 GGG. vorzugehen. Jedoch kann gegen den Vorsitzenden und Stellvertreter, welche als Gemeindebeamte verpflichtet sind, das Amt zu übernehmen, disziplinare Ahndung eintreten.

Die Eidesleistung gilt auf die Amtsdauer, für die Beisitzer auf die Zeit der Wahlperiode. Bei Wiederwahl der letzteren steht einer Berufung auf den früher geleisteten Eid nichts im Wege, sonst ist Wiederholung der Vereidigung geboten (so auch Kulka S. 66).

§ 23 GGG. Beisitzer, welche ohne genügende Entschuldigung zu den Sitzungen[1]) nicht rechtzeitig[2]) sich einfinden oder ihren Obliegenheiten in anderer Weise sich entziehen, sind zu einer Ordnungsstrafe bis zu dreihundert Mark sowie in die verursachten Kosten zu verurteilen.[3]) Die Verurteilung wird durch den Vorsitzenden ausgesprochen. Erfolgt nachträglich genügende Entschuldigung, so kann die Verurteilung ganz oder teilweise zurückgenommen werden.

Gegen die Entscheidungen findet Beschwerde an das Landgericht statt, in dessen Bezirke das Gewerbegericht seinen Sitz hat. Das Verfahren richtet sich nach den Vorschriften der Strafprozeßordnung.

Lit.: v. d. Pforten, Anleitung für die Beisitzer des Kaufmannsgerichts, München, A. G. Müller.

Dem § 56 GVG. nachgebildet.

1) Sitzungen sind nicht nur Spruchsitzungen, sondern alle dienstlichen Verhandlungen des Gerichts, in der die Beisitzer in ihrer Eigenschaft als Richter zu erscheinen haben.

2) Nicht rechtzeitig oder überhaupt nicht.

3) Die Verurteilung wird durch Beschluß ausgesprochen, und zwar durch den Vorsitzenden allein, nicht durch das Gericht. Der Beschluß ist bei Anwesenheit des Beisitzers zu verkünden, sonst zuzustellen und muß mit Gründen versehen sein (Wilhelmi-Bewer S. 119; §§ 34, 35 StPO.). Außerdem stehen dem Vorsitzenden auch den Beisitzern gegenüber die sitzungspolizeilichen Befugnisse des § 177 GVG. zu.

Substituierung einer Freiheitsstrafe ist nicht vorgesehen und daher unzulässig.

§ 24 GGG. Das Gewerbegericht verhandelt und entscheidet, soweit nicht in diesem Gesetz ein anderes[1]) bestimmt ist, in der Besetzung von drei Mitgliedern mit Einschluß des Vorsitzenden.

Durch das Ortsstatut kann bestimmt werden, daß allgemein oder für gewisse Streitigkeiten eine größere Zahl von Beisitzern zuzuziehen ist.

In gleicher Weise ist zu bestimmen, nach welchen Grundsätzen der Vorsitzende die einzelnen Beisitzer zuzuziehen hat.

Arbeitgeber und Arbeiter müssen stets in gleicher Zahl zugezogen werden.

Zu Abs. 1: Durch diese Bestimmung wird die Besetzung des Kaufmannsgerichts in der Spruchsitzung geregelt.

1) Etwas anderes ist bestimmt in den §§ 23, 53, 54 Abs. 1, 2 und 4; 67 GGG., ev. § 18 KGG.

Zu Abs. 2: Gemäß § 194 GVG., der nach § 16 KGG. und § 53 Abs. 3 auf die Kaufmannsgerichte Anwendung findet, kann bei Verhandlungen von längerer Dauer der Vorsitzende die Zuziehung von Ergänzungsbeisitzern anordnen, welche der Verhandlung beizuwohnen und im Falle der Verhinderung eines Beisitzers für denselben einzutreten haben (s. die abgedr. §§ 194 ff. hinter § 53 GGG.).

Zu Abs. 4: Das Kaufmannsgericht ist nicht vorschriftsmäßig besetzt, wenn statutengemäß zu jeder Sitzung vier Beisitzer zu laden sind und beim Ausbleiben eines der eine der doppelt besetzten Kategorie entlassen wird, also nunmehr nur zwei an der Entscheidung teilnehmen. Die ergangene Entscheidung würde mit der Nichtigkeitsklage anfechtbar sein (§§ 378 ff. ZPO.); es sei denn, daß das Statut ausdrücklich eine geringere Anzahl für ausreichend bestimmt. Das Statut kann auch vorschreiben, daß die Teilnahme einer geringeren Anzahl von Beisitzern, als im Statut für gewöhnliche Fälle festgesetzt ist, von der Zustimmung der Parteien abhängig ist (s. hierzu Urt. des LG. Köln 23. 2. 06, GewKfmG. 11 288).

§ 25 GGG. Bei jedem Gewerbegerichte wird eine Gerichtsschreiberei eingerichtet.

Für die Bewirkung der Zustellungen in dem Verfahren vor den Gewerbegerichten können an Stelle der Gerichtsvollzieher Gemeindebeamte verwendet werden.

Lit.: GewKfmG. 17 169, Die Gerichtsschreiberei des Gewerbe- und Kaufmannsgerichts; Allgem. Vf. des Justizministers v. 25. 4. 06, betr. die Heranziehung des Gerichtsschreibers und der Kanzlei zur Hilfeleistung in richterlichen Geschäften usw. (JMBl. S. 112—114).

Zu Abs. 1: Zwingende Vorschrift.

Der Gerichtsschreiber ist nicht Mitglied des Gerichts im Sinne der vorhergehenden Paragraphen, aber wohl Gerichtsperson im Sinne des § 29 GGG. Daher finden auf ihn die Vorschriften der §§ 41—49 ZPO. Anwendung. Er wird nicht gewählt, sondern von der Gemeinde oder dem Kommunalverbande meist aus dem Kreise ihrer Subalternbeamten bestellt. Einer Bestätigung bedarf er nicht. Auch ein Staatsbeamter kann mit Genehmigung der Staatsbehörden mit diesem Amt beauftragt werden. Die Disziplinaraufsicht richtet sich nach seiner Anstellung. In diesem Gesetz sind keine Bestimmungen hierüber getroffen; indes findet auch auf ihn § 177 GVG., betr. Aufrechterhaltung der Ordnung in der Sitzung durch den Vorsitzenden, Anwendung.

Über seine Beeidigung bestimmt dieses Gesetz ebenfalls nichts. Zur Anwendung kommen für Preußen: Bek. der Minister für Handel und Gewerbe und des Innern v. 17. 2. 91 (MBl. f. d. i. Verw. S. 20). Die Tätigkeit des Gerichtsschreibers ist die gleiche wie bei den ordentlichen Gerichten (s. hierüber §§ 32, 33, 35, 36, 40 Abs. 1, 47 GGG. und Sydow-Busch, 14. Aufl., S. 1161 sowie Wilhelmi-Bever S. 125).

Zu Abs. 2: Nur bei der Zustellung, nicht auch bei der Zwangsvollstreckung können Gemeindebeamte Verwendung finden.

Über Gerichtsvollzieher s. §§ 155 u. 156 GVG. und die Vorbem. hierzu bei Sydow-Busch, 14. Aufl., S. 1163.

Der Gerichtsvollzieher ist gemäß § 63 GVO. zur Ausführung von Vollstreckungsaufträgen des Kaufmannsgerichts ohne Vorschuß verpflichtet (Entsch. des AG. Berlin/Mitte Abt. 77 v. 27. 12. 12).

Verfahren.

§ 16.

Auf das Verfahren vor den Kaufmannsgerichten finden die Vorschriften der §§ 26 bis 61 des Gewerbegerichtsgesetzes mit der Maßgabe entsprechende Anwendung, daß die Berufung gegen die Urteile der Kaufmannsgerichte nur zulässig ist, wenn der Wert des Streitgegenstandes den Betrag von dreihundert Mark übersteigt.

Die Vorschrift im § 11 der Zivilprozeßordnung über die bindende Wirkung der rechtskräftigen Entscheidung, durch welche ein Gericht sich für sachlich unzuständig erklärt hat, findet auch in dem Verhältnisse der Kaufmannsgerichte und der Gewerbegerichte Anwendung.

Wird bei dem Kaufmannsgericht eine vor das Gewerbegericht gehörige Klage erhoben, so hat das Kaufmannsgericht, sofern für die Verhandlung und Entscheidung derselben ein Gewerbegericht[1]**) besteht, durch Beschluß**[2]**) seine Unzuständigkeit auszusprechen und den Rechtsstreit an das Gewerbegericht zu verweisen.**[3]**) Eine Anfechtung des Beschlusses findet nicht statt; mit der Verkündung des Beschlusses gilt der Rechtsstreit als bei dem Gewerbegericht anhängig. Die in dem Verfahren vor dem Kaufmannsgericht erwachsenen Kosten werden als Teil der bei dem Gewerbegericht erwachsenen Kosten behandelt. Diese Vorschriften finden entsprechende Anwendung, wenn bei dem Gewerbegericht eine vor das Kaufmannsgericht gehörige Klage erhoben wird.**

Zu Abs. 1: Die zitierten §§ 26—61 GGG. sind hinter den Anmerkungen dieses Paragraphen abgedruckt.

Über Berufung und Streitgegenstand s. Anm. zu § 55 GGG.

Zu Abs. 2: § 11 ZPO. ist abgedruckt hinter § 28 GGG.

Zu Abs. 3: Die Verweisung an das Gewerbegericht kann erst geschehen, wenn die Klage vor dem Kaufmannsgericht erhoben ist (§ 36 Abs. 2), nicht schon nach Einreichung.

1) Gewerbegericht im Sinne des § ist nicht ein kgl. (Rheinisches) Gewerbegericht.

2) Der Beschluß braucht nicht begründet zu sein.

3) Durch die Überweisung wird in materieller Beziehung keine Entscheidung getroffen. Das Gewerbegericht ist auch in dieser Beziehung an die Ansicht des Kaufmannsgerichts nicht gebunden. Der Rechtsstreit kann aber nicht wieder zurückverwiesen werden. Auch kann sich das Gewerbegericht, welchem der Rechtsstreit zugewiesen ist, nicht seinerseits (durch Urteil) für unzuständig erklären, sondern muß in materieller Beziehung eine Entscheidung treffen, in der es allerdings seine abweichende Ansicht zum Ausdruck bringen darf (a. M.: Prenner S. 53).

Es ist zwar streitig, ob nicht eine Verweisung des Rechtsstreits seitens des Kaufmannsgerichts an das Amtsgericht und umgekehrt auf Grund des § 505 ZPO. verbindlich stattfinden kann. Dies wird aber zutreffend verneint: LG. Guben 11. 3. 11, JW. **11** 959, KG. 17. 4. 12, GewKfmG. **17** 212; — a. M. sind. LG. Kiel 22. 6. 11, SchlHolstAnz. **11** 238, LG. Kiel 11. 5. 11, GewKfmG. **18** 110; LG. Chemnitz 16. 11. 11, GewKfmG. **17** 114; OLGRspr. **23** 64; s. auch Dolle, GewKfmG. **14** 97; v. Seuffert ZZP. **40** 169; **42** 243; Roeger ZZP. **42** 322; W. 1910, 425, 1911, 430 und 1912, 358.

Während eine Beschwerde gegen den Überweisungsbeschluß, welche die Sache von dem Kaufmannsgericht an das Gewerbegericht verweist, ausdrücklich vom Gesetz ausgeschlossen wird, ist es nicht allgemein anerkannt, daß der Überweisungsbeschluß, welcher im Verhältnis der Sondergerichte zum Amtsgericht ergeht, durch die Beschwerde anfechtbar ist. Diejenigen, welche dies verneinen, stützen sich auf § 567 ZPO., wonach Beschwerde gegen Beschlüsse nur in den dort vorgesehenen Fällen zulässig ist (OLG. Kiel 6. 11. 11, SchlHolstAnz. **12** 59, und LG. Kiel 11. 5. 11, GewKfmG. **18** 110; PosMSchr. 1910, 166; JW. 1910, 869; W. 1911, 430; 1912, 359). Die Mehrzahl läßt die Beschwerde zu: BadRpr. und BadAnn. 1911, 178 und 1912, 222; JW. 1910, 597 u. 688 sowie 1911, 125 u. 959.

§ 26 GGG. Auf das Verfahren vor den Gewerbegerichten finden, soweit im Nachstehenden nicht besondere Bestimmungen getroffen sind, die für das amtsgerichtliche Verfahren geltenden Vorschriften der Zivilprozeßordnung entsprechende Anwendung.

Lit.: Reichert, Der Einfluß der Zivilprozeßnovelle v. 1. 6. 09 auf das gewerbegerichtliche Verfahren (GewKfmG. **15** 147); eben darüber Steengrafe, GewKfmG. **15** 217; Auerswald, GewKfmG. **15** 219; Hein, DJZ. **15** 694.

Der Reihe nach kommen somit zur Anwendung: zunächst die Vorschriften des GGG. §§ 27—61, sodann diejenigen über das Verfahren vor den Amtsgerichten (ZPO. §§ 495—510c; §§ 496 bis 503 sind durch die §§ 32, 35, 36 u. 42 GGG. ersetzt, §§ 505, 506 u. 508 sind auf das Verfahren vor den Kaufmannsgerichten nicht anwendbar, bezüglich § 505 s. Anm. 3 zu § 16 KGG.). Da ferner für das amtsgerichtliche Verfahren gemäß § 495 ZPO. wiederum die Bestimmungen über das Verfahren vor den Landgerichten maßgebend sind, so sind schließlich auch diese zu beachten. Außer den in den einzelnen Paragraphen des GGG. besonders zitierten Paragraphen der ZPO. kommen hier in Frage: §§ 114 bis 127 über Armenrecht unter Berücksichtigung des Umstandes, daß Anwälte bei den Kaufmannsgerichten nicht zugelassen sind (§ 31); s. hierzu über Vertretung vor Gericht insbesondere Beiordnung von Prozeßvertretern Anm. zu § 31 GGG.

§§ 239—245 u. 245—252 über Unterbrechung, Aussetzung und Ruhen des Verfahrens.

§§ 253—494 über das Verfahren vor den Landgerichten in sinngemäßer Anwendung.

§§ 578—591 über die Wiederaufnahme des Verfahrens.

§§ 592—601 über den Urkundenprozeß.

§§ 704 ff. über Zwangsvollstreckung.

Außer den im besonderen für anwendbar erklärten Paragraphen des GVG. finden die Vorschriften der letzteren auf das vorliegende Verfahren keine Anwendung (§ 2 EG.GVG.).

Die ZPO. gilt jetzt in der Fassung v. 1. 6. 09, die entsprechend (LZ. 1910 Sp. 284) zur Anwendung kommenden Paragraphen der ZPO. sind hinter den betreffenden Paragraphen des GGG., welche durch sie ergänzt werden sollen, abgedruckt.

Bezüglich der Behandlung der Prozeßakten s. Preuß. MinErl. v. 8. 1. 02 (HMBl. 02, 36) über Aufbewahrung und Vernichtung der Akten, Register und Urkunden der Gewerbegerichte, für Bayern MinErl. v. 6. 8. 07 (Amtsbl. d. Min. d. Kgl. Hauses u. d. Auß. u. d. Inn. 07 365, Brenner S. 82).

Die §§ 495—510c ZPO. lauten:

§ 495 ZPO. Auf das Verfahren vor den Amtsgerichten finden die Vorschriften über das Verfahren vor den Landgerichten Anwendung, soweit nicht aus den allgemeinen Bestimmungen des ersten Buches, aus den nachfolgenden besonderen Bestimmungen und aus der Verfassung der Amtsgerichte sich Abweichungen ergeben.

§ 496 ZPO. Die Zustellungen erfolgen unbeschadet der Vorschrift des § 317 Abs. 1 von Amts wegen.

Die Klage sowie sonstige Anträge und Erklärungen einer Partei, die zugestellt werden sollen, sind bei dem Gerichte schriftlich einzureichen oder mündlich zum Protokolle des Gerichtsschreibers anzubringen. Die Partei soll den Schriftsätzen, welche sie bei dem Gericht einreicht, die für die Zustellung erforderliche Zahl von Abschriften beifügen.

Soll durch die Zustellung eine Frist gewahrt oder die Verjährung unterbrochen werden, so tritt die Wirkung, sofern die Zustellung demnächst erfolgt, bereits mit der Einreichung oder Anbringung des Antrags oder der Erklärung ein.

Wird eine Partei durch einen Anwalt vertreten, so genügt zum Nachweise der Zustellung das mit Datum und Unterschrift versehene schriftliche Empfangsbekenntnis des Anwalts.

Auf Bestimmung des Gerichts kann die Mitteilung von Anträgen und Erklärungen ohne besondere Form erfolgen.

Die Ausfertigung der Urteile erfolgt, sofern nicht von der Partei ein anderes beantragt wird, unter Weglassung des Tatbestandes und der Entscheidungsgründe. Die Zustellung einer solchen Ausfertigung steht in den Wirkungen der Zustellung des vollständigen Urteils gleich.

§ 497 ZPO. Ladungen durch die Parteien finden nicht statt. Die Termine werden von Amts wegen bestimmt. Nach Bestimmung des Termins ist die Ladung der Parteien durch den Gerichtsschreiber zu veranlassen.

Die Ladung einer Partei ist nicht erforderlich, wenn der Termin der Partei bei Einreichung oder Anbringung der Klage oder des Antrags, auf Grund dessen die Terminsbestimmung stattfindet, mitgeteilt worden ist. Die erfolgte Mitteilung ist zu den Akten zu vermerken.

§ 498 ZPO. Dem Beklagten ist mit der Ladung die Klageschrift oder das die Klage enthaltende Protokoll zuzustellen.

Die Klage gilt unbeschadet der Bestimmung im § 496 Abs. 3 erst mit der Zustellung an den Beklagten als erhoben.

§ 499 ZPO. Die Einlassungsfrist beträgt mindestens drei Tage, wenn die Zustellung an einem Orte erfolgt, der Sitz des Prozeßgerichts ist oder im Bezirke des Prozeßgerichts liegt oder von dem ein Teil zu diesem Bezirke gehört; mindestens eine Woche, wenn die Zustellung sonst im Inland erfolgt; in Meß- und Marktsachen mindestens 24 Stunden.

Ist die Zustellung im Auslande vorzunehmen, so hat das Gericht bei Festsetzung des Termins die Einlassungsfrist zu bestimmen.

§ 500 ZPO. An ordentlichen Gerichtstagen können die Parteien zur Verhandlung des Rechtsstreits ohne Terminsbestimmung vor Gericht erscheinen.

Die Erhebung der Klage erfolgt in diesem Falle durch den mündlichen Vortrag. Die Klage ist zu Protokoll zu nehmen, falls die Sache streitig bleibt.

§ 501 ZPO. Das Gericht kann Anordnungen, die nach der Klageschrift oder den vorbereitenden Schriftsätzen zur Aufklärung des Sachverhältnisses dienlich erscheinen, schon vor der mündlichen Verhandlung treffen. Das Gericht kann insbesondere:

1. den Parteien die Vorlegung der in ihren Händen befindlichen Urkunden, auf welche sie sich bezogen haben, sowie die Vorlegung von Stammbäumen, Plänen, Rissen und sonstigen Zeichnungen aufgeben;
2. öffentliche Behörden oder öffentliche Beamte um Mitteilung von Urkunden, auf welche eine Partei sich bezogen hat, ersuchen;
3. amtliche Auskünfte von öffentlichen Behörden oder öffentlichen Beamten einziehen;
4. Zeugen, auf welche eine Partei sich bezogen hat, sowie Sachverständige zur mündlichen Verhandlung laden;
5. das persönliche Erscheinen der Parteien anordnen;
6. die Einnahme des Augenscheins, sowie die Begutachtung durch Sachverständige anordnen.

Bevor eine mündliche Verhandlung stattgefunden hat, in der von beiden Parteien einander widersprechende Anträge gestellt worden sind, soll eine Anordnung der unter Nr. 4—6 bezeichneten Art nur ergehen, wenn der Beklagte in einem vorbereitenden Schriftsatze dem Klageantrage widersprochen hat.

Die Parteien sind von der Anordnung zu benachrichtigen. Wird das persönliche Erscheinen der Parteien angeordnet, so finden die Vorschriften des § 141 Abs. 2 Anwendung.

§ 502 ZPO. In der mündlichen Verhandlung hat das Gericht das Sach- und Streitverhältnis mit den Parteien zu erörtern und dahin zu wirken, daß die Parteien über alle erheblichen Tatsachen sich vollständig erklären und die sachdienlichen Anträge stellen.

Eine Bezugnahme auf Schriftstücke ist zulässig, soweit keine der Parteien widerspricht und das Gericht sie für angemessen hält.

§ 503 ZPO. Erscheinen in einem Termine zur mündlichen Verhandlung beide Parteien nicht, so ruht das Verfahren, bis die Ansetzung eines neuen Verhandlungstermins beantragt wird.

§ 504 ZPO. Die Vorschrift, daß prozeßhindernde Einreden gleichzeitig und vor der Verhandlung zur Hauptsache vorzubringen sind, findet nur insoweit Anwendung, als die Einrede der Unzuständigkeit des Gerichts und die Einrede, daß die Entscheidung des Rechtsstreits durch Schiedsrichter zu erfolgen habe, vor der Verhandlung zur Hauptsache geltend zu machen sind.

Ist das Amtsgericht sachlich unzuständig, so hat es vor der Verhandlung des Beklagten zur Hauptsache denselben auf die Unzuständigkeit aufmerksam zu machen.

Auf Grund prozeßhindernder Einreden darf die Verhandlung zur Hauptsache nicht verweigert werden; das Gericht kann jedoch die abgesonderte Verhandlung über diese Einreden anordnen.

§ 505 ZPO. Ist auf Grund der Bestimmungen über die örtliche oder sachliche Zuständigkeit der Gerichte die Unzuständigkeit des Gerichts auszusprechen, so hat das angegangene Gericht, sofern das zuständige Gericht bestimmt werden kann, auf Antrag des Klägers durch Beschluß sich für unzuständig zu erklären und den Rechtsstreit an das zuständige Gericht zu verweisen. Sind mehrere Gerichte zuständig, so erfolgt die Verweisung an das vom Kläger gewählte Gericht.

Eine Anfechtung des Beschlusses findet nicht statt; mit der Verkündung des Beschlusses gilt der Rechtsstreit als bei dem im Beschlusse bezeichneten Gericht anhängig. Der Beschluß ist für dieses Gericht bindend.

Die im Verfahren vor dem angegangenen Gericht erwachsenen Kosten werden als Teil der Kosten behandelt, welche bei dem im Beschlusse bezeichneten Gericht erwachsen. Dem Kläger sind die entstandenen Mehrkosten auch dann aufzuerlegen, wenn er in der Hauptsache obsiegt.

§ 506 ZPO. Wird durch Widerklage oder durch Erweiterung des Klagantrags (§ 268 Nr. 2, 3) ein Anspruch erhoben, der zur Zuständigkeit der Landgerichte gehört, oder wird in Gemäßheit des § 280 die Feststellung eines Rechtsverhältnisses beantragt, für welches die Landgerichte zuständig sind, so hat das Amtsgericht, sofern eine Partei vor weiterer Verhandlung zur Hauptsache darauf anträgt, durch Beschluß sich für unzuständig zu erklären und den Rechtsstreit an das Landgericht zu verweisen.

Die Vorschriften des § 505 Abs. 2, Abs. 3 Satz 1 finden entsprechende Anwendung.

§ 507 ZPO. Die Vorschriften des § 297 und der §§ 348 bis 354 finden keine Anwendung.

§ 508 ZPO. Der Gerichtsschreiber hat die Zustellung des Versäumnisurteils zu vermitteln, sofern nicht die Partei, welche das Urteil erwirkt hat, erklärt hat, selbst einen Gerichtsvollzieher mit der Zustellung beauftragen zu wollen.

Die im § 339 Abs. 1 bezeichnete Frist beträgt eine Woche.

Eine Verweisung des Rechtsstreits an ein anderes Gericht nach §§ 505, 506 findet nur statt, wenn das Amtsgericht den Einspruch für zulässig erachtet. Das Gericht, an welches der Rechtsstreit verwiesen wird, ist an die Entscheidung des Amtsgerichts, durch welche der Einspruch zugelassen wird, gebunden.

§ 509 ZPO. Beschließt das Gericht eine Beweiserhebung, so soll die Aufnahme des Beweises, soweit dies tunlich ist, sofort erfolgen, insbesondere sollen Zeugen und Sachverständige, falls sie zur Stelle sind oder ihre unverzügliche Gestellung möglich ist, sofort vernommen werden.

§ 510 ZPO. Wegen unterbliebener Erklärung ist eine Urkunde nur dann als anerkannt anzusehen, wenn die Partei durch das Gericht zur Erklärung über die Echtheit der Urkunde aufgefordert ist.

§ 510a ZPO. Anträge, sowie die Erklärungen über Annahme oder Zurückschiebung zugeschobener Eide sind durch das Sitzungsprotokoll festzustellen; anstatt der Feststellung genügt die Bezugnahme auf den Inhalt eines vorbereitenden Schriftsatzes.

Sonstige Erklärungen einer Partei, insbesondere Geständnisse, sind durch das Protokoll insoweit festzustellen, als das Gericht bei dem Schlusse der mündlichen Verhandlung die Feststellung für angemessen erachtet.

§ 510b ZPO. Erfolgt die Verurteilung zur Vornahme einer Handlung, so kann der Beklagte zugleich auf Antrag des Klägers für den Fall, daß die Handlung nicht binnen einer zu bestimmenden Frist vorgenommen ist, zur Zahlung einer Entschädigung verurteilt werden; das Gericht hat die Entschädigung nach freiem Ermessen festzusetzen.

§ 510c ZPO. Wer eine Klage zu erheben beabsichtigt, kann unter Angabe des Gegenstandes seines Anspruchs bei dem Amtsgerichte, vor welchem der Gegner seinen allgemeinen Gerichtsstand hat, beantragen, daß zum Zwecke eines Sühneversuchs Termin bestimmt werde.

Erscheinen beide Parteien und wird ein Vergleich geschlossen, so ist der Vergleich zu Protokoll festzustellen. Kommt ein Vergleich nicht zustande, so wird auf Antrag beider Parteien der Rechtsstreit sofort verhandelt; die Erhebung der Klage erfolgt in diesem Falle durch den mündlichen Vortrag. Die Klage ist zu Protokoll zu nehmen, falls die Sache streitig bleibt.

Ist der Gegner nicht erschienen, oder der Sühneversuch erfolglos geblieben, so werden die erwachsenen Kosten als Teil der Kosten des Rechtsstreits behandelt.

§ 27 GGG. Zuständig ist dasjenige Gewerbegericht, in dessen Bezirke die streitige Verpflichtung zu erfüllen ist oder sich die gewerbliche Niederlassung des Arbeitgebers befindet oder beide Parteien ihren Wohnsitz haben.

Unter mehreren zuständigen Gewerbegerichten hat der Kläger die Wahl.

§ 27 regelt die örtliche Zuständigkeit der Kaufmannsgerichte. Über die sachliche Zuständigkeit s. §§ 1, 5 u. 6 KGG. nebst Anm.

I. Die örtliche Zuständigkeit ist, und zwar in jedem Fall für sich, begründet, wenn im Bezirke des Kaufmannsgerichts:

1) Die streitige Verpflichtung zu erfüllen ist (Gerichtsstand des Erfüllungsortes).

Wo Erfüllungsort ist, bestimmt das bürgerliche Recht (§ 269 BGB.). Da diese Bestimmung dispositiver Natur ist, kann ein anderweitiger Erfüllungsort ausdrücklich oder stillschweigend vereinbart werden.

Erfüllungsort für Gehaltsforderungen ist da, wo die Arbeit geleistet wird (OLG. München 20. 1. 11, BayZ. **7** 346).

Über Erfüllungsort bezüglich eines Konkurrenzverbots und der Vertragsstrafe: RG. 29. 5. 08 (RGZ. **69** 9). Zuständig für die Rückzahlung einem Reisenden angeblich zuviel gezahlter Beträge ist nicht das Gericht am Wohnsitz des Reisenden, sondern am Sitz der gewerblichen Niederlassung (Darmstadt 15. 2. 07, HessRspr. **08** 59).

Erfüllungsort für die Tätigkeit des Reisenden ist am Orte des Sitzes des Geschäfts, in dem er angestellt ist, auch wenn er mit Erlaubnis des Prinzipals außerhalb wohnt (s. auch § 270 BGB.).

Erfüllungsort für die Aushändigung von Zeugnissen ist das Geschäftslokal des Prinzipals.

Vereinbarung eines Erfüllungsorts ist auf die Vertragspflicht beider Teile zu beziehen (OLG. Dresden 28. 12. 05, SächsArchR. **1** 231).

Vereinbarung eines Zahlungsortes enthält nicht diejenige des Erfüllungsortes (OLG. Karlsruhe 14. 7. 08, BadRspr. **08** 303, OLG. Dresden 27. 3. 07, SeuffA. **63** 387; W. **09** 54).

2) Sich die gewerbliche Niederlassung des Arbeitgebers befindet: Es heißt ausdrücklich die nicht eine Niederlassung, damit ist diejenige Niederlassung gemeint, für deren Zwecke das Dienstverhältnis bestimmt ist (OLGRspr. **23** 61 u. 62; GewKfmG. **15** 202).

Das Vorhandensein einer gewerblichen Niederlassung erfordert, daß dauernde nicht nur vorübergehende Einrichtungen zum selbständigen Betriebe des Handelsgewerbes gegenüber dem Hauptgeschäft, wenigstens für einen bestimmten Kreis von Geschäften, getroffen sind (RGZ. **50** 396; OLGRspr. **9** 50 und **19** 51; KGJ. **22** A 91; **27** A 210; OLGRspr. **14** 332).

So ist die Generalagentur gewöhnlich als Niederlassung anzusehen.

Ebenso die Filiale, soweit sie nicht bloße Betriebsstelle ist (OLGRspr. 23 63). Dagegen gelten nicht als Niederlassungen: z. B.: Ein an einem vom Hauptgeschäft verschiedenen Orte unterhaltenes Lager, ebensowenig ein außerhalb gelegenes Kontor oder Fabrikationsstelle, auch nicht eine im Handelsregister nicht eingetragene Filiale eines Zigarrengeschäfts (OLGRspr. 19 51); auch nicht, wenn ein Agent oder Vertreter Geschäfte vermittelt oder abschließt, selbst dann nicht, wenn an dem Orte der Vermittlung oder des Abschlusses ein Warenlager vorhanden ist (JW. 99 2 Nr. 4; s. auch 94 112; OLGRspr. 17 82).

Wenn mit einem kaufmännischen Angestellten die Vereinbarung getroffen wird, daß er seinen Wohnsitz an den Ort, wo sich die Handelsniederlassung des Prinzipals befindet, verlegen soll, so ist die Vereinbarung dahin aufzufassen, daß das Kaufmannsgericht des Ortes der Handelsniederlassung für die Ansprüche aus dem Dienstvertrage zuständig sein soll (SächsArchR. 07 474; Kaufmann 07 653).

Ist zwar am Ort der Handelsniederlassung des Prinzipals ein Gewerbe(Kaufmanns)gericht, aber nicht am Ort des Gewerbebetriebes, wo zwar der Prinzipal keine gewerbliche Niederlassung hat, aber die Leistungen des Prinzipals und des Angestellten zu erfüllen sind, so ist das Amtsgericht des Ortes des Gewerbebetriebes zuständig (LG. Leipzig 19. 11. 05, GewKfmG. 12 107).

Die Zuständigkeit des Gerichts der gewerblichen Niederlassung ist nicht gegeben, wenn der Prinzipal die Niederlassung erst nach Auflösung des Dienstverhältnisses begründet hat (GewKfmG. 13 184).

3) Beide Parteien wohnen.

Wo eine Person ihren Wohnsitz hat, bestimmt das bürgerliche Recht (§§ 7 ff. BGB.).

II. Die örtliche Zuständigkeit des Kaufmannsgerichts kann von obigen Bestimmungen abweichend vereinbart werden (s. hierzu KGG. § 6 Anm.).

Eine Vereinbarung, welche einseitig zuungunsten einer Partei getroffen wird, kann gegen die guten Sitten (§ 138 BGB.) verstoßen und daher nichtig sein (s. hierzu KG. München 9. 9. 11, KG. 8 36; KfmG. Chemnitz 17. 4. 12, KG. 9 40).

Über örtliche Zuständigkeit für ausländische Geschäftshäuser: LZ. 08 Sp. 328.

Mit einem in Österreich tätigen Handlungsgehilfen kann die Zuständigkeit eines deutschen Gerichts vereinbart werden (GewKfmG. 18 43).

III. Für den Gerichtsstand der Widerklage kommen die §§ 33, 145 Abs. 1 u. 2, 280 u. 301 ZPO. entsprechend zur Anwendung. Dieselben lauten:

§ 33 ZPO. Bei dem Gerichte der Klage kann eine Widerklage erhoben werden, wenn der Gegenanspruch mit dem in der Klage geltend gemachten Anspruche oder mit den gegen denselben vorgebrachten Verteidigungsmitteln in Zusammenhang steht.

Diese Bestimmung findet keine Anwendung, wenn die Zuständigkeit des Gerichts für eine Klage wegen des Gegenanspruchs auch durch Vereinbarung nicht würde begründet werden können.

§ 145 s. unten.

§ 280 ZPO. Bis zum Schlusse derjenigen mündlichen Verhandlung, auf welche das Urteil ergeht, kann der Kläger durch Erweiterung des Klagantrags, der Beklagte durch Erhebung einer Widerklage beantragen, daß ein im Laufe des Prozesses streitig gewordenes Rechtsverhältnis, von dessen Bestehen oder Nichtbestehen die Entscheidung des Rechtsstreits ganz oder zum Teile abhängt, durch richterliche Entscheidung festgestellt werden.

§ 301 ZPO. Ist von mehreren in einer Klage geltend gemachten Ansprüchen nur der eine, oder ist nur ein Teil eines Anspruchs, oder bei erhobener Widerklage nur die Klage oder die Widerklage zur Endentscheidung reif, so hat das Gericht dieselbe durch Endurteil (Teilurteil) zu erlassen.

Die Erlassung eines Teilurteils kann unterbleiben, wenn das Gericht sie nach Lage der Sache nicht für angemessen erachtet.

Über prozessuale Aufrechnung bestimmen die §§ 145 Abs. 3 und 302 ZPO. Dieselben lauten:

§ 145 ZPO. Das Gericht kann anordnen, daß mehrere in einer Klage erhobene Ansprüche in getrennten Prozessen verhandelt werden.

Dasselbe gilt, wenn der Beklagte eine Widerklage erhoben hat und der Gegenanspruch mit dem in der Klage geltend gemachten Anspruche nicht in rechtlichem Zusammenhange steht.

Macht der Beklagte die Aufrechnung einer Gegenforderung geltend, welche mit der in der Klage geltend gemachten Forderung nicht in rechtlichem Zusammenhange steht, so kann das Gericht anordnen, daß über die Klage und über die Aufrechnung getrennt verhandelt werde; die Vorschriften des § 302 finden Anwendung.

§ 302 ZPO. Hat der Beklagte die Aufrechnung einer Gegenforderung geltend gemacht, welche mit der in der Klage geltend gemachten Forderung nicht in rechtlichem Zusammenhange steht, so kann, wenn nur die Verhandlung über die Forderung zur Entscheidung reif ist, diese unter Vorbehalt der Entscheidung über die Aufrechnung erfolgen.

Enthält das Urteil keinen Vorbehalt, so kann die Ergänzung des Urteils nach Vorschrift des § 321 beantragt werden.

Das Urteil, welches unter Vorbehalt der Entscheidung über die Aufrechnung ergeht, ist in betreff der Rechtsmittel und der Zwangsvollstreckung als Endurteil anzusehen.

In betreff der Aufrechnung, über welche die Entscheidung vorbehalten ist, bleibt der Rechtsstreit anhängig. Soweit sich in dem weiteren Verfahren ergibt, daß der Anspruch des Klägers unbegründet war, ist das frühere Urteil aufzuheben, der Kläger mit dem Anspruch abzuweisen und über die Kosten anderweit zu entscheiden. Der Kläger ist zum Ersatze des Schadens verpflichtet, der dem Beklagten durch die Vollstreckung des Urteils oder durch eine zur Abwendung der Vollstreckung gemachte Leistung entstanden ist. Der Beklagte kann den Anspruch auf Schadensersatz in dem anhängigen Rechtsstreite geltend machen; wird der Anspruch geltend gemacht, so ist er als zur Zeit der Zahlung oder Leistung rechtshängig geworden anzusehen.

§ 28 GGG. Die Vorschrift im § 11 der Zivilprozeßordnung über die bindende Wirkung der rechtskräftigen Entscheidung, durch welche ein Gericht sich für sachlich unzuständig erklärt hat, findet in dem Verhältnisse der Gewerbegerichte und der ordentlichen Gerichte Anwendung. Eine solche Entscheidung des ordentlichen Gerichts ist auch insoweit, als sie auf der Annahme der örtlichen Zuständigkeit eines bestimmten Gewerbegerichts beruht, für das letztere bindend.

§ 11 ZPO. lautet:

§ 11 ZPO. Ist die Unzuständigkeit eines Gerichts auf Gruud der Bestimmungen über die sachliche Zuständigkeit der Gerichte rechtskräftig ausgesprochen, so ist diese Entscheidung für das Gericht bindend, bei welchem die Sache später anhängig wird.

Danach ist also die rechtskräftige Entscheidung (nur Urteil) des ordentlichen Gerichts, welches die Unzuständigkeit der ordentlichen Gerichte auf Grund der Bestimmungen über die sachliche Zuständigkeit der Gewerbe- (Kaufmanns-) Gerichte ausspricht, für diese Gerichte bindend, und umgekehrt auch. Über Überweisung und Anwendung des § 505 ZPO. s. Anm. zu Abs. 3 § 16, ebenso über das Verhältnis der Kaufmannsgerichte zu den Gewerbegerichten.

Erklärt sich sowohl das ordentliche wie das Kaufmannsgericht für zuständig oder für unzuständig, so entscheidet gemäß § 36 Ziff. 5 u. 6, § 37 ZPO. das über beide Gerichte zuständige im Instanzzuge zunächst höhere Gericht (s. dazu Anm. zu § 16 KGG.).

§ 29 GGG. Über Gesuche wegen Ablehnung von Gerichtspersonen entscheidet das Gewerbegericht.

Zur Anwendung kommen hier die §§ 41—49 ZPO.

§ 41 ZPO. Ein Richter ist von der Ausübung des Richteramts kraft Gesetzes ausgeschlossen:

1. in Sachen, in welchen er selbst Partei ist, oder in Ansehung welcher er zu einer Partei in dem Verhältnisse eines Mitberechtigten, Mitverpflichteten oder Regreßpflichtigen steht;
2. in Sachen seiner Ehefrau, auch wenn die Ehe nicht mehr besteht;
3. in Sachen einer Person, mit welcher er in gerader Linie verwandt, verschwägert oder durch Adoption verbunden, in der Seitenlinie bis zum dritten Grade verwandt oder bis zum zweiten Grade verschwägert ist, auch wenn die Ehe, durch welche die Schwägerschaft begründet ist, nicht mehr besteht;
4. in Sachen, in welchen er als Prozeßbevollmächtigter oder Beistand einer Partei bestellt oder als gesetzlicher Vertreter einer Partei aufzutreten berechtigt ist oder gewesen ist;

5. in Sachen, in welchen er als Zeuge oder Sachverständiger vernommen ist;
6. in Sachen, in welchen er in einer früheren Instanz oder im schiedsrichterlichen Verfahren bei der Erlassung der angefochtenen Entscheidung mitgewirkt hat, sofern es sich nicht um die Tätigkeit eines beauftragten oder ersuchten Richters handelt.

§ 42 ZPO. Ein Richter kann sowohl in den Fällen, in welchen er von der Ausübung des Richteramts kraft Gesetzes ausgeschlossen ist, als auch wegen Besorgnis der Befangenheit abgelehnt werden.

Wegen Besorgnis der Befangenheit findet die Ablehnung statt, wenn ein Grund vorliegt, welcher geeignet ist, Mißtrauen gegen die Unparteilichkeit eines Richters zu rechtfertigen.

Das Ablehnungsrecht steht in jedem Falle beiden Parteien zu.

§ 43 ZPO. Eine Partei kann einen Richter wegen Besorgnis der Befangenheit nicht mehr ablehnen, wenn sie bei demselben, ohne den ihr bekannten Ablehnungsgrund geltend zu machen, in eine Verhandlung sich eingelassen oder Anträge gestellt hat.

§ 44 ZPO. Das Ablehnungsgesuch ist bei dem Gerichte, welchem der Richter angehört, anzubringen; es kann vor dem Gerichtsschreiber zu Protokoll erklärt werden.

Der Ablehnungsgrund ist glaubhaft zu machen; zur Versicherung an Eides Statt darf die Partei nicht zugelassen werden. Zur Glaubhaftmachung kann auf das Zeugnis des abgelehnten Richters Bezug genommen werden.

Der abgelehnte Richter hat sich über den Ablehnungsgrund dienstlich zu äußern.

Wird ein Richter, bei welchem die Partei in eine Verhandlung sich eingelassen oder Anträge gestellt hat, wegen Besorgnis der Befangenheit abgelehnt, so ist glaubhaft zu machen, daß der Ablehnungsgrund erst später entstanden oder der Partei bekannt geworden sei.

§ 45 ZPO. Über das Ablehnungsgesuch entscheidet das Gericht, welchem der Abgelehnte angehört; wenn dasselbe durch Ausscheiden des abgelehnten Mitgliedes beschlußunfähig wird, das im Instanzenzuge zunächst höhere Gericht.

Wird ein Amtsrichter abgelehnt, so entscheidet das Landgericht. Einer Entscheidung bedarf es nicht, wenn der Amtsrichter das Ablehnungsgesuch für begründet hält.

§ 46 ZPO. Die Entscheidung über das Ablehnungsgesuch kann ohne vorgängige mündliche Verhandlung erfolgen.

Gegen den Beschluß, durch welchen das Gesuch für begründet erklärt wird, findet kein Rechtsmittel; gegen den Beschluß, durch welchen das Gesuch für unbegründet erklärt wird, findet sofortige Beschwerde statt.

§ 47 ZPO. Ein abgelehnter Richter hat vor Erledigung des Ablehnungsgesuchs nur solche Handlungen vorzunehmen, welche keinen Aufschub gestatten.

§ 48 ZPO. Das für die Erledigung eines Ablehnungsgesuchs zuständige Gericht hat auch dann zu entscheiden, wenn ein solches Gesuch nicht angebracht ist, ein Richter aber von einem Verhältnisse Anzeige macht, welches seine Ablehnung rechtfertigen könnte, oder wenn aus anderer Veranlassung Zweifel darüber entstehen, ob ein Richter kraft Gesetzes ausgeschlossen sei.

Die Entscheidung erfolgt ohne vorgängiges Gehör der Parteien.

§ 49 ZPO. Die Bestimmungen dieses Titels finden auf den Gerichtsschreiber entsprechende Anwendung; die Entscheidung erfolgt durch das Gericht, bei welchem der Gerichtsschreiber angestellt ist.

Gerichtspersonen sind der Vorsitzende bzw. sein Stellvertreter, die Beisitzer und der Gerichtsschreiber.

Gericht im Sinne dieser Paragraphen ist nicht notwendigerweise die vollbesetzte Kammer. Diese entscheidet über das Ablehnungsgesuch nur, wenn der Antrag vor ihr in der mündlichen Verhandlung gestellt wird. Richtet sich die Ablehnung gegen den Vorsitzenden oder seinen Stellvertreter, so ist er durch einen anderen Vorsitzenden bzw. Stellvertreter zu ersetzen. Für einen abgelehnten Beisitzer tritt ein Ersatzmitglied ein, sofern das Gericht nicht ohne ihn nach Entlassung eines Mitglieds der andern Kategorie gesetz- oder statutenmäßig besetzt ist. Sind z. B. vier Beisitzer nach dem Statut vorgeschrieben, gestattet letzteres aber unter Zustimmung der Parteien nur zwei Beisitzer zuzuziehen, so kann, wenn z. B. ein Kaufmann abgelehnt ist, bei Zustimmung der Parteien und nach Entlassung eines Handlungsgehilfen mit den übrig verbleibenden zwei Beisitzern über das Ablehnungsgesuch entschieden werden. Sind Stellvertreter oder Beisitzer zur Ersatzzuziehung nicht mehr vorhanden, so entscheidet gemäß § 45 Abs. 1 ZPO. das Landgericht.

Wird vor der mündlichen Verhandlung oder im Vortermin (ohne Beisitzer) der Vorsitzende abgelehnt, so entscheidet sein Stellvertreter (§ 46 Abs. 1 ZPO. und § 53 GGG.; s. auch StenB. 90/91 S. 642 ff.).

Wird vor der mündlichen Verhandlung ein Beisitzer abgelehnt, so entscheidet der Vorsitzende allein.

Wird das Ablehnungsgesuch für unbegründet erklärt, so kann der Abgelehnte seine Tätigkeit wieder aufnehmen. Entscheidet das Landgericht auf die sofortige Beschwerde (§§ 46 Abs. 2, 577 ZPO. und § 55 Abs. 3 GGG.) anders, so sind alle mit Hilfe des abgelehnten Richters ergangenen Entscheidungen ungültig und ev. mit der Nichtigkeitsklage anfechtbar (§ 579 ZPO.).

Weitere Beschwerde nach Ablehnung der sofortigen Beschwerde ist nicht gegeben (RGZ. 51, 146).

Die Mitwirkung eines ausgeschlossenen oder abgelehnten Gerichtsschreibers stellt keinen Nichtigkeitsgrund dar (§ 579 ZPO.). Ebensowenig liegt ein Ausschließungsgrund vor bei Verwandtschaft zwischen Richter und Gerichtsschreiber, da die Amtspflichten des Gerichtsschreibers nicht ihre Spitze in einer Kontrolle des Richters haben (Mot. z. ZPO. S. 73).

Unzulässig und ev. unbeachtlich sind nicht ernstgemeinte nur zur Verschleppung gestellte Ablehnungsanträge (s. dazu Sydow-Busch §§ 42 Anm. 1 und 49 Anm. 3).

§ 30 GGG. Nichtprozeßfähigen Parteien, welche ohne gesetzlichen Vertreter [1]) sind, kann auf Antrag [2]) bis zum Eintritte des gesetzlichen Vertreters von dem Vorsitzenden ein besonderer Vertreter bestellt werden.

Das gleiche gilt im Falle erheblicher Entfernung des Aufenthaltsorts des gesetzlichen Vertreters.

Die nicht prozeßfähige Partei ist auf ihr Verlangen [3]) selbst zu hören.

Wer partei- und prozeßfähig ist, bestimmen die §§ 50—56 ZPO., welche lauten:

§ 50 ZPO. Parteifähig ist, wer rechtsfähig ist.

Ein Verein, der nicht rechtsfähig ist, kann verklagt werden; in dem Rechtsstreite hat der Verein die Stellung eines rechtsfähigen Vereins.

§ 51 ZPO. Die Fähigkeit einer Partei, vor Gericht zu stehen, die Vertretung nicht prozeßfähiger Parteien durch andere Personen (gesetzliche Vertreter) und die Notwendigkeit einer besonderen Ermächtigung zur Prozeßführung bestimmt sich nach den Vorschriften des bürgerlichen Rechts, soweit nicht die nachfolgenden Paragraphen abweichende Bestimmungen enthalten.

§ 52 ZPO. Eine Person ist insoweit prozeßfähig, als sie sich durch Verträge verpflichten kann.

Die Prozeßfähigkeit einer Frau wird dadurch, daß sie Ehefrau ist, nicht beschränkt.

§ 53 ZPO. Wird in einem Rechtsstreit eine prozeßfähige Person durch einen Pfleger vertreten, so steht sie für den Rechtsstreit einer nicht prozeßfähigen Person gleich.

§ 54 ZPO. Einzelne Prozeßhandlungen, zu welchen nach den Vorschriften des bürgerlichen Rechts eine besondere Ermächtigung erforderlich ist, sind ohne dieselbe gültig, wenn die Ermächtigung zur Prozeßführung im allgemeinen erteilt oder die Prozeßführung auch ohne eine solche Ermächtigung im allgemeinen statthaft ist.

§ 55 ZPO. Ein Ausländer, welchem nach dem Rechte seines Landes die Prozeßfähigkeit mangelt, gilt als prozeßfähig, wenn ihm nach dem Rechte des Prozeßgerichts die Prozeßfähigkeit zusteht.

§ 56 ZPO. Das Gericht hat den Mangel der Parteifähigkeit, der Prozeßfähigkeit, der Legitimation eines gesetzlichen Vertreters und der erforderlichen Ermächtigung zur Prozeßführung von Amts wegen zu berücksichtigen.

Die Partei oder deren gesetzlicher Vertreter kann zur Prozeßführung mit Vorbehalt der Beseitigung des Mangels zugelassen werden, wenn mit dem Verzuge Gefahr für die Partei verbunden ist. Das Endurteil darf erst erlassen werden, nachdem die für die Beseitigung des Mangels zu bestimmende Frist abgelaufen ist.

§ 30 ersetzt § 57 ZPO.

Zu Abs. 1: Über Rechtsfähigkeit und Parteifähigkeit s. Sydow-Busch Anm. zu § 50.

Ein nicht eingetragener Verein, dessen Mitglieder teils rechtsfähige, teils nicht rechtsfähige Vereine sind, kann nach § 50 Abs. 2 verklagt werden.

1) Gesetzliche Vertreter sind für physische Personen nur Vater (§§ 1627 ff. BGB.), die Mutter (§§ 1634, 1684 ff., 1701 BGB.), der Vormund (§§ 1793 ff. BGB.), der Pfleger (§ 1915 BGB.).

Der Prokurist ist, soweit auch seine Ermächtigung zur Vertretung geht (§ 49 HGB.), nicht gesetzlicher Vertreter des Prinzipals (RGZ. 66, 244).

Gesetzliche Vertreter für juristische Personen sind z. B. der Vorstand eines rechtsfähigen Vereins (§ 26 BGB.), der Geschäftsführer einer Gesellschaft m. b. H. (RG. v. 20. 4. 92 in der Fassung der Bek. v. 26. 5. 98 § 35, RGBl. S. 846), der Vorstand einer Aktiengesellschaft (HGB. § 231), einer eingetragenen Genossenschaft (RG. v. 1. 5. 89 in der Fassung der Bek. v. 20. 5. 98, RGBl. S. 810 § 24).

2) Der Antrag ist formlos. Gegen die Ablehnung ist Beschwerde zulässig.

3) Auf Verlangen, d. h. die Anhörung ist auch dann nicht notwendig, wenn die Partei im Termin nicht persönlich erscheint (Ber. d. VI. Komm. 1890, 22 Nr. 51).

§ 31 GGG. Rechtsanwälte und Personen, welche das Verhandeln vor Gericht geschäftsmäßig betreiben, werden als Prozeßbevollmächtigte oder Beistände vor dem Gewerbegerichte nicht zugelassen.

Lit.: Neumann, PrVerwBl. 29 Nr. 46 und KG. 1 63; Flesch, GewKfmG. 12 217, Stranz, DJZ. 07 1136; Landsberger, GewKfmG. 17 220; Leberecht, DRAZ. 8 9.

I. Ausgeschlossen sind die im § 31 genannten Personen nur, wenn sie als Bevollmächtigte und in ihrem Beruf auftreten, nicht dagegen, wenn sie selbst Partei sind oder aus eignem Recht, z. B. als Konkursverwalter oder als gesetzliche Vertreter (s. hierüber Anm. 1 zu § 30) den Prozeß führen. Den Rechtsanwälten gleich stehen die ihnen bestellten Vertreter (Assessoren, Referendare), nicht aber solche, die ihm zur Ausbildung überwiesen sind (a. M. Kulka

S. 78). Ehemänner oder Väter großjähriger Kinder, welche die Eigenschaften der oben genannten Personen besitzen, sind als Bevollmächtigte ausgeschlossen. Soweit ein Rechtsanwalt, ohne seinen Beruf als solcher auszuüben, Angestellter eines Geschäfts ist, ist er als Prozeßvertreter dieses Geschäfts zuzulassen — aber bestritten (GewKfmG. **16** 14; SeuffA. **67** 183; BadRpr. 1911, 106).

Der Bureauvorsteher eines Rechtsanwalts ist zurückgewiesen worden, weil er berufsmäßig Schriftsätze ausarbeite (KG. **7** 77). Geschäftsmäßig ist nicht dasselbe wie gewerbsmäßig, da erstes nicht notwendig eine Honorierung voraussetzt. Der Begriff ist gleichbedeutend mit dem im § 157 ZPO. (s. dazu GewKfmG. **17** 40). Der Zweck der Bestimmung ist, alle Personen auszuschließen, welche durch Übung oder dgl. eine gewisse Geschäftsgewandtheit im Verhandeln vor Gericht und der Auslegung der Gesetze oder Beurteilung von Rechtsangelegenheiten besitzen, damit nicht die weniger gewandten Parteien in Nachteil geraten. Über Geschäftsmäßigkeit der Vertretung s. KG. **1** 38, 69, 89, **5** Sp. 106, **7** Sp. 25, 223, **8** Sp. 127; **9** Sp. 56, GewKfmG. **13** 6; **14** 150; **17** 220.

Vorstehendes bezieht sich nur auf Rechtsanwälte oder geschäftsmäßige Vertreter, die als Prozeßbevollmächtigte auftreten. Soweit sie den Prozeß vorbereiten oder Anträge und Gesuche (Einspruch gegen Versäumnisurteil, Einlegung der Beschwerde) außerhalb der mündlichen Verhandlung stellen, steht ihrer Zulassung nichts im Wege (SeuffA. **67** 183 S. 330; GewKfmG. **18** 41). Von Inkasso-Firmen unterschriebene Klagen sind nicht zulässig, wenn die Zession in Wahrheit nur als Prozeßvollmacht erscheint (GewKfmG. **16** 391 Jahrb. **1** Nr. 179).

II. Ob gegen den Beschluß, durch den ein Prozeßbevollmächtigter abgelehnt wird, die Beschwerde zulässig ist, ist streitig.

Für Zulassung der Beschwerde sind Beschl. d. KG. 21. 9. 10 in OLGRspr. **25** 86 und KG. **7** 27; GewKfmG. **17** 40.

Zutreffend a. M. sind: Recht 1912 Nr. 3387; BayZ. **8** 466, OLG. Posen 12. 5. 11, PosMSchr. 1911, 105; Brenner S. 95; SeuffA. **66** 426 = OLGRspr. **23** 139; OLG. Hamburg 30. 5. 11 in OLGRspr **23** 61 ff.; W. 1911, 578 und 1912, 478.

III. Über die Form der Prozeßvollmacht s. §§ 80 ff. ZPO. Vollmacht für sämtliche Termine ist noch nicht Prozeßvollmacht (BayZ. 3 263).

§ 32 GGG. Die Zustellungen in dem Verfahren vor den Gewerbegerichten erfolgen von Amts wegen.

Urteile und Beschlüsse, gegen welche ein Rechtsmittel stattfindet, sind den Parteien zuzustellen, soweit diese nicht auf die Zustellung verzichten. Sonstige Urteile und Beschlüsse sind einer Partei nur zuzustellen, wenn sie nicht in Anwesenheit derselben verkündet sind. Auf Verlangen einer Partei ist derselben auch Ausfertigung eines in ihrer Anwesenheit verkündeten Urteils oder Beschlusses zu erteilen.

Anträge und Erklärungen einer Partei, welche zugestellt werden sollen, sind bei dem Gericht einzureichen oder mündlich zum Protokolle des Gerichtsschreibers anzubringen.

Sofern durch die Zustellung eine Frist gewahrt oder die Verjährung unterbrochen werden soll, tritt diese Wirkung, wenn die Zustellung demnächst erfolgt, bereits mit der Einreichung oder Anbringung des Antrags oder der Erklärung ein.

Zu Abs. 1: Durch diese Bestimmung wird das System des Offizialbetriebes statuiert, welches nach der ZPO. in der neuen Fassung v. 1. 6. 10 jetzt auch für die Amtsgerichte gilt (Mot. S. 26 und 27). Gegensatz ist der Parteibetrieb.

Für die Bewirkung der Zustellung hat der Gerichtsschreiber Sorge zu tragen (§ 33 GGG.). Im übrigen gelten über Zustellung, soweit diese nicht durch die §§ 33 u. 34 GGG. besonders normiert ist, die §§ 166—213 ZPO.

Zu Abs. 2: Urteile und Beschlüsse, gleichgültig ob sie vom Vorsitzenden allein (§§ 53 Abs. 1 und 54 Abs. 4 GGG.) oder von der mit Beisitzern besetzten Kammer erlassen werden, müssen zugestellt werden; sofern dagegen ein Rechtsmittel (Berufung, Beschwerde, nicht der Einspruch) möglich ist und die Parteien nicht darauf verzichtet (formlos) haben. Ist kein Rechtsmittel zulässig, so werden Urteile und Beschlüsse nur der Partei zugestellt, welche der Verkündung nicht beigewohnt hat. Der in Gegenwart des legitimierten Vertreters einer nicht erschienenen Partei verkündete Beschluß, der das persönliche Erscheinen der Partei anordnet, bedarf der Zustellung an die Partei selbst (§ 141 Abs. 2 ZPO.).

Zu Abs. 3: Ergänzend sind hier die §§ 496 Abs. 2 u. 6 (s. S. 91 u. 92), 317 Abs. 2—4 ZPO. zu beachten, welcher lautet:

§ 317 ZPO. Die Zustellung der Urteile erfolgt auf Betreiben der Parteien.

Solange das Urteil nicht verkündet und nicht unterschrieben ist, dürfen Ausfertigungen, Auszüge und Abschriften desselben nicht erteilt werden.

Die Ausfertigungen und Auszüge der Urteile sind von dem Gerichtsschreiber zu unterschreiben und mit dem Gerichtssiegel zu versehen.

Ist das Urteil nach § 313 Abs. 3 in abgekürzter Form hergestellt, so erfolgt die Ausfertigung in gleicher Weise unter Benutzung einer beglaubigten Abschrift der Klageschrift oder in der Weise, daß das Urteil durch Aufnahme der im § 313 Abs. 1 Nr. 1, 2, 5 bezeichneten Angaben vervollständigt wird. Die Abschrift der Klageschrift kann durch den Gerichtsschreiber oder durch den Rechtsanwalt des Klägers beglaubigt werden.

§ 33 GGG. Der Gerichtsschreiber hat für die Bewirkung der Zustellung Sorge zu tragen und die bei derselben zu übergebenden Abschriften zu beglaubigen.

Er hat das zu übergebende Schriftstück in einem verschlossenen, mit der Adresse der Person, an welche zugestellt werden soll, sowie mit einer Geschäftsnummer versehenen Briefumschlage dem Zustellungsbeamten und im Falle der Zustellung durch die Post dieser zur Zustellung zu übergeben.

Auf den Briefumschlag ist der Vermerk zu setzen: Vereinfachte Zustellung.

Die auf dem Briefumschlag angegebene Geschäftsnummer ist in den Akten zu vermerken.

Zu Abs. 1: Über Zustellungsbeamte s. Anm. zu § 25 GGG.

§ 34 GGG. Die von dem Zustellungsbeamten oder dem Postboten aufzunehmende Zustellungsurkunde muß die Art und Weise, in welcher der seiner Adresse und seiner Geschäftsnummer nach bezeichnete Briefumschlag übergeben ist, insbesondere den Ort und die Zeit der Übergabe sowie die Person, welcher zugestellt ist, bezeichnen und, wenn die Zustellung nicht an den Adressaten persönlich erfolgt ist, den Grund hiervon angeben. Die Urkunde ist von dem die Zustellung vollziehenden Beamten zu unterschreiben.

Bei der Zustellung wird eine Abschrift der Zustellungsurkunde nicht übergeben. Der Tag der Zustellung ist von dem zustellenden Beamten auf dem Briefumschlage zu vermerken.

Bei der vereinfachten Zustellung ist der durch Versäumnisurteil verurteilte Beklagte, der behauptet, daß der Einspruch rechtzeitig eingelegt ist und die Zustellungsbescheinigung des Zustellungsbeamten unrichtig ist, beweispflichtig (GewKfmG. 17 13; Kaufmann 1912, 467 zu § 40).

§ 35 GGG. Die zur Erledigung des Rechtsstreits erforderlichen Verhandlungstermine werden von dem Vorsitzenden von Amts wegen angesetzt. Nach Ansetzung des Termins ist die Ladung der Parteien durch den Gerichtsschreiber zu veranlassen. Ladungen durch die Parteien finden nicht statt.

Die Zustellung der Ladung muß spätestens am Tage vor dem Termin erfolgen.

Die Zustellung der Ladung an eine Partei ist nicht erforderlich, wenn der Termin in Anwesenheit derselben verkündet oder ihr bei Einreichung oder Anbringung der Klage oder des Antrags[1]), auf Grund dessen die Terminsbestimmung stattfindet, mitgeteilt worden ist. Die erfolgte Mitteilung ist zu den Akten zu vermerken.

§ 35 Abs. 1 u. 3 ersetzt § 497 ZPO. in der neuen Fassung v. 1. 6. 09.

Zu Abs. 1: Die Bestimmung des Abs. 1 macht einen besonderen Antrag auf Ansetzung eines Verhandlungstermins überflüssig, wenn die für die Notwendigkeit eines Termins erforderlichen Unterlagen dem Gericht beigebracht sind. Es genügt also die Einreichung der Klage, Erhebung des Einspruchs gegen ein Versäumnisurteil, der Antrag auf Ergänzung des Urteils, Beibringung der vom Gericht geforderten Beweismittel oder von Tatsachen, welche die Aufhebung einer Aussetzung oder Unterbrechung bewirken sollen bzw. notwendig machen oder der Adresse einer Partei, der nicht zugestellt werden konnte usw. Den Fortgang des Verfahrens bewirkt dann der Vorsitzende. Anders sind dagegen die Fälle zu behandeln, in denen die Parteien irgendwie zum Ausdruck gebracht haben, daß sie den Fortgang des Prozesses vorläufig nicht wünschen. Z. B. wenn sie ausdrücklich oder stillschweigend das Verfahren ruhen lassen wollen (§§ 251, 503 ZPO.). Hier ist von der Partei ein Antrag auf Fortgang des Prozesses zu stellen (§ 32 Abs. 2). Die Verhandlungstermine setzt der Vorsitzende nach freiem Ermessen an. Gemäß § 216 Abs. 2 ZPO. hat die Anberaumung des Termins binnen 24 Stunden nach Eintritt des dieselbe bedingenden Umstandes auch des nicht von der Partei angezeigten, z. B. Eintritt der Rechtskraft eines bedingten Endurteiles, zu erfolgen. Die Anberaumung kann aus materiellen Gründen nicht verweigert werden (RGZ. 33 244). Dabei ist es dem Vorsitzenden überlassen, im ersten Termin Beisitzer zuzuziehen oder nicht (§ 54 GGG.).

Zu Abs. 2: Ladungs- und Einladungsfristen fallen hier zusammen, eine Abkürzung derselben ist nicht zulässig (a. M. bezüglich des Gewerbegerichts: Wilhelmi-Bever S. 181, 182; v. Schulz S. 157). Es genügt aber andererseits, daß die Ladung am Tage vor dem Termin der Partei ordnungsmäßig zugestellt wird, gleichgültig, ob sie am Orte des Gerichts wohnt, sofern sich nur der Zustellungsort im Inlande befindet. Bei Zustellungen im Auslande hat der Vorsitzende gemäß § 498 Abs. 2 ZPO. nach freiem Ermessen eine angemessene Frist zu bestimmen (s. auch §§ 199 ff. ZPO.). Über öffentliche Zustellung s. §§ 203 ff. ZPO.

Zu Abs. 3: Nur bei Einhaltung der vorgeschriebenen Ladungs- bzw. Einlassungsfristen ist ein Versäumnisurteil zu erlassen. Ist die Partei unvorschriftsmäßig geladen, erscheint indessen in der mündlichen Verhandlung, so darf sie wegen der unvorschriftsmäßigen Ladung die Einlassung nicht verweigern, widrigenfalls Versäumnisurteil ergeht (s. auch Anm. zu §§ 39 u. 40 GGG.).

1) Die Mitteilung vom Termin kann in diesem Falle mündlich oder sonst formlos erfolgen. An den Beklagten kann diese Art der Ladung nur geschehen bei Einreichung oder Anbringung der Widerklage oder bei einem Antrage, auf Grund dessen die Terminsbestimmung stattfindet, sonst bedarf es an den Beklagten einer förmlichen Ladung.

§ 36 GGG. Nachdem die Klage eingereicht oder zum Protokolle des Gerichtsschreibers angebracht ist, hat der Vorsitzende einen möglichst nahen Termin zur Verhandlung anzusetzen.

Die Klage gilt, unbeschadet der Bestimmung im § 32 Abs. 4, erst mit der Zustellung an den Beklagten als erhoben.

Zu Abs. 1: Die Erfordernisse der Klageschrift bestimmen die §§ 253 Abs. 1 Ziff. 1 u. 2 und Abs. 3 sowie 130 Abs. 1 Ziff. 1—5 und 131 ZPO., welche lauten:

§ 253 ZPO. Die Erhebung der Klage erfolgt durch Zustellung eines Schriftsatzes.

Derselbe muß enthalten:

1. die Bezeichnung der Parteien und des Gerichts;
2. die bestimmte Angabe des Gegenstandes und des Grundes des erhobenen Anspruchs, sowie einen bestimmten Antrag;
3. die Ladung des beklagten vor das Prozeßgericht zur mündlichen Verhandlung des Rechtsstreits.

In der Klageschrift soll ferner der Wert des nicht in einer bestimmten Geldsumme bestehenden Streitgegenstandes angegeben werden, wenn die Zuständigkeit des Gerichts von diesem Werte abhängt.

Außerdem finden die allgemeinen Bestimmungen über die vorbereitenden Schriftsätze auch auf die Klageschrift Anwendung.

§ 130 ZPO. Die vorbereitenden Schriftsätze sollen enthalten:

1. die Bezeichnung der Parteien und ihrer gesetzlichen Vertreter nach Namen, Stand oder Gewerbe, Wohnort und Parteistellung; die Bezeichnung des Gerichts und des Streitgegenstandes; die Zahl der Anlagen;
2. die Anträge, welche die Partei in der Gerichtssitzung zu stellen beabsichtigt;
3. die Angabe der zur Begründung der Anträge dienenden tatsächlichen Verhältnisse;
4. die Erklärung über die tatsächlichen Behauptungen des Gegners;
5. die Bezeichnung der Beweismittel, welcher sich die Partei zum Nachweise oder zur Widerlegung tatsächlicher Behauptungen bedienen will, sowie die Erklärung über die von dem Gegner bezeichneten Beweismittel;

6. in Anwaltsprozessen die Unterschrift des Anwalts, in anderen Prozessen die Unterschrift der Partei selbst oder desjenigen, welcher für dieselbe als Bevollmächtigter oder als Geschäftsführer ohne Auftrag handelt.

§ 131 ZPO. Dem vorbereitenden Schriftsatze sind die in den Händen der Partei befindlichen Urkunden, auf welche in dem Schriftsatze Bezug genommen wird, in Urschrift oder in Abschrift beizufügen.

Kommen nur einzelne Teile einer Urkunde in Betracht, so genügt die Beifügung eines Auszugs, welcher den Eingang, die zur Sache gehörende Stelle, den Schluß, das Datum und die Unterschrift enthält.

Sind die Urkunden dem Gegner bereits bekannt oder von bedeutendem Umfange, so genügt die genaue Bezeichnung derselben mit dem Erbieten, Einsicht zu gewähren.

Von einer Inkassofirma unterschriebene Klagen sind nicht gültig, wenn die Zession in Wahrheit nur als Prozeßvollmacht erscheint (GewKfmG. 16 391 und Jahrb. 1 Nr. 179).

Gemäß § 496 Abs. 2 ZPO. soll der eingereichten Klage die erforderliche Anzahl von Abschriften beigefügt werden. Diese Vorschrift ist als Ordnungsvorschrift nicht erzwingbar.

Entschädigung für Zeitverlust, der durch die mündliche (zu Protokoll des Gerichtsschreibers) erhobene Klage entsteht, ist nicht begründet, da ein Zwang zur mündlichen Erhebung nicht besteht und die Klage auch schriftlich erhoben werden kann (GewKfmG. 11 130).

Zu Abs. 2: Über die Wirkungen der Rechtshängigkeit s. §§ 263 bis 265, 267, 271 ZPO. sowie §§ 209 ff. BGB.

§ 263 ZPO. Durch die Erhebung der Klage wird die Rechtshängigkeit der Streitsache begründet.

Die Rechtshängigkeit hat folgende Wirkungen:

1. wenn während der Dauer der Rechtshängigkeit von einer Partei die Streitsache anderweit anhängig gemacht wird, so kann der Gegner die Einrede der Rechtshängigkeit erheben;
2. die Zuständigkeit des Prozeßgerichts wird durch eine Veränderung der sie begründenden Umstände nicht berührt.

§ 265 ZPO. Die Rechtshängigkeit schließt das Recht der einen oder der anderen Partei nicht aus, die in Streit befangene Sache zu veräußern oder den geltend gemachten Anspruch abzutreten.

Die Veräußerung oder Abtretung hat auf den Prozeß keinen Einfluß. Der Rechtsnachfolger ist nicht berechtigt, ohne Zustimmung des Gegners den Prozeß als Hauptpartei an Stelle des Rechtsvorgängers zu übernehmen oder eine Hauptintervention zu erheben. Tritt der Rechtsnachfolger als Nebenintervenient auf, so findet der § 69 keine Anwendung.

Hat der Kläger veräußert oder abgetreten, so kann ihm, sofern das Urteil nach § 325 gegen den Rechtsnachfolger nicht wirksam sein würde, der Einwand entgegengesetzt werden, daß er zur Geltendmachung des Anspruchs nicht mehr befugt sei.

§ 267 ZPO. Die Vorschriften des bürgerlichen Rechts über die sonstigen Wirkungen der Rechtshängigkeit bleiben unberührt. Diese Wirkungen, sowie alle Wirkungen, welche durch die Vorschriften des bürgerlichen Rechts an die Anstellung, Mitteilung oder gerichtliche Anmeldung der Klage, an die Ladung oder Einlassung des Beklagten geknüpft werden, treten unbeschadet der Vorschrift des § 207 mit der Erhebung der Klage ein.

§ 271 ZPO. Die Klage kann ohne Einwilligung des Beklagten nur bis zum Beginne der mündlichen Verhandlung des Beklagten zur Hauptsache zurückgenommen werden.

Die Zurücknahme der Klage erfolgt, wenn sie nicht bei der mündlichen Verhandlung erklärt wird, durch Zustellung eines Schriftsatzes. Abschrift desselben ist sofort nach erfolgter Zustellung auf der Gerichtsschreiberei niederzulegen.

Die Zurücknahme der Klage hat zur Folge, daß der Rechtsstreit als nicht anhängig geworden anzusehen ist; sie verpflichtet den Kläger, die Kosten des Rechtsstreits zu tragen, sofern nicht über dieselben bereits rechtskräftig erkannt ist. Auf Antrag des Beklagten ist diese Verpflichtung durch Urteil auszusprechen.

Wird die Klage von neuem angestellt, so kann der Beklagte die Einlassung verweigern, bis die Kostenerstattung erfolgt ist.

Zu § 271.

Wenn der Kläger in der mündlichen Verhandlung zur Hauptsache keine Anträge stellt, so liegt darin eine Zurücknahme der Klage (s. HessRspr. 9 44).

§ 37 GGG. An ordentlichen Gerichtstagen können die Parteien zur Verhandlung des Rechtsstreits ohne Terminsbestimmung und Ladung vor dem Gericht erscheinen.

Die Erhebung der Klage erfolgt in diesem Falle durch den mündlichen Vortrag derselben. Die Klage ist zu Protokoll zu nehmen, falls die Sache streitig bleibt.

§ 37 ersetzt § 500 ZPO. Daneben gelten die Bestimmungen des § 510c ZPO. (abgedr. S. 97).

§ 38 GGG. Die Verhandlung vor dem erkennenden Gericht einschließlich der Verkündung der Urteile und Beschlüsse desselben erfolgt öffentlich.

Durch das Gericht kann die Öffentlichkeit für die Verhandlung oder für einen Teil derselben nach Maßgabe der Vorschriften in den §§ 173 bis 175 des Gerichtsverfassungsgesetzes ausgeschlossen werden.

Die Vorschriften der §§ 176 bis 193 des Gerichtsverfassungsgesetzes über die Aufrechterhaltung der Ordnung in den Sitzungen und über die Gerichtssprache finden Anwendung.

Zu Abs. 1: § 38 Abs. 1 lautet gleich dem § 170 GVG.

Öffentlich ist auch die Verhandlung vor dem Vorsitzenden, der nach § 54 Abs. 1 u. 4 GGG. den Termin ohne Zuziehung von Beisitzern abhält, dagegen nicht, wenn er gemäß § 43 Abs. 1 GGG. mit der Beweisaufnahme beauftragt ist.

Zu Abs. 2: Die angezogenen §§ 173—175 GVG. lauten:

§ 173 GVG. In allen Sachen kann durch das Gericht für die Verhandlung oder für einen Teil derselben die Öffentlichkeit ausgeschlossen werden, wenn sie eine Gefährdung der öffentlichen Ordnung, insbesondere der Staatssicherheit, oder eine Gefährdung der Sittlichkeit besorgen läßt.

§ 174 GVG. Die Verkündung des Urteils erfolgt in jedem Falle öffentlich.

Durch einen besonderen Beschluß des Gerichts kann für die Verkündung der Urteilsgründe oder eines Teiles derselben die Öffentlichkeit ausgeschlossen werden, wenn sie eine Gefährdung der Staatssicherheit oder eine Gefährdung der Sittlichkeit besorgen läßt.

§ 175 GVG. Die Verhandlung über die Ausschließung der Öffentlichkeit findet in nichtöffentlicher Sitzung statt, wenn ein Beteiligter es beantragt oder das Gericht es für angemessen erachtet. Der Beschluß, welcher die Öffentlichkeit ausschließt, muß öffentlich verkündet werden. Bei der Verkündung ist anzugeben, ob die Ausschließung wegen Gefährdung der öffentlichen Ordnung, insbesondere wegen Gefährdung der Staatssicherheit, oder ob sie wegen Gefährdung der Sittlichkeit erfolgt.

Ist die Öffentlichkeit wegen Gefährdung der Staatssicherheit ausgeschlossen, so kann das Gericht den anwesenden Personen die Geheimhaltung von Tatsachen, welche durch die Verhandlung, durch die Anklageschrift oder durch andere amtliche Schriftstücke des Prozesses zu ihrer Kenntnis gelangen, zur Pflicht machen. Der Beschluß ist in das Sitzungsprotokoll aufzunehmen. Gegen denselben findet Beschwerde statt. Die Beschwerde hat keine aufschiebende Wirkung.

Zu Abs. 3: §§ 176—193 lauten:

§ 176 GVG. Der Zutritt zu öffentlichen Verhandlungen kann unerwachsenen und solchen Personen versagt werden, welche sich nicht im Besitze der bürgerlichen Ehrenrechte befinden, oder welche in einer der Würde des Gerichts nicht entsprechenden Weise erscheinen.

Zu nichtöffentlichen Verhandlungen kann der Zutritt einzelnen Personen vom Gerichte gestattet werden. Einer Anhörung der Beteiligten bedarf es nicht.

Die Ausschließung der Öffentlichkeit steht der Anwesenheit der die Dienstaufsicht führenden Beamten der Justizverwaltung bei den Verhandlungen vor dem erkennenden Gerichte nicht entgegen.

§ 177 GVG. Die Aufrechthaltung der Ordnung in der Sitzung liegt dem Vorsitzenden ob.

Zu § 177 GVG.: Die Aufrechterhaltung der Ordnung in den Sitzungen steht dem Vorsitzenden auch gegenüber den Beisitzern zu. Er kann zwar gegen sie nicht mit den in den §§ 178 ff. angegebenen Strafen einschreiten, kann aber die Sitzung aufheben (s. hierzu RGSt. **11** 138 und RGZ. **32** 390).

§ 178 GVG. Parteien, Beschuldigte, Zeugen, Sachverständige oder bei der Verhandlung nicht beteiligte Personen, welche den zur Aufrechthaltung der Ordnung erlassenen Befehlen nicht gehorchen, können auf Beschluß des Gerichts aus dem Sitzungszimmer entfernt, auch zur Haft abgeführt und während einer in dem Beschlusse zu bestimmenden Zeit, welche vierundzwanzig Stunden nicht übersteigen darf, festgehalten werden.

§ 179 GVG. Das Gericht kann gegen Parteien, Beschuldigte, Zeugen, Sachverständige oder bei der Verhandlung nicht beteiligte Personen, welche sich in der Sitzung einer Ungebühr schuldig machen, vorbehaltlich der strafgerichtlichen Verfolgung, eine Ordnungsstrafe bis zu einhundert Mark oder bis zu drei Tagen Haft festsetzen und sofort vollstrecken lassen.

§ 180 GVG. Das Gericht kann gegen einen bei der Verhandlung beteiligten Rechtsanwalt oder Verteidiger, der sich in der Sitzung einer Ungebühr schuldig macht, vorbehaltlich der strafgerichtlichen oder disziplinaren Verfolgung, eine Ordnungsstrafe bis zu einhundert Mark festsetzen.

Zu § 180 GVG.: Die Ungebühr muß in der Sitzung geschehen. Es genügt nicht, daß sie aus Schriftsätzen hervorgeht, falls deren Inhalt nicht in der Sitzung vorgetragen wird (KGJ. 8 256 und OLGRspr. **17** 43).

§ 181 GVG. Die Vollstreckung der vorstehend bezeichneten Ordnungsstrafen hat der Vorsitzende unmittelbar zu veranlassen.

§ 182 GVG. Die in den §§ 177—181 bezeichneten Befugnisse stehen auch einem einzelnen Richter bei der Vornahme von Amtshandlungen außerhalb der Sitzung zu.

§ 183 GVG. Ist in den Fällen der §§ 179, 180, 182 eine Ordnungsstrafe festgesetzt, so findet binnen der Frist von einer Woche nach der Bekanntmachung der Entscheidung Beschwerde statt, sofern die Entscheidung nicht von dem Reichsgerichte oder einem Oberlandesgerichte getroffen ist.

Die Beschwerde hat in dem Falle des § 179 keine aufschiebende Wirkung, in den Fällen des § 180 und des § 182 aufschiebende Wirkung.

Über die Beschwerde entscheidet das Oberlandesgericht.

§ 184 GVG. Ist eine Ordnungsstrafe wegen Ungebühr festgesetzt, oder eine Person zur Haft abgeführt, oder eine bei der Verhandlung beteiligte Person entfernt worden, so ist der Beschluß des Gerichts und dessen Veranlassung in das Protokoll aufzunehmen.

§ 185 GVG. Wird eine strafbare Handlung in der Sitzung begangen, so hat das Gericht den Tatbestand festzustellen und der zuständigen Behörde das darüber aufgenommene Protokoll mitzuteilen. In geeigneten Fällen ist die vorläufige Festnahme des Täters zu verfügen.

§ 186 GVG. Die Gerichtssprache ist die deutsche.

§ 187 GVG. Wird unter Beteiligung von Personen verhandelt, welche der deutschen Sprache nicht mächtig sind, so ist ein Dolmetscher zuzuziehen. Die Führung eines Nebenprotokolls in der fremden Sprache findet nicht statt; jedoch sollen Aussagen und Erklärungen in fremder Sprache, wenn und soweit der Richter dies mit Rücksicht auf die Wichtigkeit der Sache für erforderlich erachtet, auch in der fremden Sprache in das Protokoll oder in eine Anlage niedergeschrieben werden. In den dazu geeigneten Fällen soll dem Protokolle eine durch den Dolmetscher zu beglaubigende Übersetzung beigefügt werden.

Die Zuziehung eines Dolmetschers kann unterbleiben, wenn die beteiligten Personen sämtlich der fremden Sprache mächtig sind.

§ 188 GVG. Zur Verhandlung mit tauben oder stummen Personen ist, sofern nicht eine schriftliche Verständigung erfolgt, eine Person als Dolmetscher zuzuziehen, mit deren Hilfe die Verständigung in anderer Weise erfolgen kann.

§ 189 GVG. Ob einer Partei, welche taub ist, bei der mündlichen Verhandlung der Vortrag zu gestatten sei, bleibt dem Ermessen des Gerichts überlassen.

Dasselbe gilt in Anwaltsprozessen von einer Partei, die der deutschen Sprache nicht mächtig ist.

§ 190 GVG. Personen, welche der deutschen Sprache nicht mächtig sind, leisten Eide in der ihnen geläufigen Sprache.

§ 191 GVG. Der Dolmetscher hat einen Eid dahin zu leisten:

daß er treu und gewissenhaft übertragen werde.

Ist der Dolmetscher für Übertragungen der betreffenden Art im allgemeinen beeidigt, so genügt die Berufung auf den geleisteten Eid.

§ 192 GVG. Der Dienst des Dolmetschers kann von dem Gerichtsschreiber wahrgenommen werden. Einer besonderen Beeidigung bedarf es nicht.

§ 193 GVG. Auf den Dolmetscher finden die Bestimmungen über Ausschließung und Ablehnung der Sachverständigen entsprechende Anwendung. Die Entscheidung erfolgt durch das Gericht oder den Richter, von welchem der Dolmetscher zugezogen ist.

§ 39 GGG. Erscheint der Kläger im Verhandlungstermine nicht, so ist auf Antrag des Beklagten das Versäumnisurteil dahin zu erlassen, daß der Kläger mit der Klage abzuweisen sei.

Erscheint der Beklagte nicht und beantragt der Kläger das Versäumnisurteil, so werden die in der Klage behaupteten Tatsachen als zugestanden angenommen. Soweit dieselben den Klageantrag rechtfertigen, ist nach dem Antrage zu erkennen[1]); soweit dies nicht der Fall, ist die Klage abzuweisen.[2])

Bleiben beide Parteien aus, so ruht das Verfahren, bis die Ansetzung eines neuen Verhandlungstermins beantragt wird.

§ 39 Abs. 1 u. 2 ersetzt die fast gleichlautenden Bestimmungen der §§ 330, 331 ZPO. und wird ergänzt durch die §§ 332—337 ZPO., welche hinter den Anmerkungen dieses Paragraphen abgedruckt sind.

Zu Abs. 1: Die Abweisung der Klage erfolgt ohne materielle Prüfung.

Wenn im Termin festgestellt wird, daß niemand erschienen ist, so ist der Termin damit erledigt. Nachträglich kann ein Versäumnisurteil nicht mehr erlassen werden (OLGRspr. 19 92).

Ein Versäumnisurteil wegen eines in einem Klagenachtrage erhobenen Anspruchs kann nur erlassen werden, wenn auch der Nachtrag den Erfordernissen der Klage (Zustellung usw.) entspricht (OLGRspr. 19 108).

Als nichterschienen gilt auch die nicht ordnungsmäßig vertretene Partei oder welche vor Eintritt in die mündliche Verhandlung (§ 137 Abs. 1 ZPO.) auf Grund der §§ 178, 179 GVG. aus dem Sitzungszimmer entfernt worden, oder welcher der Vortrag versagt worden ist (§§ 157, 158 ZPO.). Ein Antrag auf Vertagung und die Verhandlung darüber kann nicht als verhandeln angesehen werden (RGZ. 31 424), wohl aber regelmäßig die bloße Verlesung der Anträge (RGZ. **10** 392; Prenner S. 109).

Das Läuterungsurteil (§ 462 Abs. 2 ZPO.) ist auch beim Ausbleiben einer Partei kein Versäumnisurteil (RGZ. **14** 345 und OLGRspr. 9 75).

Zu Abs. 2: In diesem Falle werden die vom Kläger vorgebrachten Tatsachen auf ihre Begründetheit geprüft. Eine inzwischen erfolgte Beweisaufnahme bleibt aber unberücksichtigt (JW. 03 65 Nr. 8; — a. M.: Prenner S. 117). In den ursprünglichen Entwurf war eine diesbezügliche Bestimmung aufgenommen, diese ist aber später fallen gelassen (s. hierüber v. Schulz S. 205). Die Zuständigkeit ist von Amts wegen zu prüfen.

1) Durch Versäumnisurteil.

2) Durch kontradiktorisches Urteil (anfechtbar nur nach Maßgabe des § 16 KGG.).

Die §§ 332—337 lauten:

§ 332 ZPO. Als Verhandlungstermine im Sinne der vorstehenden Paragraphen sind auch diejenigen Termine anzusehen, auf welche die mündliche Verhandlung vertagt ist, oder welche zur Fortsetzung derselben vor oder nach dem Erlasse eines Beweisbeschlusses bestimmt sind.

§ 333 ZPO. Als nicht erschienen ist auch diejenige Partei anzusehen, welche in dem Termine zwar erscheint, aber nicht verhandelt.

§ 334 ZPO. Wenn eine Partei in dem Termine verhandelt, sich jedoch über Tatsachen, Urkunden oder Eideszuschiebungen nicht erklärt, so finden die Vorschriften dieses Titels keine Anwendung.

§ 335 ZPO. Der Antrag auf Erlassung eines Versäumnisurteils ist zurückzuweisen, unbeschadet des Rechts der erschienenen Partei, die Vertagung der mündlichen Verhandlung zu beantragen:

1. wenn die erschienene Partei die vom Gerichte wegen eines von Amts wegen zu berücksichtigenden Umstandes erforderte Nachweisung nicht zu beschaffen vermag;
2. wenn die nicht erschienene Partei nicht ordnungsmäßig, insbesondere nicht rechtzeitig geladen war;
3. wenn der nicht erschienenen Partei ein tatsächliches mündliches Vorbringen oder ein Antrag nicht rechtzeitig mittels Schriftsatzes mitgeteilt war.

Wird die Verhandlung vertagt, so ist die nicht erschienene Partei zu dem neuen Termine zu laden.

§ 336 ZPO. Gegen den Beschluß, durch welchen der Antrag auf Erlassung des Versäumnisurteils zurückgewiesen wird, findet sofortige Beschwerde statt. Wird der Beschluß aufgehoben, so ist die nicht erschienene Partei zu dem neuen Termine nicht zu laden.

§ 337 ZPO. Das Gericht kann von Amts wegen die Verhandlung über den Antrag auf Erlassung des Versäumnisurteils vertagen, wenn es dafür hält, daß die von dem Vorsitzenden bestimmte Einlassungs- oder Ladungsfrist zu kurz bemessen, oder daß die Partei durch Naturereignisse oder durch andere unabwendbare Zufälle am Erscheinen verhindert worden sei. Die nicht erschienene Partei ist zu dem neuen Termine zu laden.

§ 40 GGG. Die Partei, gegen welche ein Versäumnisurteil erlassen ist, kann binnen der Notfrist von drei Tagen seit der an sie bewirkten Zustellung des Urteils die Erklärung[1]) abgeben, daß sie Einspruch einlege. Die Einlegung gilt mit der Einreichung der Erklärung oder mit der Abgabe derselben zum Protokolle des Gerichtsschreibers als bewirkt.[2])

In dem Versäumnisurteil ist der Partei zu eröffnen, in welcher Form und Frist ihr der Einspruch zusteht.

Nach Einlegung des Einspruchs hat der Vorsitzende einen neuen Verhandlungstermin anzusetzen.

Erscheint die Partei, welche den Einspruch eingelegt hat, auch in dem neuen Termine nicht, so gilt der Einspruch als zurückgenommen. Anderenfalls wird, sofern der Einspruch zulässig ist, der Prozeß in die Lage zurückversetzt, in welcher er sich vor Eintritt der Versäumnis befand.

Zu Abs. 1: Abs. 1 ersetzt §§ 338, 339 Abs. 1, 340 ZPO., daneben gilt § 339 Abs. 2 ZPO., welcher lautet:

Muß die Zustellung im Ausland oder durch öffentliche Bekanntmachung erfolgen, so hat das Gericht die Einspruchsfrist im Versäumnisurteile oder nachträglich durch besonderen Beschluß, welcher ohne vorgängige mündliche Verhandlung erlassen werden kann, zu bestimmen.

Einspruch kann gültig auch vor Zustellung des Urteils eingelegt werden (RGZ. 3 408; 9 420; 29 340; JW. 98 118 Nr. 17).

1) Erklärung genügt, die Formvorschrift des § 340 ZPO. braucht nicht erfüllt zu werden. Die Erklärung muß unterschrieben sein (GG. 1 29 und OLGRspr. 25 105), inhaltlich braucht aber aus ihr nur der Wille der Partei hervorzugehen, daß das Verfahren im Sinne des § 40 wieder aufgenommen werden soll. Z. B. kann dies durch einen bloßen Antrag auf Anberaumung eines neuen Termins geschehen. Allerdings muß der Antrag nach Erlaß des Urteils gestellt sein; es würde nicht als Einspruch anzusehen sein, wenn eine Partei vor dem Termin einen schriftlichen Antrag auf Vertagung stellt und im Termin nicht erscheint, weil hier ihr Wille, gegen das Urteil angehen zu wollen, nicht ersichtlich ist.

Auf die Berechnung der Frist findet § 222 ZPO. und §§ 186 ff. BGB. Anwendung. Sie endigt mit dem Geschäftsschluß des Gerichts am letzten Tage. Der Einspruch kann nicht mehr einem nach Bureauschluß zufällig anwesenden Angestellten, z. B. der Scheuerfrau, übergeben werden (KG. 1 16).

2) Gemäß § 32 Abs. 4 GGG.

Zu Abs. 2: Zwingende Vorschrift, deren Verabsäumung den Eintritt der Rechtskraft des Versäumnisurteils verhindert.

Zu Abs. 3: S. Anm. zu § 35 GGG.

Zu Abs. 4: Im Gegensatz zu § 345 ZPO. ergeht also nicht wie beim ordentlichen Gericht ein zweites Versäumnisurteil. Der Einspruch gilt als zurückgenommen, ohne daß es eines besonderen Antrags der Partei bedarf. Wenn keine Partei im Termin erscheint, so ruht zunächst das Verfahren, ohne daß Folgen der wiederholten Versäumnis eintreten. Wenn auch das Prinzip des Parteibetriebes durch besondere Bestimmungen über Ladungs- und Zustellungswesen für die Kaufmannsgerichte durchbrochen ist, so ist es doch im übrigen in Geltung geblieben. Daher muß an erster Stelle der Wille der Parteien betreffs des Fortganges des Verfahrens Berücksichtigung finden. Außer der ausdrücklichen Vereinbarung des Ruhens (§ 251 ZPO.) läßt dieses Gesetz die stillschweigende nach § 39 Abs. 3 zu. Dieser mutmaßliche Wille kann von jeder der beiden Parteien ausgehen (s. JW. 84 174 Nr. 23). Das Nichterscheinen einer Partei deutet auf ihren Willen hin, den Prozeß ruhen zu lassen. Es ist nun zwar eine richterliche Urteilsentscheidung bei Anwendung des § 40 Abs. 4 nicht erforderlich, immerhin aber eine richterliche Feststellung, daß die Partei, gegen welche die Versäumnisfolgen eintreten sollen, nicht erschienen ist und daß ihr Einspruch als zurückgenommen gelte. Erscheint nun die andere Partei auch nicht und gibt dadurch kund, daß sie das Verfahren ruhen lassen wolle, so hat der Richter nicht mehr das Recht, dem Verfahren durch die Feststellung einer Tatsache und deren Folge Fortgang zu geben, ebensowenig wie wenn die Partei sich der Feststellung ausdrücklich verbäte, anderenfalls würde der Richter das Prinzip der Verhandlungsmaxime und des Parteibetriebes verletzen (so auch anscheinend Haas, G. S. 106, — a. M.: Prenner S. 113).

Die Feststellung kann aber in einem neuen Termin, wenn auch die säumige Partei nunmehr erschienen ist, getroffen werden (so auch Wilhelmi-Bever S. 214). Betreffs den Erlaß einer späteren Entscheidung ist § 343 ZPO. zu beachten.

§ 343 ZPO. Insoweit die Entscheidung, welche auf Grund der neuen Verhandlung zu erlassen ist, mit der in dem Versäumnisurteil enthaltenen Entscheidung übereinstimmt, ist auszusprechen, daß diese Entscheidung aufrechtzuerhalten sei. Insoweit diese Voraussetzung nicht zutrifft, wird das Versäumnisurteil in dem neuen Urteil aufgehoben.

§ 41 GGG. Erscheinen die Parteien in dem Termine, so hat das Gewerbegericht tunlichst auf eine gütliche Erledigung des Rechtsstreits hinzuwirken. Es kann den Sühneversuch in jeder Lage des Verfahrens erneuern und hat denselben bei Anwesenheit der Parteien am Schlusse der Verhandlung zu wiederholen.

Der Inhalt eines vor dem Gericht abgeschlossenen Vergleichs ist durch Aufnahme in das Protokoll festzustellen. Die Feststellung ist den Parteien vorzulesen. In dem Protokoll ist zu bemerken, daß die Vorlesung stattgefunden hat und daß die Genehmigung erfolgt ist, oder welche Einwendungen erhoben sind.

Lit.: Die Beschränkung der Berufung gegen Amtsgerichtsurteile und der amtsgerichtliche Prozeßvergleich (DJZ. 07 1313).

Zu Abs. 1: Durch die Bestimmung des Abs. 1 wird an dem Charakter des Kaufmannsgerichts als einer zur Entscheidung berufenen Behörde nichts geändert (s. Vorbem. vor § 1). Aus dem Worte „tunlichst" geht hervor, daß die Vornahme des Sühneversuchs mit Verständnis anzuwenden und dem pflichtgemäßen Ermessen des Gerichts überlassen ist. Dazu gehört auch die Hinwirkung auf einen Verzicht oder auf volle Befriedigung des Klageanspruchs. Es kann keinem Richter zugemutet werden, falls das Unrecht einer Partei klar zutage liegt, unter Anwendung seines Ansehens die andere Partei zu einem Vergleich zu drängen. Hierdurch würde die Autorität und die Unparteilichkeit des Gerichts leiden. Ebensowenig soll durch die Vorschrift des Abs. 1 der Richter verpflichtet werden, schematisch Einigungsversuche zu machen, z. B. wenn vorher die Parteien bereits erklärt haben oder aus ihren Vorträgen hervorgeht, daß eine Einigung nicht gewünscht werde. Das „tunlichst" bezieht sich offenbar ebenso auf den zweiten wie auf den ersten Satz. Hält also das Gericht eine gütliche Einigung nicht für tunlich und hat es dementsprechend keinen Sühneversuch gemacht, so kann und braucht es ihm auch füglich nicht zu wiederholen. Wenn man überhaupt dem zweiten Satz zwingende Natur beilegen will, so beschränkt sich dies nur auf die Wiederholung eines vorher gemachten Sühneversuchs. Andernfalls hätte der Gesetzgeber für „wiederholen" einen anderen Ausdruck gewählt. Ebenso Haas, G. S. 107; — a. M.: Wilhelmi-Bever S. 217.

Den wiederholten Vergleichsversuchen des Vorsitzenden dürfen die Beisitzer nicht widersprechen. Es würde auch dem Prinzip des Abs. 1 zuwiderlaufen, wollte das Gericht Einigungsverhandlungen der Parteien zu verhindern suchen.

Vergleiche auch über nicht zur Zuständigkeit der Kaufmannsgerichte gehörige Ansprüche können gültig vor demselben geschlossen werden (s. hierzu Sydow-Busch Anm. zu den §§ 160, 162, 510c u. 794 ZPO.).

Zu Abs. 2: Verlesung des Vergleichs wird nicht durch Vorlegung zur Durchsicht wie in § 162 ZPO. ersetzt. Es genügt aber, wenn der Vergleich von den Parteien gemeinschaftlich schriftlich abgefaßt verlesen und dem Gericht überreicht wird (JW. **08** 720 Nr. 20; Gr. **53** 722; W. **09** 412). Auch dürfte es genügen, wenn der Vergleich in Gegenwart der Parteien laut diktiert, von den Parteien genehmigt und dies im Protokoll festgestellt ist. Im übrigen wird ein Verstoß gegen § 41 Abs. 2 gemäß § 295 ZPO. durch Verzicht geheilt (s. hierzu RGZ. **12** 436). Unterschrift der Parteien ist nicht erforderlich.

Über Zwangsvollstreckung aus Vergleichen s. § 57 GGG. Abs. 1 und § 794 Ziff. 1 u. 2 ZPO. Der Vergleich ist kostenlos (§ 58 Nr. 4 GGG.). Bezüglich der Auslagen des Gerichts kommen §§ 98 bzw. 92 Abs. 1 ZPO. zur Anwendung (RGZ. **6** 400).

Neben § 41 GGG. gilt auch § 296 ZPO., welcher lautet:

§ 296 ZPO. Das Gericht kann in jeder Lage des Rechtsstreits die gütliche Beilegung desselben oder einzelner Streitpunkte versuchen oder die Parteien zum Zwecke des Sühneversuchs vor einen beauftragten oder ersuchten Richter verweisen.

Zum Zwecke des Sühneversuchs kann das persönliche Erscheinen der Parteien angeordnet werden. Wird das Erscheinen angeordnet, so finden die Vorschriften des § 141 Abs. 2 Anwendung.

§ 42 GGG. Kommt ein Vergleich nicht zustande, so ist über den Rechtsstreit zu verhandeln. Die Leitung der Verhandlung liegt dem Vorsitzenden ob. Derselbe hat dahin zu wirken, daß die Parteien über alle erheblichen Tatsachen sich vollständig erklären, die Beweismittel für ihre Behauptungen bezeichnen und die sachdienlichen Anträge stellen. Derselbe kann jederzeit[1]) das persönliche Erscheinen der Parteien anordnen und für den Fall des Nichterscheinens eine Geldstrafe bis einhundert Mark androhen. Gegen die Festsetzung der Strafe findet Beschwerde nach den Bestimmungen der Zivilprozeßordnung statt.

Wird die Fortsetzung der Verhandlung in einem weiteren Termine notwendig, insbesondere weil eine erforderliche Beweisaufnahme nicht sofort bewirkt werden kann, so ist der weitere Termin alsbald zu verkünden. Der zur Beweisaufnahme vor dem Gericht anberaumte Termin ist zugleich zur Fortsetzung der Verhandlung bestimmt.

Erscheinen in dem zur Fortsetzung der Verhandlung bestimmten Termine die Parteien oder eine derselben nicht, so finden die Vorschriften der §§ 39, 40 Anwendung, auch wenn eine Beweisaufnahme vorausgegangen war.

Zu Abs. 1: § 42 Abs. 1 ersetzt die Bestimmungen der §§ 136, 139 Abs. 1, 141 Abs. 1, 502 Abs. 1 ZPO. Der Abs. 2 ersetzt § 370 Abs. 1 ZPO. Im übrigen finden die §§ 137 Abs. 1—3, 138, 140, 141 Abs. 2, 142—150 und 156—165, sowie 501 ZPO. entsprechende Anwendung. (Die erwähnten Paragraphen sind hinter den Anmerkungen dieses Paragraphen abgedruckt.)

1) Auch für den Vortermin und den Beweistermin im Sinne des § 43 GGG.; § 141 Abs. 1 ist durch Abs. 1 dieses Paragraphen ersetzt. Die Anordnung des persönlichen Erscheinens der Parteien vor dem ersuchten Richter ist unzulässig (RG. 20. 11. 08, WarnRspr. 09 Nr. 157; JW. 09 21; SeuffA. 64 242).

Die Substituierung einer Freiheitsstrafe darf mangels einer Bestimmung nicht erfolgen.

Beschwerde gegen die Anordnung des persönlichen Erscheinens findet nicht statt (so auch Wilhelmi-Bever S. 227 und Haas, G. S. 109).

Über die Beschwerde gegen Straffestsetzung entscheidet nach §§ 567 ff. ZPO. das Landgericht (§ 55 Abs. 2 GGG.); über die weitere Beschwerde s. § 568 Abs. 2 ZPO.

Zu Abs. 3: Neben einem Versäumnisverfahren kann eine Bestrafung wegen Nichterscheinen nicht erfolgen; a. M. Brenner S. 117. Erscheint trotz Anordnung des persönlichen Erscheinens der Parteien nur deren Prozeßbevollmächtigter, so kann ein Versäumnisurteil nicht ergehen, sondern nur die Strafe erlassen werden. Die Partei hat aber die Nachteile, die sich daraus ergeben können, daß sich ihr Vertreter nicht ordnungsmäßig erklären kann, sowie die Kosten einer dadurch bedingten Vertagung zu tragen.

Eine vorher erfolgte Beweisaufnahme ist bei Erlaß des Versäumnisurteils nicht zu berücksichtigen (s. Anm. zu Abs. 2 § 39 GGG.).

§ 137 ZPO. Die mündliche Verhandlung wird dadurch eingeleitet, daß die Parteien ihre Anträge stellen.

Die Vorträge der Parteien sind in freier Rede zu halten; sie haben das Streitverhältnis in tatsächlicher und rechtlicher Beziehung zu umfassen.

Eine Bezugnahme auf Schriftstücke statt mündlicher Verhandlung ist unzulässig. Die Vorlesung von Schriftstücken findet nur insoweit statt, als es auf den wörtlichen Inhalt derselben ankommt.

In Anwaltsprozessen ist neben dem Anwalt auch der Partei selbst auf Antrag das Wort zu gestatten.

§ 138 ZPO. Jede Partei hat sich über die von dem Gegner behaupteten Tatsachen zu erklären.

Tatsachen, welche nicht ausdrücklich bestritten werden, sind als zugestanden anzusehen, wenn nicht die Absicht, sie bestreiten zu wollen, aus den übrigen Erklärungen der Partei hervorgeht.

Eine Erklärung mit Nichtwissen ist nur über Tatsachen zulässig, welche weder eigene Handlungen der Partei noch Gegenstand ihrer eigenen Wahrnehmung gewesen sind.

§ 140 ZPO. Wird eine auf die Sachleitung bezügliche Anordnung des Vorsitzenden oder eine von dem Vorsitzenden oder einem Gerichtsmitgliede gestellte Frage von einer bei der Verhandlung beteiligten Person als unzulässig beanstandet, so entscheidet das Gericht.

§ 141 ZPO. Das Gericht kann das persönliche Erscheinen einer Partei zur Aufklärung des Sachverhältnisses anordnen.

Wird das Erscheinen angeordnet, so ist die Partei von Amts wegen zu laden. Die Ladung ist der Partei selbst zuzustellen, auch wenn sie einen Prozeßbevollmächtigten bestellt hat.

§ 142 ZPO. Das Gericht kann anordnen, daß eine Partei die in ihren Händen befindlichen Urkunden, auf welche sie sich bezogen hat, sowie Stammbäume, Pläne, Risse und sonstige Zeichnungen vorlege.

Das Gericht kann anordnen, daß die vorgelegten Schriftstücke während einer von ihm zu bestimmenden Zeit auf der Gerichtsschreiberei verbleiben.

Das Gericht kann anordnen, daß von den in fremder Sprache abgefaßten Urkunden eine durch einen beeidigten Dolmetscher angefertigte Übersetzung beigebracht werde.

§ 143 ZPO. Das Gericht kann anordnen, daß die Parteien die in ihrem Besitze befindlichen Akten vorlegen, soweit dieselben aus Schriftstücken bestehen, welche die Verhandlung und Entscheidung der Sache betreffen.

§ 144 ZPO. Das Gericht kann die Einnahme des Augenscheins sowie die Begutachtung durch Sachverständige anordnen.

Das Verfahren richtet sich nach den Vorschriften, welche eine auf Antrag angeordnete Einnahme des Augenscheins oder Begutachtung durch Sachverständige zum Gegenstande haben.

§ 145 ZPO. Das Gericht kann anordnen, daß mehrere in einer Klage erhobene Ansprüche in getrennten Prozessen verhandelt werden.

Dasselbe gilt, wenn der Beklagte eine Widerklage erhoben hat und der Gegenanspruch mit dem in der Klage geltend gemachten Anspruche nicht in rechtlichem Zusammenhange steht.

Macht der Beklagte die Aufrechnung einer Gegenforderung geltend, welche mit der in der Klage geltend gemachten Forderung nicht in rechtlichem Zusammenhange steht, so kann das Gericht anordnen, daß über die Klage und über die Aufrechnung getrennt verhandelt werde; die Vorschriften des § 302 finden Anwendung.

§ 146 ZPO. Das Gericht kann anordnen, daß bei mehreren auf denselben Anspruch sich beziehenden selbständigen

Angriffs- oder Verteidigungsmitteln (Klagegründen, Einreden, Repliken usw.) die Verhandlung zunächst auf eines oder einige dieser Angriffs- oder Verteidigungsmittel zu beschränken sei.

§ 147 ZPO. Das Gericht kann die Verbindung mehrerer bei ihm anhängiger Prozesse derselben oder verschiedener Parteien zum Zwecke der gleichzeitigen Verhandlung und Entscheidung anordnen, wenn die Ansprüche, welche den Gegenstand dieser Prozesse bilden, in rechtlichem Zusammenhange stehen oder in einer Klage hätten geltend gemacht werden können.

§ 148 ZPO. Das Gericht kann, wenn die Entscheidung des Rechtsstreits ganz oder zum Teil von dem Bestehen oder Nichtbestehen eines Rechtsverhältnisses abhängt, welches den Gegenstand eines anderen anhängigen Rechtsstreits bildet oder von einer Verwaltungsbehörde festzustellen ist, anordnen, daß die Verhandlung bis zur Erledigung des anderen Rechtsstreits oder bis zur Entscheidung der Verwaltungsbehörde auszusetzen sei.

§ 149 ZPO. Das Gericht kann, wenn sich im Laufe eines Rechtsstreits der Verdacht einer strafbaren Handlung ergibt, deren Ermittelung auf die Entscheidung von Einfluß ist, die Aussetzung der Verhandlung bis zur Erledigung des Strafverfahrens anordnen.

§ 150 ZPO. Das Gericht kann die von ihm erlassenen, eine Trennung, Verbindung oder Aussetzung betreffenden Anordnungen wieder aufheben.

§ 156 ZPO. Das Gericht kann die Wiedereröffnung einer Verhandlung, welche geschlossen war, anordnen.

§ 157 ZPO. Das Gericht kann Bevollmächtigte und Beistände, welche das mündliche Verhandeln vor Gericht geschäftsmäßig betreiben, zurückweisen.

Das Gericht kann Parteien, Bevollmächtigten und Beiständen, denen die Fähigkeit zum geeigneten Vortrage mangelt, den weiteren Vortrag untersagen. Einer Partei, welche einen ihr abgetretenen Anspruch geltend macht, kann der Vortrag auch untersagt werden, wenn die Partei das mündliche Verhandeln vor Gericht geschäftsmäßig betreibt und ihr nach der Überzeugung des Gerichts der Anspruch abgetreten ist, um eine Zurückweisung auf Grund der Vorschrift des Absatz 1 zu vermeiden.

Eine Anfechtung dieser Anordnungen findet nicht statt.

Die Vorschriften der Abs. 1, 2 finden auf Rechtsanwälte, die Vorschrift des Abs. 1 auf Personen, denen das mündliche Verhandeln vor Gericht durch eine seitens der Justizverwaltung getroffene Anordnung gestattet ist, keine Anwendung. Die Justizverwaltung soll für Gerichte, bei denen zur Vertretung der Parteien durch Rechtsanwälte ausreichende Gelegenheit geboten ist, eine solche Anordnung nicht treffen.

§ 158 ZPO. Ist eine bei der Verhandlung beteiligte Person zur Aufrechthaltung der Ordnung von dem Orte der Verhandlung entfernt worden, so kann auf Antrag gegen sie in gleicher Weise verfahren werden, als wenn sie freiwillig sich entfernt hätte. Dasselbe gilt in den Fällen des vorhergehenden Paragraphen, sofern die Untersagung oder Zurückweisung bereits bei einer früheren Verhandlung geschehen war.

§ 159 ZPO. Über die mündliche Verhandlung vor dem Gerichte ist ein Protokoll aufzunehmen.

Das Protokoll enthält:

1. den Ort und den Tag der Verhandlung;
2. die Namen der Richter, des Gerichtsschreibers und des etwa zugezogenen Dolmetschers;
3. die Bezeichnung des Rechtsstreits;

4. die Namen der erschienenen Parteien, gesetzlichen Vertreter, Bevollmächtigten und Beistände;
5. die Angabe, daß öffentlich verhandelt oder die Öffentlichkeit ausgeschlossen ist.

§ 160 ZPO. Der Gang der Verhandlung ist nur im allgemeinen anzugeben.

Durch Aufnahme in das Protokoll sind festzustellen:

1. die Anerkenntnisse, Verzichtleistungen und Vergleiche, durch welche der geltend gemachte Anspruch ganz oder teilweise erledigt wird;
2. die Anträge und Erklärungen, deren Feststellung vorgeschrieben ist;
3. die Aussagen der Zeugen und Sachverständigen, sofern dieselben früher nicht abgehört waren oder von ihrer früheren Aussage abweichen;
4. das Ergebnis eines Augenscheins;
5. die Entscheidungen (Urteile, Beschlüsse und Verfügungen) des Gerichts, sofern sie nicht dem Protokolle schriftlich beigefügt sind;
6. die Verkündung der Entscheidungen.

Der Aufnahme in das Protokoll steht die Aufnahme in eine Schrift gleich, welche dem Protokolle als Anlage beigefügt und als solche in demselben bezeichnet ist.

§ 161 ZPO. Die Feststellung der Aussagen der Zeugen und Sachverständigen kann unterbleiben, wenn die Vernehmung vor dem Prozeßgericht erfolgt und das Endurteil der Berufung nicht unterliegt. In diesem Falle ist in dem Protokolle nur zu bemerken, daß die Vernehmung stattgefunden habe.

§ 162 ZPO. Das Protokoll ist insoweit, als es die Nr. 1 bis 4 des § 160 betrifft, den Beteiligten vorzulesen oder zur Durchsicht vorzulegen. In dem Protokolle ist zu bemerken, daß dies geschehen und die Genehmigung erfolgt sei oder welche Einwendungen erhoben sind.

§ 163 ZPO. Das Protokoll ist von dem Vorsitzenden und dem Gerichtsschreiber zu unterschreiben.

Ist der Vorsitzende verhindert, so unterschreibt für ihn der älteste beisitzende Richter. Im Falle der Verhinderung des Amtsrichters genügt die Unterschrift des Gerichtsschreibers.

§ 164 ZPO. Die Beobachtung der für die mündliche Verhandlung vorgeschriebenen Förmlichkeiten kann nur durch das Protokoll bewiesen werden. Gegen den diese Förmlichkeiten betreffenden Inhalt desselben ist nur der Nachweis der Fälschung zulässig.

§ 165 ZPO. Zu den Verhandlungen, welche außerhalb der Sitzung vor Amtsrichtern oder vor beauftragten oder ersuchten Richtern stattfinden, ist der Gerichtsschreiber gleichfalls zuzuziehen.

§ 43 GGG. Die Beweisaufnahme erfolgt in der Regel vor dem Gewerbegerichte.[1]) Sie kann nur in den Fällen der §§ 372, 375, 382, 434, 479 der Zivilprozeßordnung[2]) dem Vorsitzenden des Gerichts oder mittels Ersuchens einem Amtsgericht übertragen werden.

Die Beweisaufnahme ist auch dann zu bewirken, wenn die Parteien oder eine derselben in dem für die Beweisaufnahme bestimmten Termine nicht erscheinen.

I. Soweit nicht die §§ 43—46 etwas anderes bestimmen, sind für die Beweisaufnahme die Vorschriften der ZPO. maßgebend. In Frage kommen zunächst die materiellen Vorschriften über den Beweis in den §§ 282—294; sodann die allgemeinen Bestimmungen über die Beweisaufnahme in den §§ 355—370, über Beweis durch Augenschein in den §§ 371 u. 372, über Zeugenbeweis in den §§ 373 bis 401, 414 u. 509 (betr. Ladung und Beeidigung von Zeugen s. § 44 GGG.), über Beweis durch Sachverständige in den §§ 402 bis 413 u. 509 (betr. Ladung und Beeidigung von Sachverständigen s. § 44 GGG.); über Beweis durch Urkunden in den §§ 415—444 u. 501, welcher § 439 Abs. 3 ersetzt; über Beweis durch Eid in den §§ 445—484 (s. hierzu §§ 45 u. 46 GGG.); über Sicherung des Beweises in den §§ 485—494.

1) Das Gewerbegericht bzw. Kaufmannsgericht stellt auch der Vorsitzende dar, welcher gemäß § 54 GGG. ohne Zuziehung von Beisitzern verhandelt. Es könnte vielleicht zweifelhaft sein, ob er die Beweisaufnahme erst dann vornehmen kann, wenn beide Parteien eine Entscheidung beantragt haben. Zu dieser Annahme liegt aber kein Grund vor. Nach § 54 Abs. 4 hat der Vorsitzende Zeugen und Sachverständige für den Verhandlungstermin mit Beisitzern zu laden. Warum sollte er da nicht, z. B. um die Ladung überflüssiger oder solcher Zeugen, welche sich vom Orte des Gerichts zu entfernen gedenken, dieselben vernehmen und ihre Aussagen schriftlich niederlegen lassen können? Dem Prinzip der Sondergerichte bezüglich der Schnelligkeit entspricht es jedenfalls und widerspricht keiner Gesetzesbestimmung; insbesondere nicht Satz 2, welcher nur den besonderen Fall der Beweisaufnahme vor dem beauftragten und ersuchten Richter behandelt (ebenso Prenner S. 118; a. M.: v. Schulz S. 169 und Wilhelmi-Bever S. 231).

2) Ausschließlich in den Fällen der angezogenen Paragraphen kann die Beweisaufnahme durch den beauftragten Vorsitzenden oder das ersuchte Amtsgericht erfolgen, eine andere kommissarische Beweisaufnahme ist ausgeschlossen.

Mitglied des Gerichts im Sinne der angezogenen Paragraphen ist nur der Vorsitzende, nicht die Beisitzer; das in den Paragraphen erwähnte „andere Gericht“ ist nur das Amtsgericht, nicht etwa ein anderes Kaufmannsgericht. Abs. II entspricht dem § 367 Abs. 1 ZPO.

II. Bestimmungen über Beweisaufnahmen im Auslande:

Erl. des Ministers für Handel und Gewerbe v. 10. 8. 01 (HMBl.

S. 194), betr. die im Auslande zu erledigenden Ersuchungsschreiben des Gewerbegerichts.

Erl. des Ministers für Handel und Gewerbe v. 13. 7. 05 (HMBl. S. 234), betr. Abänderung der allgemeinen Vf. des Justizministers v. 20. 5. 87 (JMBl. S. 139) über die im Auslande zu erledigenden Ersuchungsschreiben der Justizbehörden.

Erl. des Ministers für Handel und Gewerbe v. 24. 11. 05 über die im Auslande zu erledigenden Ersuchungsschreiben der Gewerbe- und Kaufmannsgerichte.

Erl. des Ministers für Handel und Gewerbe v. 29. 6. 08 (HMBl. S. 266), betr. Abänderung des § 9 der allgemeinen Vf. des Justizministers v. 29. 5. 05 (JMBl. S. 159) über die Ersuchen nach dem Auslande durch die allgemeine Vf. des Justizministers v. 29. 5. 08 (JMBl. S. 221).

Konsulatsgebührengesetz v. 17. 5. 10 (RGBl. S. 847).

Anw. des Ministers für Handel und Gewerbe v. 11. 7. 10 (III 5982/IIb 7298/I 6236), wonach die allgemeine Vf. des Justizministers v. 29. 5. 05, betr. die im Auslande zu erledigenden Ersuchungsschreiben der Justizbehörden durch die allgemeine Vf. v. 16. 6. 10 (JMBl. S. 189) ersetzt worden ist.

Erl. des Ministers für Handel und Gewerbe v. 17. 7. 11 (III 4834/IIb 5981/I 4856), wonach die allgemeine Vf. des Justizministers v. 16. 6. 10, betr. die Ersuchen nach dem Auslande, soweit sie nicht auf Auslieferung oder Festnahme gerichtet sind, durch die allgemeine Vf. v. 16. 6. 11 geändert und ergänzt worden sind.

Erl. des Ministers für Handel und Gewerbe v. 5. 12. 11 (III 7663/IIb 9706/I 7874), wonach die AllgVf. des Justizministers v. 16. 6. 10 (JMBl. S. 189)/16. 6. 11 (JMBl. S. 247), betr. die Ersuchen nach dem Auslande, soweit sie nicht auf Auslieferung oder Festnahme gerichtet sind, durch die Allg. Vf. v. 2. 11. 11 (JMBl. S. 410) geändert worden ist.

Bek. v. 29. 9. 13, betr. die Orte, an denen sich mit Gerichtsbarkeit ausgestattete oder solche Kaiserliche Konsulatsbeamte befinden, die zur Abhörung von Zeugen oder zur Abnahme von Eiden allgemein ermächtigt sind (JMBl. S. 379).

§ 44 GGG. Beschließt das Gericht die Vernehmung von Zeugen oder Sachverständigen, so sind dieselben, falls sie nicht von den Parteien zur Stelle gebracht sind, zu laden. Von der Ladung der Sachverständigen kann abgesehen werden, wenn schriftliche Begutachtung angeordnet wird.

Die Beeidigung der Zeugen und Sachverständigen erfolgt nur, wenn das Gericht die Beeidigung zur Herbeiführung einer wahrheitsgemäßen Aussage für notwendig erachtet oder wenn eine Partei dieselbe beantragt. Die Bestimmungen, nach welchen die Beeidigung in gewissen Fällen unzulässig ist (Zivilprozeßordnung § 393), bleiben unberührt.

Zu Abs. 1: Abs. 1 entspricht dem § 509 ZPO. Zeugen, welche von den Parteien zur Stelle gebracht sind, aber aus irgend welchen Gründen nicht vernommen werden, haben keinen Anspruch dem Gericht gegenüber auf Entschädigung. Über auswärtige mitgebrachte Zeugen s. W. 1912, 475 § 6. Andrerseits liegt für Zeugen, die die Parteien mitzubringen sich verpflichten, ein Erscheinungszwang nicht vor, und es können die im Gesetz angedrohten Nachteile gegen sie nicht eintreten.

Über Zeugengebühren der Angestellten und die Anwendung des § 616 BGB. s. GewKfmG. **16** 404, SeuffBl. **75** 673; BayZ. **7** 332 (s. auch die PrJustMinVf., GG. 8 274), für Bayern JMBl. **04** 50; für Sachsen: GG. **9** 94.

Über Ladung und Vernehmung von Zeugen und Sachverständigen durch den Vorsitzenden gemäß § 54 GGG. s. § 43 Anm. zu Abs. 1.

Zu Abs. 2: Abs. 2 ersetzt nur § 391 Abs. 1 ZPO. Die Parteien können daher gemäß Abs. 2 dieses Paragraphen auf die Beeidigung verzichten. Da die Vereidigung im übrigen von dem Antrage einer Partei abhängt, kann dieser Verzicht nur in dem Falle beim Kaufmannsgericht praktisch werden, wo das Gericht die Beeidigung für notwendig erachtet. Gegenüber dem ausdrücklichen Verzicht beider Parteien darf eine Anordnung der Beeidigung durch das Gericht nicht erfolgen, da dieses nicht die materielle Wahrheit zu erforschen hat (so auch Wilhelmi-Bever S. 248; v. Schulz S. 171; Haas, G. S. 112; Kulka S. 93, — a. M.: Prenner S. 123). Das Berufungsgericht braucht die Beeidigung nicht vorzunehmen, selbst wenn sie beantragt wird (s. hierzu JW. 95 82 Nr. 2 und 00 310 Nr. 2). Die Beeidigung erfolgt gemäß § 392 ZPO. nur nach der Vernehmung.

§ 45 GGG. Ob die Leistung eines zugeschobenen oder zurückgeschobenen Eides durch bedingtes Urteil oder durch Beweisbeschluß anzuordnen sei, bestimmt das Gericht nach freiem Ermessen.

§ 45 dehnt die Bestimmungen der §§ 460 u. 461 ZPO. bezüglich Anordnung der Leistung eines zugeschobenen oder zurückgeschobenen Eides aus. Das Gericht, d. h. also auch der Vorsitzende, der gemäß § 54 GGG. ohne Zuziehung von Beisitzern verhandelt, ordnen in diesem Falle nach freiem Ermessen die Leistung des Eides durch Beschluß oder bedingtes Endurteil an, ohne Rücksicht auf die Bestimmung des § 461 ZPO., ob die Parteien über die Erheblichkeit und die Norm des Eides einverstanden sind, und der Eid nicht nur zur Erledigung eines Zwischenstreits dient. Handelt es sich dagegen um einen vom Gericht auferlegten Eid (Richterlicher Eid §§ 475 ff.), so kann gemäß § 460 ZPO. auf die Leistung nur durch bedingtes Endurteil erkannt werden.

Ist der Eid durch bedingtes Endurteil auferlegt, so kann die Eidesleistung auf Antrag alsbald nach Erlaß des Urteils erfolgen und das Läuterungsurteil (§ 462 Abs. 2 ZPO.) erlassen werden (RGZ. 13 427). Anderenfalls darf die Eidesleistung erst nach Rechtskraft des bedingten Endurteils stattfinden (§ 460 Abs. 2).

Der Einwand der Unzuständigkeit des Gerichts ist im Läuterungsverfahren nicht mehr zulässig (s. hierzu KG. 29. 2. 12, OLG-Rspr. 25 41; GewKfmG. 17 213); dagegen ein ausdrücklich erklärter Verzicht auf den Klageanspruch (JW. 04 260 Nr. 8). Das Läuterungsurteil ist auch beim Ausbleiben einer Partei kein Versäumnisurteil (RGZ. **14** 345 und OLGRspr. **9** 75).

Wird die Erhebung des Eides durch Beweisbeschluß, obwohl die Voraussetzungen fehlen, nicht in der nächsten Verhandlung gerügt, so tritt nach § 295 ZPO. eine Heilung des Mangels ein (RGZ. 27. 5. 11, **76** 313, 316; JW. 1911, 427).

§ 46 GGG. Erscheint der Schwurpflichtige in dem zur Leistung eines Eides bestimmten Termine nicht, so ist der Eid ohne weiteres[1]) als verweigert anzusehen. Dem Verfahren ist Fortgang zu geben.[2])

Der Schwurpflichtige kann binnen einer Notfrist von drei Tagen nach dem Termine sich zur nachträglichen Leistung des Eides erbieten. Auf ein inzwischen ergangenes Urteil finden die Bestimmungen des § 707 der Zivilprozeßordnung entsprechende Anwendung. Ein solches Urteil ist, wenn der Eid nachträglich geleistet wird, insoweit aufzuheben, als es auf der Annahme der Eidesverweigerung beruht.

Erscheint der Schwurpflichtige auch in dem zur nachträglichen Eidesleistung bestimmten Termine nicht, so findet ein nochmaliges Erbieten zur Eidesleistung nicht statt.

Zu Abs. 1: § 46 ersetzt die §§ 465 u. 466 ZPO.

1) Ohne besonderen Antrag.

2) Von Amts wegen.

Erscheint die schwurpflichtige Partei, erklärt sich aber nicht auf die Frage des Richters, ob sie den Eid leisten wolle, so ist nicht ohne weiteres Verweigerung des Eides anzunehmen (RGZ. **23** 388). Erscheint sie überhaupt nicht, so ist dies gleichbedeutend mit Eidesverweigerung.

Zu Abs. 2: Das Erbieten zur nachträglichen Leistung ist demjenigen Gericht (beauftragten oder ersuchten Richter) — es genügt nicht in allen Fällen dem Kaufmannsgericht — mitzuteilen, dem die Abnahme des Eides oblag. So auch Sydow-Busch Anm. 6 zu § 467 ZPO.

Gegen die unverschuldete Versäumung der Notfrist ist die Wiedereinsetzung in den vorigen Stand gemäß §§ 233 ff. durch Antrag nur an das Kaufmannsgericht zulässig. Über den Antrag entscheidet nur dieses Gericht, auch wenn gemäß § 467 Abs. 2 ZPO. Termin vor dem ersuchten Richter anberaumt war (§ 236 Abs. 2 ZPO.).

Über den Beginn des Laufs der Notfrist s. JW. 02 388, 459; OLGRspr. 5 66 und SeuffBl. 77 403.

§ 47 GGG. Über die Verhandlung vor dem Gewerbegericht ist ein Protokoll aufzunehmen. Dasselbe ist von dem Vorsitzenden und dem Gerichtsschreiber zu unterzeichnen.

§ 47 ist gleichlautend mit §§ 159 Abs. 1 und 163 Abs. 1 ZPO. Daneben behalten die §§ 159 Abs. 2 bis 165 u. 510a ZPO. ihre Gültigkeit. § 161 Satz 1 ist zwar für die Berufungsinstanz geschaffen, man wird ihn aber unbedenklich auf die der Berufung nicht unterliegenden Urteile des Kaufmannsgerichts zur Anwendung bringen können (so auch Prenner S. 127).

Beteiligte im Sinne des § 162 ZPO. sind auch die Parteien (Recht 15 S. 791).

Bei Behinderung des Vorsitzenden das Protokoll zu unterzeichnen, genügt die Unterzeichnung durch den Gerichtsschreiber (§ 163 Abs. 2 Satz 2). Satz 1 kommt für die Kaufmannsgerichte nicht zur Anwendung. Die Unterschrift muß handschriftlich geschehen (RGZ. 46 377).

Gemäß § 164 ZPO. ist gegen das Protokoll nur der Nachweis der Fälschung zulässig. Ein Beweis gegen dasselbe gemäß § 418 ZPO. und eine Anfechtung im Sinne des § 419 durch die Parteien ist daher unzulässig (RGZ. 16 332).

§ 48 GGG. Das Urteil ist in dem Termin, in welchem die Verhandlung geschlossen wird, zu verkünden.[1]) Ist dies nicht ausführbar, so erfolgt die Verkündung in einem sofort anzuberaumenden Termine, welcher nicht über drei Tage hinaus anberaumt werden soll.

Die Wirksamkeit der Verkündung des Urteils ist von der Anwesenheit der Parteien und der Beisitzer nicht abhängig.

§ 48 Abs. 1 ersetzt § 310 Abs. 1 ZPO. Daneben gelten §§ 311 und 312 ZPO., welche lauten.

§ 311 ZPO. Die Verkündung des Urteils erfolgt durch Vorlesung der Urteilsformel. Versäumnisurteile, Urteile, welche auf Grund eines Anerkenntnisses erlassen werden, sowie Urteile, welche die Folge der Zurücknahme der Klage oder des Verzichts auf den Klaganspruch oder welche den Eintritt der in einem bedingten Endurteil ausgedrückten Folgen aussprechen, können verkündet werden, auch wenn die Urteilsformel noch nicht schriftlich abgefaßt ist.

Wird die Verkündung der Entscheidungsgründe für angemessen erachtet, so erfolgt sie durch Vorlesung der Gründe oder durch mündliche Mitteilung des wesentlichen Inhalts.

§ 312 ZPO. Die Wirksamkeit der Verkündung eines Urteils ist von der Anwesenheit der Parteien nicht abhängig. Die Verkündung gilt auch derjenigen Partei gegenüber als bewirkt, welche den Termin versäumt hat.

Die Befugnis einer Partei, auf Grund eines verkündeten Urteils das Verfahren fortzusetzen oder von dem Urteil in anderer Weise Gebrauch zu machen, ist von der Zustellung an den Gegner nicht abhängig, soweit nicht dieses Gesetz ein anderes bestimmt.

Zu Abs. 1: Die Bestimmung in Satz 2 ist nur instruktionell. Nach Ablauf der dreitägigen Frist kann ein neuer Verkündungstermin anberaumt werden.

1) Ausnahme § 467 ZPO. Hier kommt auch nicht die dreitägige Frist des § 48 GGG. zur Anwendung, sondern eine einwöchige.

Zu Abs. 2: Auch nicht von der Anwesenheit des Vorsitzenden, welcher bei Erlaß des Urteils mitgewirkt hat.

§ 49 GGG. Aus dem Urteile müssen ersichtlich sein:

1. die Mitglieder des Gerichts, welche bei der Entscheidung mitgewirkt haben,
2. die Parteien,
3. das Sach- und Streitverhältnis in gedrängter Darstellung nebst den wesentlichen Entscheidungsgründen,
4. der Spruch des Gerichts in der Hauptsache und in betreff der Kosten. Der Betrag der letzteren mit Einschluß einer der obsiegenden Partei etwa zu gewährenden Entschädigung für Zeitversäumnis soll, soweit sie sofort zu ermitteln sind, im Urteile festgestellt werden.

Das Urteil ist von dem Vorsitzenden zu unterzeichnen.

Zu Abs. 1: § 49 ersetzt § 313 Abs. 1 ZPO., hindert aber nicht die Anwendung der dort erlassenen, ausführlicheren Bestimmungen.

Außerdem sind hier zu beachten folgende Vorschriften der ZPO.:

in den §§ 286—294, 308 u. 309 über das Verfahren bis zum Urteil,

in den §§ 300—307 (mit Ausnahme des durch § 50 GGG. ersetzten § 304) über die Arten der Urteile,

in den §§ 313 Abs. 2 bis 315 Abs. 2 u. 3 über die Geltung des § 313 Abs. 3 auch für die Sondergerichte (s. Thiesing, DJZ. 09 1261),

in den §§ 316 u. 317 Abs. 2—4 über Aushang und Ausfertigung,

in den §§ 319—321 über Berichtigung und Ergänzung,

in den §§ 322—327 über die Rechtskraft.

Zu Ziff. 3: Die Darstellung des Sach- und Streitverhältnisses einerseits braucht nicht von derjenigen der Entscheidungsgründe andererseits äußerlich getrennt zu sein.

Zu Ziff. 4: Sind die Kosten nicht sofort bei Erlaß des Urteils zu ermitteln, so erfolgt Kostenfestsetzung auf Grund des gemäß §§ 104 ff. ZPO. bestimmten Verfahrens.

Abs. 2 ersetzt § 315 Abs. 1 ZPO. Bei Behinderung des Vorsitzenden ist hier eine Vertretung nicht möglich. Solange das Urteil noch nicht unterschrieben ist, ist es kein Urteil (s. auch § 317 Abs. 2); a. M.: Haulick, Über die Zwangsvollstreckung auf Grund eines verkündeten aber infolge Verhinderung des Vorsitzenden von diesem weder unterschriebenen noch mit Tatbestand und Gründen versehenen Urteils (BadRpr. 07 157).

§ 50 GGG. Ein über den Grund des Anspruchs vorab entscheidendes Zwischenurteil ist in betreff der Rechtsmittel nicht als Endurteil anzusehen.

Lit.: Moehricke, Das Zwischenurteil über den Grund des Anspruchs (GewKfmG. **14** 334).

§ 50 ersetzt § 304 ZPO.

Dieses Zwischenurteil ist nur mit dem Endurteil zusammen durch Berufung anfechtbar. Die Berufungsfrist beginnt erst mit dem letzteren zu laufen. Sonstige Zwischenurteile, z. B. bezüglich prozeßhindernder Einreden (§§ 275 ff., 504 ZPO.), sind als Endurteile anzusehen.

§ 51 GGG. Erfolgt die Verurteilung auf Vornahme einer Handlung, so ist der Beklagte zugleich auf Antrag des Klägers für den Fall, daß die Handlung nicht binnen einer zu bestimmenden Frist vorgenommen ist, zur Zahlung einer nach dem Ermessen des Gerichts festzusetzenden Entschädigung zu verurteilen.

In diesem Falle ist die Zwangsvollstreckung in Gemäßheit der §§ 887, 888 der Zivilprozeßordnung ausgeschlossen.

Zu Abs. 1: § 51 Abs. 1 ersetzt § 510b ZPO. Nach letzterem kann, nach ersterem ist der Beklagte zur Zahlung einer Entschädigung zu verurteilen. Durch die strengere Fassung des § 51 soll meines Erachtens zum Ausdruck gebracht werden, daß die Anwendung der §§ 887 u. 888 ZPO. (abgedr. hinter den Anm. des Paragraphen) überhaupt ausgeschlossen sein soll (a. M.: Kulka S. 99). Es liegt hier dem Vorsitzenden gemäß § 42 GGG. die Pflicht ob, darauf hinzuwirken, daß sachdienliche Anträge gestellt werden. Wird trotzdem ein solcher Antrag nicht gestellt oder kann das Urteil gemäß § 321 ZPO. nicht mehr ergänzt werden, so bleibt dem Kläger nur die Klage auf Leistung des Interesses aus § 893 ZPO. Der Verbindung der Leistungs- und Ersatzklage aus §§ 51 und 893 stehen die Bestimmungen des § 51 nicht entgegen. Die Anwendbarkeit der §§ 887 u. 888 ZPO. neben dem § 51 ist auch nicht aus den Worten des zweiten Absatzes „in diesem Falle" zu folgern; denn hiermit sollte lediglich der Fall geregelt werden, daß eine Verurteilung auf Vornahme einer Handlung bei Vermeidung der festgesetzten Entschädigung erfolgt ist und daß dann das Urteil nur hinsichtlich der Entschädigung vollstreckbar sein bzw. nur für vorläufig vollstreckbar erklärt werden darf. Aus den Worten ist jedenfalls nicht zu folgern, daß der Kläger nach seiner Wahl den Antrag unterlassen kann und dann die Zwangsvollstreckung gemäß §§ 887 u. 888 ZPO. vornehmen darf.

Die Anwendung des § 889 ZPO. ist durch § 51 nicht ausgeschlossen.

Der Antrag muß dem Gegner zugestellt sein, und gegen die ausgebliebene Partei, der er nicht zugestellt ist, kann insoweit kein Versäumnisurteil erlassen werden (so auch Wilhelmi-Bever S. 274 und Prenner S. 135; s. auch RGZ. 31 404).

Durch die Zahlung der auf Grund des Abs. 1 festgesetzten Entschädigung ist der Anspruch auf Erfüllung zwar ausgeschlossen (OLG. Naumburg 10. 11. 05, OLGRspr. 11 417), nicht aber ein solcher aus § 893 ZPO.

Ist von der Unmöglichkeit der Erfüllung der urteilsmäßigen Verpflichtung auszugehen, dann darf der Gegner Schadensersatz fordern, ohne vorgängige Versuche zur Durchführung des Erfüllungsanspruchs im Vollstreckungsverfahren (RG. 12. 6. 12 bei W. 1912, 392).

Zu Abs. 2: Abs. 2 ersetzt § 888a. Wird dennoch eine Zwangsvollstreckung gemäß §§ 887, 888 ZPO. angeordnet, so findet gemäß § 793 ZPO. sofortige Beschwerde statt.

§ 787 ZPO. Soll durch die Zwangsvollstreckung ein Recht an einem Grundstücke, das von dem bisherigen Eigentümer nach § 928 des Bürgerlichen Gesetzbuchs aufgegeben und von dem Aneignungsberechtigten noch nicht erworben worden ist, geltend gemacht werden, so hat das Vollstreckungsgericht auf Antrag einen Vertreter zu bestellen, dem bis zur Eintragung eines neuen Eigentümers die Wahrnehmung der sich aus dem Eigentum ergebenden Rechte und Verpflichtungen im Zwangsvollstreckungsverfahren obliegt.

§ 788 ZPO. Die Kosten der Zwangsvollstreckung fallen, soweit sie notwendig waren (§ 91), dem Schuldner zur Last; sie sind zugleich mit dem zur Zwangsvollstreckung stehenden Anspruche beizutreiben. Als Kosten der Zwangsvollstreckung gelten auch die Kosten der Ausfertigung und der Zustellung des Urteils.

Die Kosten der Zwangsvollstreckung sind dem Schuldner zu erstatten, wenn das Urteil, aus welchem dieselbe erfolgt ist, aufgehoben wird.

§ 52 GGG. Die Verpflichtung der unterliegenden Partei, die Kosten des Rechtsstreits zu tragen, erstreckt sich auf die Erstattung der dem Gegner[1]) durch die Zuziehung eines Prozeßbevollmächtigten oder Beistandes entstandenen Auslagen nur unter der Voraussetzung, daß die Zuziehung durch besondere Umstände gerechtfertigt war, und nur in Ansehung des Betrags, welchen das Gericht [2]) für angemessen erachtet.

§ 52 ersetzt § 91 Abs. 2 ZPO Daneben finden die §§ 91—96 und 98 bis 107 ZPO. entsprechende Anwendung, welche lauten:

§ 91 ZPO. Die unterliegende Partei hat die Kosten des Rechtsstreits zu tragen, insbesondere die dem Gegner erwachsenen Kosten zu erstatten, soweit dieselben zur zweckentsprechenden Rechtsverfolgung oder Rechtsverteidigung notwendig waren. Die Kostenerstattung umfaßt auch die Entschädigung des Gegners für die durch notwendige Reisen oder durch die notwendige Wahrnehmung von Terminen entstandene Zeitversäumnis; die für die Entschädigung von Zeugen geltenden Vorschriften finden entsprechende Anwendung.

Die Gebühren und Auslagen des Rechtsanwalts der obsiegenden Partei sind in allen Prozessen zu erstatten, Reisekosten eines auswärtigen Rechtsanwalts jedoch nur insoweit, als die Zuziehung zur zweckentsprechenden Rechtsverfolgung oder Rechtsverteidigung notwendig war. Die Kosten mehrerer Rechtsanwälte sind nur insoweit zu erstatten, als sie die Kosten eines Rechtsanwalts nicht übersteigen, oder als in der Person des Rechtsanwalts ein Wechsel eintreten mußte.

§ 92 ZPO. Wenn jede Partei teils obsiegt, teils unterliegt, so sind die Kosten gegeneinander aufzuheben oder verhältnismäßig zu teilen. Sind die Kosten gegeneinander aufgehoben, so fallen die Gerichtskosten jeder Partei zur Hälfte zur Last.

Das Gericht kann der einen Partei die gesamten Prozeßkosten auferlegen, wenn die Zuvielforderung der anderen Partei eine verhältnismäßig geringfügige war und keine besonderen Kosten veranlaßt hat, oder wenn der Betrag der Forderung der anderen Partei von der Festsetzung durch richterliches Ermessen, von der Ausmittelung durch Sachverständige oder von einer gegenseitigen Berechnung abhängig war.

§ 93 ZPO. Hat der Beklagte nicht durch sein Verhalten zur Erhebung der Klage Veranlassung gegeben, so fallen dem Kläger die Prozeßkosten zur Last, wenn der Beklagte den Anspruch sofort anerkennt.

§ 94 ZPO. Macht der Kläger einen auf ihn übergegangenen Anspruch geltend, ohne daß er vor der Erhebung der Klage dem Beklagten den Übergang mitgeteilt und auf Verlangen nachgewiesen hat, so fallen ihm die Prozeßkosten insoweit zur Last, als sie dadurch entstanden sind, daß der Beklagte durch die Unterlassung der Mitteilung oder des Nachweises veranlaßt worden ist, den Anspruch zu bestreiten.

§ 95 ZPO. Die Partei, welche einen Termin oder eine Frist versäumt, oder die Verlegung eines Termins, die Vertagung einer Verhandlung, die Anberaumung eines Termins zur Fortsetzung der Verhandlung oder die Verlängerung einer Frist durch ihr Verschulden veranlaßt, hat die dadurch verursachten Kosten zu tragen.

§ 96 ZPO. Die Kosten eines ohne Erfolg gebliebenen Angriffs- oder Verteidigungsmittels können der Partei auferlegt werden, welche dasselbe geltend gemacht hat, auch wenn sie in der Hauptsache obsiegt.

§ 98 ZPO. Die Kosten eines abgeschlossenen Vergleichs sind als gegeneinander aufgehoben anzusehen, wenn nicht die Parteien ein anderes vereinbart haben. Dasselbe gilt von den Kosten des durch Vergleich erledigten Rechtsstreits, soweit nicht über dieselben bereits rechtskräftig erkannt ist.

§ 99 ZPO. Die Anfechtung der Entscheidung über den Kostenpunkt ist unzulässig, wenn nicht gegen die Entscheidung in der Hauptsache ein Rechtsmittel eingelegt wird.

Ist die Hauptsache durch eine auf Grund eines Anerkenntnisses ausgesprochene Verurteilung erledigt, so kann die Entscheidung über den Kostenpunkt selbständig angefochten werden.

Ist eine Entscheidung in der Hauptsache nicht ergangen, so findet gegen die Entscheidung über den Kostenpunkt sofortige Beschwerde statt. Vor der Entscheidung über die Beschwerde ist der Gegner zu hören.

§ 100 ZPO. Besteht der unterliegende Teil aus mehreren Personen, so haften dieselben für die Kostenerstattung nach Kopfteilen.

Bei einer erheblichen Verschiedenheit der Beteiligung am Rechtsstreite kann nach dem Ermessen des Gerichts die Beteiligung zum Maßstabe genommen werden.

Hat ein Streitgenosse ein besonderes Angriffs- oder Verteidigungsmittel geltend gemacht, so sind die übrigen Streitgenossen für die durch dasselbe veranlaßten Kosten nicht verhaftet.

Werden mehrere Beklagte als Gesamtschuldner verurteilt, so haften sie auch für die Kostenerstattung, unbeschadet der Vorschrift des Abs. 3, als Gesamtschuldner. Die Vorschriften des bürgerlichen Rechts, nach denen sich diese Haftung auf die im Abs. 3 bezeichneten Kosten erstreckt, bleiben unberührt.

§ 101 ZPO. Die durch eine Nebenintervention verursachten Kosten sind dem Gegner der Hauptpartei aufzuerlegen, soweit derselbe nach den Bestimmungen der §§ 91—98 die Kosten des Rechtsstreits zu tragen hat; soweit dies nicht der Fall ist, sind sie dem Nebenintervenienten aufzuerlegen.

Gilt der Nebenintervenient als Streitgenosse der Hauptpartei (§ 69), so sind die Vorschriften des § 100 maßgebend.

§ 102 ZPO. Gerichtsschreiber, gesetzliche Vertreter, Rechtsanwälte und andere Bevollmächtigte sowie Gerichtsvollzieher können durch das Prozeßgericht auch von Amts wegen zur Tragung derjenigen Kosten verurteilt werden, welche sie durch grobes Verschulden veranlaßt haben.

Die Entscheidung kann ohne mündliche Verhandlung erfolgen. Vor der Entscheidung ist der Beteiligte zu hören.

Gegen die Entscheidung findet sofortige Beschwerde statt.

§ 103 ZPO. Der Anspruch auf Erstattung der Prozeßkosten kann nur auf Grund eines zur Zwangsvollstreckung geeigneten Titels geltend gemacht werden.

Das Gesuch um Festsetzung des zu erstattenden Betrags ist bei dem Gerichtsschreiber des Gerichts erster Instanz anzubringen. Die Kostenberechnung, die zur Mitteilung an den Gegner bestimmte Abschrift derselben und die zur Rechtfertigung der einzelnen Ansätze dienenden Belege sind beizufügen.

§ 104 ZPO. Die Entscheidung über das Festsetzungsgesuch erfolgt durch den Gerichtsschreiber. Sie ist den Parteien von Amts wegen zuzustellen, dem Gegner des Antragstellers unter Beifügung der Abschrift der Kostenberechnung.

Zur Berücksichtigung eines Ansatzes genügt, daß dieser glaubhaft gemacht ist.

Über Erinnerungen gegen den Festsetzungsbeschluß entscheidet das Gericht, dessen Gerichtsschreiber den Beschluß erlassen hat. Die Erinnerungen sind binnen einer Notfrist von zwei Wochen, welche mit der Zustellung des Beschlusses beginnt, zu erheben. Die Entscheidung kann ohne vorgängige mündliche Verhandlung erfolgen. Das Gericht kann vor der Entscheidung anordnen, daß die Vollstreckung des Festsetzungsbeschlusses auszusetzen sei. Gegen die Entscheidung des Gerichts findet sofortige Beschwerde statt.

§ 105 ZPO. Der Festsetzungsbeschluß kann auf das Urteil und die Ausfertigungen gesetzt werden, sofern bei der Anbringung des Gesuchs eine Ausfertigung des Urteils noch nicht erteilt ist und eine Verzögerung der Ausfertigung nicht eintritt. Eine besondere Ausfertigung und Zustellung des Festsetzungsbeschlusses findet in diesem Falle nicht statt. Den Parteien ist der festgesetzte Betrag mitzuteilen, dem Gegner des Antragstellers unter Beifügung der Abschrift der Kostenberechnung. Die Verbindung des Festsetzungsbeschlusses mit dem Urteile soll unterbleiben, sofern dem Festsetzungsgesuch auch nur teilweise nicht entsprochen wird.

Der Anbringung eines Festsetzungsgesuchs bedarf es nicht, wenn die Partei vor der Verkündung des Urteils die Berechnung ihrer Kosten eingereicht hat; in diesem Falle ist die dem Gegner mitzuteilende Abschrift der Kostenberechnung von Amts wegen anzufertigen.

§ 106 ZPO. Sind die Prozeßkosten ganz oder teilweise nach Quoten verteilt, so hat in den in erster Instanz vor einem Landgerichte verhandelten Sachen die Partei den Gegner vor Anbringung des Festsetzungsgesuchs aufzufordern, die Berechnung seiner Kosten binnen einer einwöchigen Frist bei dem Gerichtsschreiber einzureichen. In den in erster Instanz vor einem Amtsgerichte verhandelten Sachen ist die Aufforderung nach Anbringung eines Festsetzungsgesuchs von dem Gerichtsschreiber zu erlassen. Die Vorschriften des § 105 finden keine Anwendung.

Nach fruchtlosem Ablaufe der einwöchigen Frist erfolgt die Entscheidung ohne Rücksicht auf die Kosten des Gegners, unbeschadet des Rechtes des letzteren, den Anspruch auf Erstattung nachträglich geltend zu machen. Der Gegner haftet für die Mehrkosten, welche durch das nachträgliche Verfahren entstehen.

§ 107 ZPO. Ergeht nach der Kostenfestsetzung eine Entscheidung, durch welche der Wert des Streitgegenstandes festgesetzt wird, so ist, falls diese Entscheidung von der Wertsberechnung abweicht, welche der Kostenfestsetzung zugrunde liegt, auf Antrag die Kostenfestsetzung entsprechend abzuändern. Über den Antrag entscheidet der Gerichtsschreiber des Gerichts erster Instanz.

Der Antrag ist binnen der Frist von einem Monate bei dem Gerichtsschreiber anzubringen. Die Frist beginnt mit der Zustellung und, wenn es einer solchen nicht bedarf, mit der Verkündung des den Wert des Streitgegenstandes festsetzenden Beschlusses.

Die Vorschriften des § 104 Abs. 3 finden Anwendung.

1) Der gesetzliche Vertreter kann Erstattung seiner Kosten und Auslagen nur auf Grund des § 91 ZPO. verlangen.

Rechtsanwälte, die als Konkursverwalter oder Vormünder vor dem Kaufmannsgericht auftreten, können nicht Gebühren gemäß § 7 d. RAGebO. verlangen (SeuffBl. 73 221).

2) Das Gericht wird hier durch den Gerichtsschreiber vertreten (§ 104 ZPO.).

§ 53 GGG. Die nicht auf Grund einer mündlichen Verhandlung ergehenden Beschlüsse und Verfügungen werden, soweit nicht ein anderes bestimmt ist, von dem Vorsitzenden allein erlassen.

Im übrigen sind für die Befugnisse des Vorsitzenden

und der Beisitzer die Vorschriften über das landgerichtliche Verfahren maßgebend.

In bezug auf die Beratung und Abstimmung finden die Vorschriften der §§ 194 bis 200 des Gerichtsverfassungsgesetzes entsprechende Anwendung.

Zu Abs. 1 s. Wilhelmi-Bewer S. 278 u. 279.

Zu Abs. 2 sind a) bezüglich des Vorsitzenden die §§ 136, 139, 140, 396, 402 ZPO. sowie §§ 42 u. 54 GGG.,

b) der Beisitzer die §§ 139 Abs. 3, 140 ff., 501, 504 ZPO. zu beachten.

Über die Anwendung des § 140 ZPO. ist a. M.: Wilhelmi-Bewer S. 280.

Zu Abs. 3: Der gleichzeitigen Beratung mehrerer vorher verhandelter Sachen steht eine gesetzliche Bestimmung nicht entgegen und ist daher zulässig. Die Zulässigkeit folgt aber auch schon daraus, daß Urteile mehrerer Sachen zweifellos gleichzeitig verkündet werden können (ebenso Bescheid des Oberpräsidenten von Berlin v. 30. 4. 13 auf eine Beschwerde, OP. 80 78; — a. M.: v. Schulz S. 180 und Prenner S. 139 aber ohne Begründung).

§ 54 GGG. In dem ersten auf die Klage angesetzten Termine kann die Zuziehung der Beisitzer unterbleiben.

Erscheint in dem Termine nur eine der Parteien, so erläßt auf Antrag derselben der Vorsitzende das Versäumnisurteil.

Erscheinen beide Parteien, so hat der Vorsitzende einen Sühneversuch vorzunehmen. Kommt ein Vergleich zustande, so ist derselbe in Gemäßheit des § 41 Abs. 2 im Protokolle festzustellen. Das gleiche gilt, wenn die Klage zurückgenommen oder wenn auf den Klageanspruch verzichtet oder wenn derselbe anerkannt wird; in diesen Fällen hat, sofern beantragt wird, die Rechtsfolgen durch Urteil auszusprechen, der Vorsitzende das Urteil zu erlassen.

Bleibt die Sache in dem Termine streitig, so hat der Vorsitzende die Entscheidung zu erlassen, wenn dieselbe sofort erfolgen kann und beide Parteien sie beantragen. Anderenfalls ist ein neuer Verhandlungstermin, zu welchem die Beisitzer zuzuziehen sind, anzusetzen und sofort zu verkünden. Zeugen und Sachverständige, deren Vernehmung der Vorsitzende für erforderlich erachtet, sind zu diesem Termine zu laden.

Zu Abs. 1: Als erster Termin ist derjenige anzusehen, in welchem zum ersten Male wirklich verhandelt und das Sachverhältnis erörtert wird. Auch bei Verlegung des Termins vor Eintritt in die Verhandlung hat der neue anberaumte Termin ebenfalls als „erster" im Sinne dieses Paragraphen zu gelten. Auch der auf den Einspruch gegen ein Versäumnisurteil angesetzte ist „erster Termin". Anders ist es aber, wenn vor Erlaß des Versäumnisurteils bereits einmal verhandelt war, in diesem Fall sind zu jeder weiteren Verhandlung Beisitzer zuzuziehen.

Die Zuziehung von Beisitzern kann erfolgen, d. h. wenn es nicht statutarisch bestimmt ist, liegt es im Ermessen des Vorsitzenden abgesehen hiervon kann das Gericht gemäß § 296 ZPO. in jeder Lage des Rechtsstreits einen Sühnetermin vor dem hierzu beauftragten Vorsitzenden allein festsetzen.

Zu Abs. 2: Wenn die Voraussetzungen hierfür vorliegen (§§ 39 ff. GGG.).

Zu Abs. 4: Die Entscheidung des Vorsitzenden ist in diesem Falle die Entscheidung des Kaufmannsgerichts, auch hinsichtlich der Rechtsmittel. Der Entscheidung kann auch eine Beweisaufnahme voraufgehen (s. § 43 Anm. 1); jede Art der Entscheidung ist zulässig, sofern diese nur sogleich erfolgen kann (so auch Haas, G. S. 124 u. 125), z. B. auch über die Zuständigkeit (GewKfmG. **17** 186). Prenner (S. 141) verlangt einen gemeinsamen förmlichen Antrag der Parteien, meines Erachtens genügt die Zustimmung zu dem Antrage der einen Partei oder beider Parteien auf eine diesbezügliche Frage des Vorsitzenden (so auch Wilhelmi-Bever S. 285).

§ 55 GGG. In den vor die Gewerbegerichte gehörigen Rechtsstreitigkeiten finden die Rechtsmittel statt, welche in den zur Zuständigkeit der Amtsgerichte gehörigen bürgerlichen Rechtsstreitigkeiten zulässig sind. Die Berufung ist jedoch nur zulässig, wenn der Wert des Streitgegenstandes, den Betrag von einhundert Mark übersteigt. Entscheidungen über die Festsetzung der Kosten einschließlich der gemäß § 52 ergangenen sind nicht anfechtbar.

Als Berufungs- und Beschwerdegericht ist das Landgericht, in dessen Bezirke das Gewerbegericht seinen Sitz hat, zuständig.

Ist für das Rechtsmittel gegen eine Entscheidung des Gewerbegerichts eine Notfrist bestimmt, so beginnt diese für jede Partei mit der an sie bewirkten Zustellung und, sofern auf die Zustellung verzichtet war (§ 32 Abs. 2), mit der Verkündung der Entscheidung. Im übrigen richtet sich die Einlegung des Rechtsmittels und das Verfahren in der Rechtsmittelinstanz nach den Vorschriften der Zivilprozeßordnung.[1]) Die Bestimmung im § 569 Abs. 2 der Zivilprozeßordnung über die Einlegung der Beschwerde in den bei einem Amtsgericht anhängigen oder anhängig gewesenen Sachen findet entsprechende Anwendung.

Zu Abs. 1: Als Rechtsmittel kommen nur die Berufung und die Beschwerde in Betracht. Revision ist ausgeschlossen, dagegen ist weitere Beschwerde zulässig.

In Abänderung des Abs. 1 bestimmt § 16 KGG., daß die Berufung gegen Urteile des Kaufmannsgerichts nur zulässig ist, wenn der Wert des Streitgegenstandes den Betrag von 300 ℳ übersteigt. Bestritten ist, welcher Zeitpunkt für die Berechnung des Wertes von Bedeutung ist. Von einer Minderheit wird die Ansicht vertreten, daß hierfür gemäß § 4 ZPO. der Zeitpunkt der Erhebung der Klage maßgebend sei und daß der auf diesen Augenblick berechnete Wert des Streitgegenstandes die Zulässigkeit der Berufung ohne Rücksicht auf Veränderungen bestimme (so LG. Leipzig 23. 6. 06, SächsArchR. **07** 257).

Dem ist entgegenzuhalten, daß § 4 ZPO. bei der Festsetzung des Streitgegenstandes im Zeitpunkt der Erhebung der Klage lediglich den Zweck der Bestimmung der Zuständigkeit im Auge hat (§ 2 ZPO.) und nur Änderungen des Wertes desselben, soweit sie nicht durch die Parteien oder das Gericht absichtlich hervorgerufen werden, unberücksichtigt lassen will. § 55 GGG. bringt aber den Wert des Streitgegenstandes mit der Berufung in Verbindung, daher kann nur die Zeit der Berufung für die Berechnung in Frage kommen. Ein Grund dafür, eine spätere Zeit als die Verkündung des anzufechtenden Urteils anzunehmen, liegt nicht vor. Die Absicht der Sondergesetzgebung geht gerade dahin, Entscheidungen über höhere Werte der Nachprüfung durch die Berufung zu unterwerfen. Im bewußten Gegensatz zu § 546 ZPO. bezüglich der Revision wird hier die Berufungsfähigkeit nicht von der Höhe des Beschwerde- sondern des Streitgegenstandes abhängig gemacht. Daher ist als Streitgegenstand im Sinne des vorliegenden Paragraphen der unmittelbare Gegenstand der Entscheidung zur Zeit der Verkündung derselben anzusehen (der gleichen Ansicht sind: LG. Magdeburg 24. 3. 11, GewKfmG. **17** 68; KG. 23. 1. 07, OLGRspr. **15** 1; LG. Berlin 31. 5. 07, KGBl. **07** 83; LG. Leipzig 22. 2. 07, SächsArchR. **07** 258).

Nicht notwendig ist, daß dieser Gegenstand der Entscheidung seinem ganzen Umfange nach zwischen den Parteien strittig gewesen ist (so LG. Duisburg 17. 11. 04, GG. **10** 165). Auch wenn ein Teil des Klageanspruches anerkannt, vom Urteil aber mitumfaßt wurde und der anerkannte und strittige Teil nur zusammen den Betrag von 300 ℳ übersteigen, ist die Berufung zulässig. Andererseits fällt die Berufungsfähigkeit, wenn vor Erlaß des Urteils der Klagegegenstand durch Ermäßigung, Trennung usw. auf den Wert von 300 ℳ oder darunter sinkt. Die Werte mehrerer Teilurteile werden nicht zusammengerechnet; ebensowenig diejenigen der Klage und Widerklage, sofern sie denselben Streitgegenstand betreffen. Die Bestimmung des § 5 ZPO. ist lediglich für die Feststellung der Gerichtszuständigkeit von Bedeutung (so RGZ. **7** 385, 388; **46** 398; Gr. **32** 1170; JW. **09** 727 Nr. 24, wo die gleichen Grundsätze auch für die Berechnung der Revisionssumme aufgestellt werden; s. auch Gaupp-Stein § 546 Anm. V 2).

Der Wert des Streitgegenstandes wird nach § 3 ZPO. von dem Gericht ev. auch vom Vorsitzenden allein nach freiem Ermessen unter Beobachtung der §§ 4 ff. ZPO. festgesetzt. Dies kann durch Urteil oder durch besonderen Beschluß geschehen. Gegen den letzteren findet die einfache Beschwerde statt, gegen ersteres kann nur mit der Berufung vorgegangen werden, nach deren Einlegung das Landgericht auch die Berechnung des Streitgegenstandes nachzuprüfen hat (ebenso Gaupp-Stein bezüglich der Revisionsinstanz; § 546 Anm. IV und die dort angegebenen Entscheidungen des Reichsgerichts).

Einer Festsetzung des Streitgegenstandes bedarf es nur, wenn Gegenstand der Entscheidung nicht direkt oder eventualiter eine bestimmte Geldsumme darstellt, wie z. B. bei einer Klage auf Ausstellung oder Abänderung eines Zeugnisses (s. RG. 27. 5. 02, JW. **02** 362 Nr. 16).

Die Zulässigkeit der Beschwerde ist von einem bestimmten Streitgegenstande nicht abhängig.

Entscheidungen über Festsetzung der Kosten, sei es gemäß § 49 Ziff. 4 durch Urteil oder gemäß §§ 104 ff. ZPO. durch Beschluß, sind nicht anfechtbar. Unberührt von dieser Bestimmung bleiben Entscheidungen über die Kostentragung überhaupt (s. hierzu § 99 ZPO.).

Zu Abs. 2: Nur über Beschwerden gegen Ordnungsstrafen gegen Parteien, Zeugen usw. wegen Ungebühr auf Grund des § 179 GVG., oder wegen verweigerter Rechtshilfe (§ 160 GVG.) hat das Oberlandesgericht zu entscheiden.

Zu Abs. 3: Notfristen sind nur diejenigen Fristen, welche als solche bezeichnet werden (§ 223 Abs. 3 ZPO.). Die Einhaltung dieser Fristen ist von Amts wegen zu prüfen (§ 535 ZPO.).

Sie bleiben unberührt von Parteivereinbarungen (§ 224 Abs. 1 ZPO.).

1) §§ 511—544 ZPO. bezüglich der Berufung und §§ 567—577 ZPO. bezüglich der Beschwerde. Die Einlegung der Berufung kann nur durch einen Rechtsanwalt geschehen (§ 78 ZPO.). Für die Einlegung der Beschwerde besteht kein Anwaltszwang.

§ 569 Abs. 2 ZPO. lautet:

§ 569 ZPO. Die Beschwerde wird bei dem Gericht eingelegt, von welchem oder von dessen Vorsitzenden die angefochtene Entscheidung erlassen ist; sie kann in dringenden Fällen auch bei dem Beschwerdegericht eingelegt werden.

Die Einlegung erfolgt durch Einreichung einer Beschwerdeschrift. Die Einlegung kann auch durch Erklärung zum Protokolle des Gerichtsschreibers erfolgen, wenn der Rechtsstreit bei einem Amtsgericht anhängig ist oder anhängig war, wenn die Beschwerde das Armenrecht betrifft oder von einem Zeugen oder Sachverständigen erhoben wird.

Bezüglich der geschäftlichen Behandlung der gegen Entscheidungen der Kaufmannsgerichte eingelegten Rechtsmittel s. Allg. Vf. des Justizministers v. 11. 4. 92 (JMBl. S. 146).

§ 56 GGG. Die Anfechtung einer Entscheidung des Gewerbegerichts kann auf Mängel des Verfahrens bei der Wahl der Beisitzer[1]) oder auf Umstände, welche die Wählbarkeit eines Beisitzers[1]) zu dem von ihm bekleideten Amte nach Maßgabe dieses Gesetzes ausschließen, nicht gestützt werden. Diese Vorschrift findet keine Anwendung, wenn die Anfechtung darauf gestützt wird, daß ein Beisitzer zu den im § 11 Abs. 2 bezeichneten Personen gehöre.

Durch diese Bestimmung wird die Begründung der Rechtsmittel und der Nichtigkeitsklage eingeschränkt, insofern dieselben nicht auf

Mängel des Verfahrens bei der Wahl der Beisitzer oder auf Mißstände, welche die Wählbarkeit der Beisitzer ausschließen (§§ 12—15 KGG. und §§ 15, 17, 21 Abs. 1 GGG.) gestützt werden können. Eine Ausnahme von dieser Ausnahmeregel ist nur zulässig, wenn die Anfechtung auf Verletzung des § 10 KGG. (tritt an Stelle des § 11 GGG.) gegründet wird. Wenn auch in der eingeschränkten Weise den Parteien die Nachprüfung der Wahl entzogen ist, so gilt dies nicht für die Nachprüfung durch das Berufungsgericht auf Grund des § 539 ZPO., da in diesem Falle der Mangel nicht von den Parteien ausdrücklich gerügt zu werden braucht, sondern von Amts wegen zu berücksichtigen ist (so auch Gaupp-Stein, Anm. II[3] zu § 539 ZPO.).

1) Die Bestimmung gilt nach dem Wortlaut nur für Beisitzer (a. M.: Haas, G. S. 130 ohne Begründung), der sie auch auf den Vorsitzenden und dessen Stellvertreter ausdehnen will.

§ 57 GGG. Aus den Endurteilen der Gewerbegerichte, welche rechtskräftig oder für vorläufig vollstreckbar erklärt sind, sowie aus den Vergleichen, welche nach Erhebung der Klage vor dem Gewerbegerichte geschlossen sind, findet die Zwangsvollstreckung statt.

Die der Berufung oder dem Einspruch unterliegenden Urteile sind von Amts wegen für vorläufig vollstreckbar zu erklären, wenn sie die in Nr. 1 des § 4 bezeichneten Streitigkeiten betreffen oder der Gegenstand der Verurteilung an Geld oder Geldeswert die Summe von dreihundert Mark nicht übersteigt.

Die vorläufige Vollstreckbarkeit ist nicht auszusprechen, wenn glaubhaft gemacht wird, daß die Vollstreckung dem Schuldner einen nicht zu ersetzenden Nachteil bringen würde; auch kann sie von einer vorgängigen Sicherheitsleistung abhängig gemacht werden.

Im übrigen finden auf die Zwangsvollstreckung sowie

auf den Arrest und die einstweiligen Verfügungen die Vorschriften im achten Buche der Zivilprozeßordnung Anwendung. Die für den Beginn der Zwangsvollstreckung erforderlichen Zustellungen (§§ 750, 751, 798 der Zivilprozeßordnung) sind, soweit sie nicht bereits vorher erfolgt sind, auf Antrag des Gläubigers durch das Gewerbegericht zu bewirken.

Haulick, Über die Zwangsvollstreckung auf Grund eines verkündeten, aber infolge Verhinderung des Vorsitzenden von diesem weder unterschriebenen noch mit Tatbestand und Gründen versehenen Urteils (BadRpr. 07 157); Leberecht, Über Vollstreckbarkeit deutscher Vollstreckungstitel in Österreich (BayZ. 7 360).

Zu Abs. 1: § 57 Abs. 1 ersetzt §§ 704 Abs. 1 u. 794 Ziff. 1 ZPO. Über Endurteil s. ZPO. §§ 300, 301, 302 Abs. 3, 304 (Ausnahme § 50 GGG.) u. 511 ZPO. Rechtskräftig bedeutet hier in formeller Beziehung (§§ 705 u. 706 ZPO.) gegenüber der materiellen Rechtskraft (§ 322 ZPO.). Über vorläufige Vollstreckbarkeit s. Anm. zu Abs. 2 u. 3.

Über Vollstreckung ausländischer Urteile (§§ 722 ff. ZPO.) s. die zutreffenden Ausführungen bei Haas, G. S. 133.

Der Begriff des Vergleichs wird nach bürgerlichem Recht bestimmt. Nicht erforderlich ist, daß er sich auf den Streitgegenstand oder auf Ansprüche beschränkt, die zur Zuständigkeit des Kaufmannsgerichts gehören. § 794 Ziff. 1 gilt auch hier insoweit als Dritte an dem Vergleich beteiligt werden. Er kann auch über Rechtsstreite erfolgen, die zu der gleichen Zeit bei andern Gerichten anhängig sind. Es handelt sich hier aber nur um Prozeßvergleiche, da die Erhebung der Klage Voraussetzung für die Vollstreckbarkeit ist. Über die Form des Vergleichs s. § 41 Anm. zu Abs. 1 u. 2 GGG.

Zu Abs. 2: Über Berufung s. Anm. zu § 55 GGG. Über Einspruch s. Anm. zu §§ 39 u. 42 GGG. Vorläufig vollstreckbar, d. h. vor Eintritt der Rechtskraft. Eine Ausnahme bildet das bedingte Endurteil, welches niemals für vorläufig vollstreckbar erklärt werden kann (§ 462 Abs. 3). Die vorläufige Vollstreckbarkeitserklärung hat zu erfolgen:

a) Von Amts wegen:

1. wenn das Urteil die im § 5 Nr. 1 KGG. bezeichneten Streitigkeiten betreffen, ohne Rücksicht auf den Wert des Streitgegenstandes,
2. wenn das Urteil die im § 708 ZPO. Ziff. 1—6 erwähnten Fälle betrifft, ohne Rücksicht auf den Wert des Streitgegenstandes;
3. wenn der Gegenstand der Verurteilung an Geld oder Geldeswert die Summe von 300 ℳ nicht übersteigt;

§ 708 ZPO. lautet:

Gleichgültig ist hierbei die Höhe des Streitgegenstandes. Wird also z. B. Klage auf Zahlung von 350 ℳ erhoben, und es erfolgt Verurteilung in Höhe von 250 ℳ und Klageabweisung in Höhe von 100 ℳ, so ist das Urteil von Amts wegen soweit Verurteilung geschah (250 ℳ), für vorläufig vollstreckbar zu erklären. Für die Berechnung des Gegenstandes der Verurteilung sind §§ 3 ff. ZPO. maßgebend.

Aus der Fassung des letzten Satzes Abs. 3 gegenüber derjenigen des § 713 ZPO. ist zu folgern, daß die vorläufige Vollstreckbarkeit auch von Amts wegen von einer vorgängigen Sicherheitsleistung abhängig gemacht werden kann, ohne daß es eines Antrags bedarf (ebenso Wilhelmi-Bever S. 315).

b) Im übrigen, d. h. soweit es nicht von Amts wegen geschieht, auf Antrag:

1. wenn die Voraussetzungen des § 709 Nr. 2 ZPO. vorliegen, und entweder

das Urteil ohne Rücksicht auf den Wert des Gegenstandes der Verurteilung, die im § 5 Nr. 2—4, 6 KGG. bezeichneten Streitigkeiten betrifft (mit Ausnahme der im § 708 ZPO. erwähnten Fälle)

oder

der Gegenstand des Wertes der Verurteilung an Geld oder Geldeswert die Summe von 300 ℳ übersteigt;

§ 709 Abs. 1 Nr. 2 ZPO. lautet:

§ 709 ZPO. Urteile sind auf Antrag für vorläufig vollstreckbar zu erklären, wenn sie betreffen:

2. Streitigkeiten zwischen Dienstherrschaft und Gesinde, zwischen Arbeitgebern und Arbeitern hinsichtlich des Dienst- oder Arbeitsverhältnisses, sowie die im § 3 Abs. 1 des Gesetzes, betreffend die Gewerbegerichte, vom 29. Juli 1890 (RGBl. S. 141) bezeichneten Streitigkeiten, insofern dieselben während der Dauer des Dienst-, Arbeits- oder Lehrverhältnisses entstehen.

2. wenn glaubhaft gemacht wird, daß die Aussetzung der Vollstreckung dem Gläubiger einen schwer zu ersetzenden oder einen schwer zu ermittelnden Nachteil bringen würde (§ 710 ZPO.);
3. wenn sich der Gläubiger erbietet, vor der Vollstreckung Sicherheit zu leisten (§ 710 ZPO.).

Über Sicherheitsleistung s. §§ 108—113, 715 u. 720 ZPO.; Art. 144, 145 EGBGB., und für Preußen: §§ 1, 2 u. 70 der Hinterlegungsordnung vom 14. 3. 78 (GS. S. 249) in der Fassung der Art. 84, 85 AGBGB. v. 20. 9. 99 (GS. S. 177).

Zu Abs. 3: Die vorläufige Vollstreckbarkeit ist weder von Amts wegen noch auf Antrag auszusprechen im Falle des § 57 Abs. 3; s. dazu §§ 712, 713 ZPO., welche lauten:

§ 712 ZPO. Wird glaubhaft gemacht, daß die Vollstreckung des Urteils dem Schuldner einen nicht zu ersetzenden Nachteil bringen würde, so ist in den Fällen des § 708 auf Antrag des Schuldners auszusprechen, daß dasselbe nicht vorläufig vollstreckbar sei; in den Fällen der §§ 709, 710 ist der Antrag des Gläubigers zurückzuweisen.

Die Vorschrift des Abs. 1 Halbsatz 1 findet auf die im § 708 Nr. 7 bezeichneten Urteile keine Anwendung, wenn die Voraussetzungen der §§ 546, 547 für die Zulässigkeit der Revision nach dem Ermessen des Gerichts unzweifelhaft nicht vorliegen.

§ 713 ZPO. Das Gericht kann auf Antrag die vorläufige Vollstreckbarkeit von einer vorgängigen Sicherheitsleistung abhängig machen. Diese Vorschrift findet auf die im § 708 Nr. 7 bezeichneten Urteile keine Anwendung.

Das Gericht hat auf Antrag dem Schuldner nachzulassen, durch Sicherheitsleistung oder durch Hinterlegung die Vollstreckung abzuwenden, wenn nicht der Gläubiger sich erbietet, vor der Vollstreckung Sicherheit zu leisten.

Zu Ab. 4: Für das Verfahren der Zwangsvollstreckung finden die Bestimmungen des 8. Buches der ZPO. entsprechende Anwendung. Vollstreckungsgericht im Sinne des § 764 ZPO. ist nicht das Kaufmannsgericht, sondern dasjenige Amtsgericht, in dessen Bezirk das Vollstreckungsverfahren stattfinden soll oder stattgefunden hat. Handelt es sich um Entscheidungen, welche im Laufe der Zwangsvollstreckung vom Prozeßgericht erster Instanz zu erlassen sind, so ist das Kaufmannsgericht zuständig (Mot. S. 35; LG. Hamburg, KaufGZ. 14 108). Für die Pfändung einer Forderung zum Zweck der Vollziehung eines Arrestes ist das Amtsgericht als Vollstreckungsgericht zuständig (§ 930 ZPO.).

Gegen Entscheidungen ohne vorgängige mündliche Verhandlungen des Vollstreckungsgerichts ist sofortige Beschwerde (§ 793 ZPO.) gegen den Gerichtsvollzieher und seine Vollstreckungshandlungen Erinnerung (§ 766 ZPO.) gegeben.

Erforderlich zur Zwangsvollstreckung ist zunächst ein Vollstreckungstitel s. Anm. zu Abs. 1 dieses Paragraphen. Über die Voraussetzungen der Vollstreckungen s. §§ 724—749 ZPO.

Gegen die Ablehnung der Umschreibung eines vollstreckbaren Urteils auf den Rechtsnachfolger des Gläubigers ist zunächst die Entscheidung des Kaufmannsgerichts anzurufen und nicht sogleich die Beschwerde beim Landgericht zulässig (§§ 727, 737 ZPO. und Jahrb. 2 32 Nr. 213; 3 374 Anm. 280).

Die Bedingungen für den Beginn der Zwangsvollstreckung regeln die §§ 750—752 ZPO. Danach darf unter anderem diese nur beginnen, wenn das zu vollstreckende Urteil bereits zugestellt ist oder gleichzeitig zugestellt wird (bezüglich des Kostenfestsetzungsbeschlusses, der nicht auf das Urteil gesetzt ist, bestimmt § 798 ZPO.: mindestens 3 Tage vorher; s. auch v. Schulz S. 187).

Die erforderlichen Zustellungen sind gemäß § 32 f. GGG. durch den Gerichtsschreiber des Kaufmannsgerichts zu bewirken (s. § 25 GGG.).

Über die Ausführung der Zwangsvollstreckung s. §§753 ff.; sie erfolgt, soweit sie nicht dem Gericht zugewiesen ist, entsprechend dem Auftrag des Gläubigers durch den Gerichtsvollzeher. Die Anwendung des § 890 ZPO. ist auch bei Urteilen des Kaufmannsgerichts zulässig (LZ. 08 Sp. 207).

Die Einstellung der Zwangsvollstreckung §§ 707 u. 719 ZPO. ist nur zuläs sig, wenn die Möglichkeit vorhanden is daß das Urteil abgeändert werden kann, und daher, wenn der Wert des Streitgegenstandes 300 ℳ nicht übersteigt, unzulässig OLGRspr. 15 1).

Die Entschädigungsansprüche bei Aufhebung der wangsvollstreckung regelt § 788 Abs. 2 ZPO.; bei Aufhebung eines für vorläufig vollstreckbar erklärten Urteils § 719 ZPO., eines Arrestes § 945 ZPO.

Kosten der Zwangsvollstreckung s. § 60 GGG. Als Kosten der Zwangsvollstreckung gelten auch die Kosten der Ausferigung und Zustellung des Urteils § 788 ZPO. Zus. durch die Nov v. 1. 6. 09.

§ 58 GGG. Für die Verhandlung des Rechtsstreits vor den Gewerbegerichten wird eine einmalige Gebühr nach dem Werte des Streitgegenstandes erhoben.

Dieselbe beträgt bei einem Gegenstand im Werte bis 20 ℳ einschließlich . . . . 1,00 ℳ,
von mehr als 20 ℳ bis 50 ℳ einschließlich . 1,50 „
von mehr als 50 ℳ bis 100 ℳ einschließlich . 3,00 „
Die ferneren Wertsklassen steigen um je einhundert Mark, die Gebühren um je 3 ℳ. Die höchste Gebühr beträgt dreißig Mark.

Wird der Rechtsstreit durch Versäumnisurteil oder durch eine auf Grund eines Anerkenntnisses oder einer Zurücknahme der Klage erlassene Entscheidung erledigt, ohne daß eine kontradiktorische Verhandlung vorhergegangen war, so wird eine Gebühr in Höhe der Hälfte der oben bezeichneten Sätze erhoben.

Wird ein zur Beilegung des Rechtsstreits abgeschlossener Vergleich aufgenommen, so wird eine Gebühr nicht erhoben, auch wenn eine kontradiktorische Verhandlung vorausgegangen war.

Schreibgebühren kommen nicht in Ansatz. Für Zustellungen werden bare Auslagen nicht erhoben. Im übrigen findet die Erhebung der Auslagen nach Maßgabe des § 79 des Gerichtskostengesetzes statt. Der § 2 desselben findet Anwendung.

Durch das Statut (§ 1 Abs. 2 bis 4) kann vorgeschrieben werden, daß Gebühren und Auslagen in geringerem Betrag oder gar nicht erhoben werden.

§ 58 regelt die Prozeßkostenansprüche des Gerichts gegen den Prozeßschuldner für die Verhandlung und Entscheidung. Die ZPO. §§ 91 ff. trifft Bestimmung über die Pflicht zur Kostentragung inkl. der dem Gegner zu ersetzenden Aufwendungen. Besondere Vorschriften enthalten die §§ 115, 117—127 über das Armenrecht, welche auch für die Kaufmannsgerichte entsprechende Anwendung finden. Über Einziehung der Kosten s. § 59 GGG.

Nicht zu den Prozeßkosten gehören weder die vor Beginn des Prozesses aufgewendeten Kosten, noch die Kosten der Zwangsvollstreckung (§ 60 GGG.).

Zu Abs. 1: Da für jeden Rechtsstreit nur einmal eine Gebühr erhoben werden darf, so ergibt sich, daß dies auch bei Verbindung mehrerer Prozesse (§ 147 ZPO.) zu geschehen hat, während andererseits, wenn nach § 145 ZPO. mehrere in einer Klage verbundene

Ansprüche in getrennten Prozessen verhandelt werden, die Gebühr entsprechend der Zahl der Prozesse erhoben wird. Auch wenn mehrmals Urteile (Versäumnis-, Anerkenntnis-, Teil- oder Zwischenurteile) in einem Rechtsstreit erlassen werden, findet nur die Erhebung einer Gebühr statt. Der Begriff „Rechtsstreit" des § 58 GGG. bezieht sich nur auf das Verfahren vor dem Kaufmannsgericht selbst, da die Kosten der Rechtsmittel nach § 60 GGG. besonders zu behandeln sind. Der Rechtsstreit im vorgenannten Sinne umfaßt das gesamte Verfahren zunächst bis zum Endurteil, ausschließlich der Kostenfestsetzung, aber einschließlich eines etwaigen Berichtigungs- oder Ergänzungsverfahrens (§§ 319 ff. ZPO.) und einer nochmaligen Verhandlung infolge Zurückverweisung durch das Berufungsgericht (§§ 538 ff. ZPO.), nicht dagegen das Wiederaufnahmeverfahren (§§ 578 ff. ZPO.) oder des Verfahrens der Zwangsvollstreckungsgegenklage aus § 767 ZPO., weil beide ein rechtskräftig geschlossenes Verfahren voraussetzen und selbst ein neues Verfahren bedingen.

Die Berechnung des Wertes des Streitgegenstandes geschieht nach §§ 3—9 ZPO. Vgl. auch GKG. §§ 4—11 u. 15—17 und GGG. 55 Anm. zu Abs. 1.

Zu Abs. 3: Aus dieser Bestimmung ist zu folgern, daß, wenn der Rechtsstreit ohne Erlaß einer Entscheidung auch nach kontradiktorischer Verhandlung durch Zurücknahme der Klage erledigt wird, keine Gebühr zu erheben ist.

Zu Abs. 4: Über Vergleich s. GGG. § 57 Anm. zu Abs. 1 und § 41 Anm. Die Befreiung bezieht sich natürlich nur auf die Gerichtsgebühr (s. Anm. zu Abs. 1); nicht auf die dem Gericht erwachsenen baren Auslagen, zu welchen wiederum die Auslagen für Zustellungen und Schreibgebühren nicht (Abs. 5), wohl aber Zeugen- und Sachverständigengebühren rechnen. Ist eine Vereinbarung über die Erstattung von baren Auslagen in den Vergleich nicht aufgenommen worden, so kommen §§ 98 u. 92 Abs. 1 ZPO. zur Anwendung (s. auch RGZ. 6 400).

§§ 79 u. 2 GKG. lauten:

§ 79 GKG. An baren Auslagen werden erhoben:

1. Schreibgebühren für solche Ausfertigungen und Abschriften, welche nur auf Antrag erteilt werden, oder welche angefertigt werden, weil die Partei es unterläßt, einem von Amts wegen zuzustellenden Schriftsatze die erforderliche Zahl von Abschriften beizufügen;
2. Telegraphengebühren und die im Fernverkehre zu entrichtenden Fernsprechgebühren;
3. die durch Einrückung einer Bekanntmachung in öffentliche Blätter entstehenden Kosten;
4. die an Zeugen und Sachverständige zu zahlenden Gebühren;
5. die bei Geschäften außerhalb der Gerichtsstelle den Gerichtsbeamten zustehenden Tagegelder und Reisekosten;
6. die an andere Behörden oder Beamte oder an Rechtsanwälte für deren Tätigkeit zu zahlenden Beträge;
7. die Kosten eines Transports von Personen;
8. die Haftkosten nach Maßgabe der für die Strafhaft geltenden landesgesetzlichen Vorschriften.

Wird ein Urteil nach § 317 Abs. 3 der Zivilprozeßordnung unter Benutzung einer dem Gerichte vorgelegten beglaubigten Abschrift der Klageschrift oder des Zahlungsbefehls ausgefertigt, so sind für die Ausfertigung keine Schreibgebühren zu entrichten.

§ 2 GKG. Eine Erhebung von Stempeln und anderen Abgaben neben den Gebühren findet nicht statt.

Urkunden, von denen im Verfahren Gebrauch gemacht wird, sind nur insoweit einem Stempel oder einer anderen Abgabe unterworfen, als sie es ohne diesen Gebrauch sein würden.

Urkunden, welche im Verfahren errichtet werden, bleiben, soweit ihr Inhalt über den Gegenstand des Verfahrens hinausgeht, den allgemeinen Vorschriften über Erhebung von Stempeln oder anderen Abgaben unterworfen.

Zu Abs. 5: s. DJZ. **14** 1504 und Recht 1910, 231 und bezüglich der Rechtshilfe Anm. zu § 61 GGG. Die Kosten eines Rechtsanwalts für Wahrnehmung eines Beweistermins vor einem ersuchten Amtsgericht können auf Grund des § 16 KGG. und § 31 GGG. nicht erstattet werden. Beschwerde gegen den ablehnenden Beschluß ist unzulässig (§ 55 GGG.). Beschl. des KfmG. und des LG. I Berlin, Jahrb. 3 374 und GewKfmG. **15** 93.

§ 59 GGG. Schuldner der entstandenen Gebühren und Auslagen ist derjenige, welchem durch die gerichtliche Entscheidung die Kosten auferlegt sind, oder welcher dieselben durch eine vor dem Gewerbegericht abgegebene oder diesem mitgeteilte Erklärung übernommen hat, und in Ermangelung einer solchen Entscheidung oder Übernahme derjenige, welcher das Verfahren beantragt hat.

Die Einziehung der Gerichtskosten erfolgt nach den für die Einziehung der Gemeindeabgaben geltenden Vorschriften.

Zu Abs. 2: Für Preußen geschieht dies nach dem G., betr. das Verwaltungszwangsverfahren v. 15. 11. 99; für Bayern nach Maßgabe des Art. 57 der rechtsrhein., des Art. 38 der pfälz. Gemeindeordnung (Brenner S. 152); für Sachsen nach dem G. über die Zwangsvollstreckung wegen Geldleistungen in Verwaltungssachen v. 18. 7. 02 und die AusfVO. dazu v. 19. 9. 02 (GVBl. S. 294 ff., 373 ff.; Kulka S. 115).

§ 60 GGG. Die Kosten der Rechtsmittel und der Zwangsvollstreckung bestimmen sich nach den für die ordentlichen Gerichte maßgebenden Vorschriften. Das Gesuch um

Festsetzung der Kosten zweiter Instanz ist bei dem Landgericht anzubringen.

Die Gebührenordnung für Zeugen und Sachverständige findet in dem Verfahren vor den Gewerbegerichten Anwendung.

Lit.: Kraemer, Festsetzung der Kosten der Berufungsinstanz in Gewerbe- und Kaufmannsgerichtssachen (ZfDGerSekr. **21** 88).

Zu Abs. 1: Gemäß § 2 EGZPO. wird das Kostenwesen durch eine Gebührenordnung geregelt. Zur Anwendung kommen hier: das GKG. in der Fassung der Bek. v. 20. 5. 98 (RGBl. S. 659); Abänderungen sind erfolgt durch Art. III des G., betr. Änderungen des GVG., der ZPO., des GKG. usw. v. 1. 6. 09 (RGBl. S. 475) und Art. VIII des G., betr. die Zuständigkeit des Reichsgerichts v. 22. 5. 10 (RGBl. S. 767). Beide Gesetze sind in Kraft getreten am 1. 6. 10. Ferner die GVGebO. in der Fassung der Bek. v. 20. 5. 98 (RGBl. S. 683). Als Kosten der Zwangsvollstreckung gelten auch die Kosten der Ausfertigung und der Zustellung des Urteils (§ 788 ZPO.); dieser Zusatz ist durch die Nov. v. 1. 6. 09 erfolgt. Es bedarf also keines besonderen Beschlusses.

Zu Abs. 2: Gebührenordnung für Zeugen und Sachverständige in der Fassung der Bek. v. 20. 5. 98 (RGBl. S. 689).

§ 60 trifft nur über die Berechnung der Kosten Bestimmung. Die Einziehung erfolgt nach § 59 GGG.

§ 61 GGG. Die ordentlichen[1]) Gerichte haben den Gewerbegerichten nach Maßgabe der Bestimmungen des Gerichtsverfassungsgesetzes Rechtshilfe zu leisten.[1])

1) Nicht auch die Sondergerichte.

Über Kostenersatz bei Rechtshilfe innerhalb Preußens s. § 14 GKG. v. 25. 6. 95 in der Fassung v. 6. 10. 99 (GS. S. 326).

Die zwischen einzelnen Bundesstaaten abgeschlossene Vereinbarung über die Nichterstattung von Rechtshilfekosten findet auch auf die Kaufmannsgerichte Anwendung (Beschl. des OLG. Naumburg 29. 5. 07, GewKfmG. **13** 63); s. hierzu für Preußen: Vf. v. 7. 3. 07 (JMBl. S. 55), v. 7. 4. 08 (JMBl. S. 193) und v. 28. 3. 12 (JMBl. S. 139).

Über Rechtshilfe im Ausland s. §§ 363, 364 u. 369, auch 199 ZPO. und Anm. zu § 43 GGG. Anm. II (Beweisaufnahme im Ausland).

Hat das Amtsgericht auf Ersuchen des Kaufmannsgerichts Zeugen vernommen, so sind die von dem ersuchten Gerichte verauslagten Zeugengebühren und Porti von dem Kaufmannsgericht zu erstatten (Darmstadt 1. 5. 09, DJZ. **14** 1504 und Recht 1910, 231; Sörgel 1910, 812). Schreibgebühren sind nicht zu erstatten (HessRspr. **9** 34 und GewKfmG. **13** 240).

Die zur Anwendung kommenden §§ 158—169 GVG. lauten:

§ 158 GVG. Das Ersuchen um Rechtshilfe ist an das Amtsgericht zu richten, in dessen Bezirke die Amtshandlung vorgenommen werden soll.

§ 159 GVG. Das Ersuchen darf nicht abgelehnt werden.

Das Ersuchen eines nicht im Instanzenzuge vorgesetzten Gerichts ist jedoch abzulehnen, wenn dem ersuchten Gerichte die örtliche Zuständigkeit mangelt, oder die vorzunehmende Handlung nach dem Rechte des ersuchten Gerichts verboten ist.

§ 160 GVG. Wird das Ersuchen abgelehnt, oder wird der Vorschrift des § 159 Abs. 2 zuwider dem Ersuchen stattgegeben, so entscheidet das Oberlandesgericht, zu dessen Bezirke das ersuchte Gericht gehört. Eine Anfechtung dieser Entscheidung findet nur statt, wenn dieselbe die Rechtshilfe für unzulässig erklärt, und das ersuchende und das ersuchte Gericht den Bezirken verschiedener Oberlandesgerichte angehören. Über die Beschwerde entscheidet das Reichsgericht.

Die Entscheidungen erfolgen auf Antrag der Beteiligten oder des ersuchenden Gerichts ohne vorgängige mündliche Verhandlung.

§ 161 GVG. Die Herbeiführung der zum Zwecke von Vollstreckungen, Ladungen und Zustellungen erforderlichen Handlungen erfolgt nach Vorschrift der Prozeßordnungen ohne Rücksicht darauf, ob die Handlungen in dem Bundesstaate, welchem das Prozeßgericht angehört, oder in einem anderen Bundesstaate vorzunehmen sind.

§ 162 GVG. Gerichte, Staatsanwaltschaften und Gerichtsschreiber können wegen Erteilung eines Auftrags an einen Gerichtsvollzieher die Mitwirkung des Gerichtsschreibers des Amtsgerichts in Anspruch nehmen, in dessen Bezirke der Auftrag ausgeführt werden soll. Der von dem Gerichtsschreiber beauftragte Gerichtsvollzieher gilt als unmittelbar beauftragt.

§ 163 GVG. Eine Freiheitsstrafe, welche die Dauer von sechs Wochen nicht übersteigt, ist in demjenigen Bundesstaate zu vollstrecken, in welchem der Verurteilte sich befindet.

§ 164 GVG. Soll eine Freiheitsstrafe in dem Bezirke eines anderen Gerichts vollstreckt oder ein in dem Bezirke eines anderen Gerichts befindlicher Verurteilter zum Zwecke der Strafverbüßung ergriffen und abgeliefert werden, so ist die Staatsanwaltschaft bei dem Landgerichte des Bezirks um die Ausführung zu ersuchen.

§ 165 GVG. Im Falle der Rechtshilfe unter den Behörden verschiedener Bundesstaaten sind die baren Auslagen, welche durch eine Ablieferung oder Strafvollstreckung entstehen, der ersuchten Behörde von der ersuchenden zu erstatten.

Im übrigen werden Kosten der Rechtshilfe von der ersuchenden Behörde nicht erstattet.

Ist eine zahlungspflichtige Partei vorhanden, so sind die Kosten von derselben durch die ersuchende Behörde einzuziehen und der eingezogene Betrag der ersuchten Behörde zu übersenden.

Stempel-, Einregistrierungsgebühren oder andere öffentliche Abgaben, welchen die von der ersuchenden Behörde übersendeten Schriftstücke (Urkunden, Protokolle) nach dem Rechte der ersuchten Behörde unterliegen, bleiben außer Ansatz.

§ 166 GVG. Für die Höhe der den geladenen Zeugen und Sachverständigen gebührenden Beträge sind die Bestimmungen maßgebend, welche bei dem Gerichte gelten, vor welches die Ladung erfolgt.

Sind die Beträge nach dem Rechte des Aufenthaltsorts der geladenen Personen höher, so können die höheren Beträge gefordert werden.

Bei weiterer Entfernung des Aufenthaltsorts der geladenen Personen ist denselben auf Antrag ein Vorschuß zu bewilligen.

§ 167 GVG. Ein Gericht darf Amtshandlungen außerhalb seines Bezirks ohne Zustimmung des Amtsgerichts des Orts nur vornehmen, wenn Gefahr im Verzuge obwaltet. In diesem Falle ist dem Amtsgerichte des Orts Anzeige zu machen.

§ 168 GVG. Die Sicherheitsbeamten eines Bundesstaates sind ermächtigt, die Verfolgung eines Flüchtigen auf das Gebiet eines anderen Bundesstaates fortzusetzen und den Flüchtigen daselbst zu ergreifen.

Der Ergriffene ist unverzüglich an das nächste Gericht oder die nächste Polizeibehörde des Bundesstaates, in welchem er ergriffen wurde, abzuführen.

§ 169 GVG. Die in einem Bundesstaate bestehenden Vorschriften über die Mitteilung von Akten einer öffentlichen Behörde an ein Gericht dieses Bundesstaates kommen auch dann zur Anwendung, wenn das ersuchende Gericht einem anderen Bundesstaate angehört.

§ 17.

Das Kaufmannsgericht kann bei Streitigkeiten zwischen Kaufleuten und Handlungsgehilfen oder Handlungslehrlingen über die Bedingungen der Fortsetzung oder Wiederaufnahme des Dienst- oder Lehrverhältnisses als Einigungsamt angerufen werden. Auf die Zusammensetzung und das Verfahren des Einigungsamts finden die Bestimmungen der §§ 63 bis 73 des Gewerbegerichtsgesetzes entsprechende Anwendung.

Lit.: S. bei Brenner S. 158 und Wilhelmi-Bever S. 363.

Das Einigungsamt hat nur die Aufgabe, Streitigkeiten zwischen Kaufleuten und Handlungsgehilfen oder Handlungslehrlingen zu schlichten, nicht zu entscheiden. Es hat mit dem Kaufmannsgericht in seiner prozessualen Tätigkeit nichts gemein. Mehr geschaffen für die Gewerbegerichte hat es für das Handelsgewerbe weniger Interesse, da hier gemeinsame Streitigkeiten über die Fortsetzung oder Wiederaufnahme des Dienst- oder Lehrverhältnisses so gut wie gar nicht vorkommen.

Die örtliche Zuständigkeit des Einigungsamts ist im Gesetz nicht geregelt, es wird mit der herrschenden Ansicht angenommen werden müssen, daß sie unter entsprechender Anwendung von § 27 GGG. zu bestimmen ist (v. Schulz S. 73 Anm. 8; Brenner S. 157; Wilhelmi-Bever S. 363 Anm. 2). Demgegenüber hat Wölbling (GewKfmG. 15 221) zutreffend ausgeführt, daß § 27 GGG. nur für die Regelung der örtlichen Zuständigkeit des Kaufmannsgerichts als Prozeßgericht Verwendung finden könne, daß aber seine Anwendung für die Feststellung der Zuständigkeit des Einigungsamts ungeeignet sei, weil die Verhandlungen vor demselben nicht notwendig streitige Verpflichtungen beträfen und es sich auch nicht immer um Personen handle, die in Rechtsbeziehungen von Arbeitgeber zu Arbeitnehmer stehen, zwischen welchen ein Dienstverhältnis vorhanden sei. Es kommt hinzu, daß die dem Einigungsamt zur Entscheidung übertragenen Sachen meistens nicht nur Personen betreffen, die dem örtlichen Bezirk des Gerichts angehören, und da ist die offene Frage, inwieweit ein solches Einigungsamt zur Übernahme verpflichtet ist. Im allgemeinen wird man über diesen Streitpunkt hinwegkommen, da das Einigungsamt mehr, wie es beim Kaufmannsgericht selbst vorkommt, vereinbart zu werden pflegt und diese Vereinbarung (§ 6 Anm.) zulässig ist.

Wenn nur Beteiligte anderer Bezirke das Einigungsamt anrufen, oder wenn es sich nicht um Kaufleute und Handlungs- im Sinne des Kaufmannsgerichtsgesetzes handelt, so ist das Einigungsamt unzuständig und nicht verpflichtet, in Aktion zu treten.

Die Frage, ob das Einigungsamt zur Übernahme solcher Sachen berechtigt ist, ist meines Erachtens zu bejahen.

§ 63 GGG. Der Anrufung ist Folge zu geben, wenn sie von beiden Teilen erfolgt und die beteiligten Arbeiter und Arbeitgeber — letztere sofern ihre Zahl mehr als drei beträgt — Vertreter bestellen, welche mit der Verhandlung vor dem Einigungsamte beauftragt werden.

Als Vertreter können nur Beteiligte bestellt werden, welche das fünfundzwanzigste Lebensjahr vollendet haben, sich im Besitze der bürgerlichen Ehrenrechte befinden und nicht durch gerichtliche Anordnung in der Verfügung über ihr Vermögen beschränkt sind.

Soweit Arbeiter in diesem Alter nicht, oder nicht in genügender Anzahl vorhanden sind, können jüngere Vertreter zugelassen werden.

Die Zahl der Vertreter jedes Teiles soll in der Regel nicht mehr als drei betragen. Das Einigungsamt kann eine größere Zahl von Vertretern zulassen.

Ob die Vertreter für genügend legitimiert zu erachten sind, entscheidet das Einigungsamt nach freiem Ermessen.

Lit.: Wölbling, Die Vertretung vor dem Einigungsamt (GewKfmG. 13 375).

Zu Abs. 1: Die Anrufung geschieht an den Vorsitzenden und kann mangels einer anderweitigen Vorschrift formlos erfolgen. Eine selbständige Tätigkeit, wie der Gerichtsschreiberei beim Kaufmannsgericht, ist dem für das Einigungsamt eingerichteten Bureau nicht zugewiesen. Der Vorsitzende ist verpflichtet, ohne Prüfung der Zweckmäßigkeit usw. der Anrufung Folge zu geben, falls die beiden Bedingungen erfüllt sind, daß die Anrufung von beiden Teilen erfolgt ist und daß die Arbeitnehmer immer, die Arbeitgeber, wenn sie mehr als drei sind, Vertreter bestellt haben. Ev. ist gegen den Vorsitzenden eine Beschwerde im Dienstaufsichtswege (s. Anm. zu § 11 KGG.) möglich. Demgegenüber besteht eine Verpflichtung zur Anrufung des Einigungsamts nicht.

Zu Abs. 2: Als Beteiligter wird derjenige anzunehmen sein, welcher irgend ein berechtigtes aber unmittelbares Interesse an dem Verlauf der Streitigkeiten und dem ev. Schiedsspruch nachweist. Daher nicht derjenige, welcher nur mittelbar davon betroffen wird.

Zu Abs. 3: Eine Entscheidung über die Zulassung liegt im freien Ermessen des Einigungsamts.

Ausgeschlossen von der Vertretung sind nur Personen, die nicht im Besitz der bürgerlichen Ehrenrechte sind (§§ 32—34 StGB.) und durch gerichtliche Anordnung in der Verfügung über ihr Vermögen beschränkt sind (§§ 645, 680 ZPO. und §§ 6, 106, 108 KO.).

Weibliche Personen sind nicht ausdrücklich ausgeschlossen. § 10 KGG. ist nicht anwendbar.

Zu Abs. 5: Die Vollmacht braucht nicht den prozessualen Vorschriften zu entsprechen.

Eventuell ist Zwang zum Erscheinen anwendbar (§ 66 GGG.).

§ 64 GGG. Erfolgt die Anrufung nur von einer Seite, so soll der Vorsitzende dem anderen Teile oder dessen Stellvertretern oder Beauftragten Kenntnis geben und zugleich nach Möglichkeit dahin wirken, daß auch dieser Teil sich zur Anrufung des Einigungsamts bereit findet.

Im Falle dieses und des nächstfolgenden Paragraphen liegt nicht eine Pflicht des Vorsitzenden zur Folgeleistung der Anrufung vor. Diese ist vielmehr in sein pflichtmäßiges Ermessen gestellt, die Verhinderung oder Beilegung der Differenzen nach Möglichkeit zu fördern.

Die Beteiligten können zum Erscheinen gezwungen werden (§ 66 GGG.).

§ 65 GGG. Auch in anderen Fällen 1) soll der Vorsitzende bei Streitigkeiten der im § 62 bezeichneten Art auf die Anrufung des Einigungsamts hinzuwirken suchen und dieselbe den Beteiligten bei geeigneter Veranlassung nahe legen.2)

S. Anm. zu § 64 GGG.

1) Andere Fälle als die in §§ 63 u. 64 GGG. erwähnten.

2) Dieser Paragraph spricht zugleich eine Berechtigung des Vorsitzenden zur selbständigen Hinwirkung auf die Anrufung aus; gemäß § 66 Abs. 1 GGG. darf er sogar Einigungsverhandlungen usw. vornehmen; er darf in diesem Falle aber nicht den im § 66 GGG. geregelten Zwang zum Erscheinen in Anwendung bringen.

§ 66 GGG. Der Vorsitzende ist befugt, zur Einleitung der Verhandlung und in deren Verlauf an den Streitigkeiten beteiligte Personen vorzuladen und zu vernehmen. Er kann hierbei, wenn das Einigungsamt gemäß § 63 oder § 64 angerufen worden ist, für den Fall des Nichterscheinens eine Geldstrafe bis zu einhundert Mark androhen. Gegen die Festsetzung der Strafe findet Beschwerde nach den Bestimmungen der Zivilprozeßordnung statt.1)

Eine Vertretung beteiligter Personen durch deren allgemeine Stellvertreter (§ 45 der Gewerbeordnung), Prokuristen oder Betriebsleiter ist zulässig.

Zu Abs. 1 s. Anm. zu § 65 GGG. zu Satz 1.

Für die Vorladung bestehen keine Vorschriften, sie kann in jeder Form auch mündlich erfolgen. Keinesfalls kommen diejenigen für die gerichtliche Ladung von Zeugen zur Anwendung.

Die Strafe ist nur festgesetzt für das Nichterscheinen, nicht auch für das Nichtverhandeln bzw. -aussagen (so auch Haas, G. S. 158; Kulka S. 119, — a. M.: Prenner S. 161). Die Stellung des zu Vernehmenden ist teils die eines Zeugen, teils die einer Partei. Daher können sinngemäß die zivilprozessualen Vorschriften über Parteien und Zeugen herangezogen werden. Auch Parteien können zum Erscheinen durch Anwendung von Strafen, niemals aber zur Verhandlung und Aussage gezwungen werden. Bezüglich der Zeugen ist eine gesetzliche Aussagepflicht statuiert. Es mag zugegeben werden, daß eine moralische Verpflichtung zur Aussage vor dem Einigungsamt vorliegt, diese kann aber mangels einer ausdrücklichen gesetzlichen Bestimmung niemals erzwungen werden, zumal es an einer sogar den Zeugen gewährten Bestimmung fehlt, wie weit die Aussage unter Hintansetzung persönlicher Verhältnisse der zu Vernehmenden ausgedehnt werden kann. Dafür spricht auch die unbestrittene Ansicht, daß die Anrufung des Einigungsamts nicht zu erzwingen ist. Für den Erscheinungszwang sind nur dieselben Gründe maßgebend wie für denjenigen der Parteien in einem Rechtsstreit, nämlich um nach Möglichkeit eine bessere Aufklärung der Sachlage herbeizuführen. Die Strafe ist nur für den Ungehorsam festgesetzt.

1) Gegen die Straffestsetzung findet (einfache) Beschwerde an das Landgericht statt.

Zu Abs. 2: § 45 GO. lautet:

§ 45 GO. Die Befugnisse zum stehenden Gewerbebetriebe können durch Stellvertreter ausgeübt werden; diese müssen jedoch den für das in Rede stehende Gewerbe insbesondere vorgeschriebenen Erfordernissen genügen.

§ 67 GGG. Das Gewerbegericht, welches als Einigungsamt tätig wird, besteht neben dem Vorsitzenden aus Vertrauensmännern der Arbeitgeber und der Arbeiter in gleicher Zahl.

Die Vertrauensmänner sind von den Beteiligten zu bezeichnen. Erfolgt die Bezeichnung nicht, so werden die Vertrauensmänner durch den Vorsitzenden ernannt.

Einigen sich die Beteiligten über die Zahl der zuzuziehenden Vertrauensmänner nicht, so ist die Zahl derselben von dem Vorsitzenden auf mindestens zwei für jeden Teil zu bestimmen.

Die Vertrauensmänner dürfen nicht zu den Beteiligten gehören.

Der Vorsitzende ist befugt, eine oder zwei unbeteiligte Personen als Beisitzer mit beratender Stimme zuzuziehen; vor der Zuziehung sind die beiden Teile zu hören.

Vertrauensmänner können Beisitzer des Kaufmannsgerichts sein; bezüglich dieser Tätigkeit sind aber nicht die § 15 KGG. und §§ 20ff. GGG. auf sie anwendbar.

§ 68 GGG. Das Einigungsamt hat durch Vernehmung der Vertreter beider Teile die Streitpunkte und die für die Beurteilung derselben in Betracht kommenden Verhältnisse festzustellen.

Das Einigungsamt oder, im Falle des § 64, der Vorsitzende des Gewerbegerichts ist befugt, zur Aufklärung der in Betracht kommenden Verhältnisse Auskunftspersonen vorzuladen und zu vernehmen.

Jedem Beisitzer und Vertrauensmanne steht das Recht zu, durch den Vorsitzenden Fragen an die Vertreter und Auskunftspersonen zu richten.

Zu Abs. 1: Über die Verhandlung vor dem Einigungsamt kann und wird zweckmäßigerweise ein Protokoll aufgenommen werden. Abschrift des Protokolls kann von den Beteiligten nicht gefordert werden.

Zu Abs. 2: Nur im Falle des § 64 GGG., d. h. wenn das Einigungsamt nur von einer Seite angerufen worden ist. Erscheinungszwang auf Grund des § 65 GGG. liegt nicht vor.

Zu Abs. 3: Beisitzer und Vertrauensmänner haben nicht das Recht, selbst Fragen zu stellen, der Vorsitzende kann ihnen aber das Recht erteilen. Aus Abs. 3 geht auch hervor, daß der Vorsitzende die Verhandlung nach pflichtgemäßen Ermessen leitet und schließt. Sitzungspolizei hat er nicht, auch nicht das Recht zur Anwendung von Zwangsmaßregeln, er kann nur die Sitzung aufheben. Öffentlichkeit der Verhandlung ist nicht vorgeschrieben, daher hängt sie von der Genehmigung des Einigungsamts ab.

§ 69 GGG. Nach erfolgter Klarstellung der Verhältnisse ist in gemeinsamer Verhandlung jedem Teile Gelegenheit zu geben, sich über das Vorbringen des anderen Teiles sowie über die vorliegenden Aussagen der Auskunftspersonen zu äußern. Demnächst findet ein Einigungsversuch zwischen den streitenden Teilen statt.

Der Paragraph legt besonderen Wert auf „gemeinsame" Verhandlung.

§ 70 GGG. Kommt eine Vereinbarung zustande, so ist der Inhalt derselben durch eine von sämtlichen Mitgliedern des Einigungsamts und von den Vertretern beider Teile zu unterzeichnende Bekanntmachung zu veröffentlichen.

Mitglieder des Einigungsamts, welche zur Abstimmung befähigt sind, sind nur der Vorsitzende und die Vertrauensmänner; dagegen die Beisitzer nicht (§ 67 Abs. 5).

Über Stimmrecht des Vorsitzenden in den Gesamtsitzungen und im Ausschuß s. GewKfmG. **17** 5 u. 44.

Kaufmann, Rspr. 1912, 467.

Die Art der öffentlichen Vereinbarung ist nicht vorgeschrieben und unterliegt daher der besonderen Vereinbarung.

§ 71 GGG. Kommt eine Vereinbarung nicht zustande, so hat das Einigungsamt einen Schiedsspruch abzugeben, welcher sich auf alle zwischen den Parteien streitigen Fragen zu erstrecken hat.

Die Beschlußfassung über den Schiedsspruch erfolgt mit einfacher Stimmenmehrheit. Stehen bei der Beschlußfassung über den Schiedsspruch die Stimmen sämtlicher für die Arbeitgeber zugezogenen Vertrauensmänner denjenigen sämtlicher für die Arbeiter zugezogenen gegenüber, so kann der Vorsitzende sich seiner Stimme enthalten und feststellen, daß ein Schiedsspruch nicht zustande gekommen ist.

Zu Abs. 1: Der Schiedsspruch ist keine Entscheidung im Sinne der ZPO. und daher für niemand rechtlich bindend.

Zu Abs. 2: Über die Abstimmung s. Anm. zu § 70 GGG. Nur der Vorsitzende kann sich seiner Stimme enthalten. Zur Abstimmung gezwungen können aber auch die Vertrauensmänner nicht werden.

§ 72 GGG. Ist ein Schiedsspruch zustande gekommen, so ist derselbe den Vertretern beider Teile mit der Aufforderung zu eröffnen, sich binnen einer zu bestimmenden Frist darüber zu erklären, ob sie sich dem Schiedsspruch unterwerfen. Die Nichtabgabe der Erklärung binnen der bestimmten Frist gilt als Ablehnung der Unterwerfung.

Nach Ablauf der Frist hat das Einigungsamt eine von sämtlichen Mitgliedern desselben unterzeichnete öffentliche Bekanntmachung zu erlassen, welche den abgegebenen Schiedsspruch und die darauf abgegebenen Erklärungen der Parteien enthält.

S. § 70 Anm. GGG.

§ 73 GGG. Ist weder eine Vereinbarung (§ 70) noch ein Schiedsspruch zustande gekommen, so ist dies von dem Vorsitzenden des Einigungsamts öffentlich bekannt zu machen.

S. § 70 Anm. GGG.

Gutachten und Anträge der Kaufmannsgerichte.

§ 18.

Das Kaufmannsgericht ist verpflichtet, auf Ansuchen von Staatsbehörden oder des Vorstandes des Kommunalverbandes,[1]) für welchen es errichtet ist, Gutachten über Fragen abzugeben, welche das kaufmännische Dienst- oder Lehrverhältnis betreffen.

Das Kaufmannsgericht ist berechtigt, in den bezeichneten Fragen Anträge an Behörden, an Vertretungen von Kommunalverbänden und an die gesetzgebenden Körperschaften der Bundesstaaten oder des Reichs zu richten.

Zur Vorbereitung oder Abgabe von Gutachten sowie zur Vorbereitung von Anträgen können Ausschüsse aus der Mitte des Kaufmannsgerichts gebildet werden.

Diese Ausschüsse müssen, sofern es sich um Fragen handelt, welche die Interessen beider Teile berühren, zu gleichen Teilen aus Kaufleuten (§ 14) und Handlungsgehilfen zusammengesetzt sein.

Das Nähere bestimmt das Statut.

Lit.: Landsberger, Stimmrecht des Vorsitzenden in den Gesamtsitzungen und im Ausschuß (GewKfmG. 17 5); Hiller, Die Abstimmung bei Gutachten und Anträgen (GewKfmG. 16 238; 17 5, 44; MinErl. v. 8. 12. 09, betr. den Verkehr mit gesetzgebenden Körperschaften (HMBl. S. 552).

Zu Abs. 1 u. 2: Gutachten und Anträge sind beides Äußerungen des Kaufmannsgerichts; während erstere aber auf Ansuchen erstattet werden müssen, ist die Stellung der letzteren in das Belieben des Kaufmannsgerichts gestellt.

1) Nicht auch Gemeindebehörden.

Das Kaufmannsgericht im Sinne dieses Paragraphen ist entweder der Vorsitzende und die Gesamtheit der Beisitzer oder der Vorsitzende und ein zu diesem Zwecke gebildeter Ausschuß der Beisitzer (s. hierzu KG. 6 1).

Die Tätigkeit des Kaufmannsgerichts erstreckt sich hier nicht nur auf die seiner Rechtsprechung unterworfenen Angelegenheiten, sondern ist ausgedehnter, da die zu erörternden Fragen nur allgemein das kaufmännische Dienst- oder Lehrverhältnis zu betreffen brauchen (s. auch Prenner S. 170 Anm. 3).

Verfahren vor dem Gemeindevorsteher.

§ 19.

Ist ein zuständiges Kaufmannsgericht nicht vorhanden, so kann bei Streitigkeiten der im § 5 Abs. 1 Nr. 1 und 5 bezeichneten Art[1]) jede Partei die vorläufige Entscheidung durch den Vorsteher[2]) der Gemeinde (Bürgermeister, Schultheiß, Ortsvorsteher usw.) nachsuchen.[3]) Zuständig[4]) ist der Vorsteher der Gemeinde, in deren Bezirke die streitige Verpflichtung aus dem Dienst- oder Lehrverhältnisse zu erfüllen ist oder sich die Handelsniederlassung des Kaufmanns befindet oder beide Parteien ihren Wohnsitz haben.

Die Vorschriften des § 76 Abs. 2, 3 und der §§ 77 bis 80 des Gewerbegerichtsgesetzes finden sinngemäße Anwendung.

Zu Abs. 1: Voraussetzung zur Anwendung dieses Paragraphen ist, daß ein zuständiges Kaufmannsgericht nicht vorhanden ist.

1) Jetzt ist nur noch für Streitigkeiten der im § 5 Abs. 1 Nr. 1 bezeichneten Art der Vorsteher der Gemeinde zuständig. Durch Einführung der Reichsversicherungsordnung sind vom 1. Januar 1914 die im § 5 Abs. 1 Ziff. 5 bezeichneten Streitigkeiten der Zuständigkeit des Kaufmannsgerichts und damit auch der des Gemeindevorstehers entzogen (s. hierzu Anm. zu § 5 Abs. 1 Ziff. 5 KGG.).

2) Als Vorsteher einer Gemeinde ist nicht der Vorsteher eines selbständigen Gutsbezirks anzusehen (Wilhelmi-Bever S. 392).

Eine besondere Qualifikation des Gemeindevorstehers wird nicht gefordert. Nur er allein ist zur Entscheidung berufen, nicht der etwa aus mehreren Personen bestehende Gemeindevorstand.

Sein Stellvertreter ist zugelassen. (Über ständige Stellvertretung s. § 79 GGG.)

3) Die Anrufung des Gemeindevorstehers ist fakultativ. Sie kann von jeder der beiden Parteien erfolgen. Ist dies aber einmal geschehen, so ist damit die ausschließliche Zuständigkeit begründet. Ist eine Anrufung nicht erfolgt, so ist das ordentliche Gericht zuständig. Wenn dieses bereits angerufen ist, kann von der anderen Partei eine vorgängige Entscheidung des Gemeindevorstehers nicht mehr verlangt werden.

Lehnt der Gemeindevorsteher die Entscheidung ab, so findet Beschwerde im Dienstaufsichtswege statt.

4) Die örtliche Zuständigkeit ist entsprechend dem § 27 GGG. geregelt, s. Anm. hierzu.

Über Zuständigkeit des Gemeindevorstehers: Gruchots Beitr. 35 1144 und 36 147.

Zu Abs. 2: Die zur Anwendung gelangenden §§ 76 Abs. 2, 3 und 77—80 GGG. lauten:

§ 76 Abs. 2 u. 3 GGG. Den Parteien ist Gelegenheit zu geben, ihre Ausführungen und Beweismittel in einem Termine vorzubringen. Eine Beweisaufnahme durch Ersuchen anderer

Behörden findet nicht statt; Vereidigungen sind nicht zulässig.

Kommt ein Vergleich zustande, so ist ein Protokoll darüber aufzunehmen und von den Parteien und dem Gemeindevorsteher zu unterschreiben.

Zu Abs. 2: Für das Verfahren vor dem Gemeindevorsteher gelten nur die in Abs. 2 u. 3 vorgeschriebenen Bestimmungen, insbesondere kommen nicht die Vorschriften über das Verfahren vor den Kaufmannsgerichten zur Anwendung. Danach bewegt sich die Verhandlung in den einfachsten Formen. Der Tendenz des Gesetzes entsprechend hat der Gemeindevorsteher zunächst und tunlichst auf eine gütliche Beilegung des Streites hinzuwirken. Eine Beweisaufnahme kann stattfinden. Zeugen werden nicht geladen, dürfen aber von den Parteien gestellt werden. Da sie nicht gezwungen werden können auszusagen, ist auch der Umfang ihrer Aussage in ihr Belieben gestellt. Ebenso ist eine Beeidigung unzulässig. Es steht daher im Ermessen des Gemeindevorstehers, inwieweit er die Zeugenaussagen für die Entscheidung berücksichtigen will.

Ein Versäumnisverfahren findet nicht statt. Ist das Verfahren einmal anhängig, so kann die erschienene Partei auf Grund der mitgebrachten Beweismittel eine Entscheidung verlangen.

Gegen die Ablehnung einer Entscheidung durch den Gemeindevorsteher ist die Beschwerde im Dienstaufsichtswege gegeben. Anfechtung der Entscheidung s. § 77 GGG.

Gebühren werden für die Tätigkeit des Gemeindevorstehers nicht erhoben. Die Erstattung von Auslagen ist nur, wenn diese in der Entscheidung oder dem Vergleich erwähnt sind, mit diesen zugleich erzwingbar, sonst durch besondere Schadensersatzklage vor dem ordentlichen Gericht.

Zu Abs. 3: Das Protokoll kann durch den Gemeindevorsteher selbst oder einen besonderen Protokollführer, der keine besondere Qualifikation zu besitzen braucht, geführt werden. Notwendig ist ein Protokoll überhaupt nur beim Abschluß eines Vergleichs.

Vollstreckbarkeit des Vergleichs § 78 GGG.

§ 77 GGG. Die Entscheidung des Gemeindevorstehers ist schriftlich abzufassen; sie geht in Rechtskraft über, wenn nicht binnen einer Notfrist [1]) von zehn Tagen von einer der Parteien Klage bei dem [2]) ordentlichen [3]) Gericht erhoben wird. Die Frist beginnt mit der Verkündung, gegen eine bei der Verkündung nicht anwesende Partei mit der Behändigung [4]) der Entscheidung.

Die Entscheidungen des Gemeindevorstehers sind von Amts wegen für vorläufig vollstreckbar zu erklären.

Die vorläufige Vollstreckbarkeit ist nicht auszusprechen, wenn glaubhaft gemacht wird, daß die Vollstreckung dem Schuldner einen nicht zu ersetzenden Nachteil bringen würde; auch kann sie von einer vorgängigen Sicherheitsleistung abhängig gemacht werden.

Ist rechtzeitig Klage erhoben, so findet der § 707 der Zivilprozeßordnung entsprechende Anwendung.

Zu Abs. 1: Daß die Entscheidung mit Tatbestand oder Gründen versehen sein muß, ist nicht vorgeschrieben.

1) Über Notfristen s. § 55 GGG. Anm. zu Abs. 3. Über Berechnung der Fristen s. § 40 GGG. Anm. Die Notfrist ist gewahrt, wenn innerhalb zehn Tagen die Klage beim ordentlichen Gericht erhoben oder zu Protokoll oder sonst beim Gerichtsschreiber eingereicht ist (§§ 166 Abs. 2 und 207 Abs. 2 ZPO.; — a. M.: Brenner S. 173). Bei Versäumung der Frist ist Wiedereinsetzung in den vorigen Stand gemäß §§ 233 ff. ZPO. zulässig.

2) Bei dem (d. h.) dem zuständigen ordentlichen Gericht (so auch Haas, G. S. 168).

3) Ordentliches Gericht ist Amts- oder Landgericht, je nach der Zuständigkeit.

4) Eine bestimmte Form der Behändigung, etwa gar eine förmliche Zustellung, ist nicht erforderlich. Es gehört aber zur Pflicht des Gemeindevorstehers, den Nachweis der Behändigung festzulegen, um den Eintritt der Rechtskraft bestimmen zu können.

Zu Abs. 4: § 707 ZPO. lautet:

§ 707 ZPO. Wird die Wiedereinsetzung in den vorigen Stand oder eine Wiederaufnahme des Verfahrens beantragt, so kann das Gericht auf Antrag anordnen, daß die Zwangsvollstreckung gegen oder ohne Sicherheitsleistung einstweilen eingestellt werde oder nur gegen Sicherheitsleistung stattfinde, und daß die erfolgten Vollstreckungsmaßregeln gegen Sicherheitsleistung aufzuheben seien. Die Einstellung der Zwangsvollstreckung ohne Sicherheitsleistung ist nur zulässig, wenn glaubhaft gemacht wird, daß die Vollstreckung einen nicht zu ersetzenden Nachteil bringen würde.

Die Entscheidung kann ohne vorgängige mündliche Verhandlung erfolgen. Eine Anfechtung des Beschlusses findet nicht statt.

§ 78 GGG. Die vor dem Gemeindevorsteher geschlossenen Vergleiche[1]) sowie die rechtskräftigen oder vollstreckbaren Entscheidungen[2]) desselben sind, sofern die Partei es beantragt, auf Ersuchen des Gemeindevorstehers durch die Ortspolizeibehörde nach den Vorschriften über das Verwaltungszwangsverfahren[4]) zu vollstrecken.[3]) Ein unmittelbarer Zwang zur Vornahme einer Handlung ist nur im Falle des § 127d der Gewerbeordnung[5]) zulässig; die Leistung von Diensten aus einem Dienstvertrage kann durch Geldstrafen nicht erzwungen werden. Wo ein Verwaltungszwangsverfahren nicht besteht, finden die Bestimmungen über die Zwangsvollstreckung in bürgerlichen Rechtsstreitigkeiten Anwendung.

1) Über Vergleich § 76 Abs. 3 Anm. GGG.

2) Über Entscheidungen § 77 Abs. 2 u. 3 Anm. GGG.

3) Zur Einleitung der Vollstreckung bedarf es also zunächst eines Antrages an den Gemeindevorsteher und darauf gestützt eines Ersuchens desselben an die Ortspolizeibehörde. Ein direkter Ver-

kehr zwischen der Partei und der Polizeibehörde darf nicht stattfinden. Über Ortspolizeibehörde s. Bitter S. 232.

4) Für das Verwaltungszwangsverfahren sind die Landesgesetze maßgebend. Für Preußen kommt zur Anwendung die Kgl. VO. v. 15. 11. 99 (GS. 545), betr. das Verwaltungszwangsverfahren wegen Beitreibung von Geldbeträgen, sowie die VO. wegen Abänderung der vorgenannten VO. v. 18. 3. 04 (GS. 36). Zu der ersteren ist eine AusfAnw. v. 28. 11. 99 (AbgZBl. 00, 44) ergangen. Ferner ist zu beachten die AllgVf. v. 26. 1. 00 (MittdSt. Heft 40 S. 37), betr. die Vorschriften über Zustellungen. Die erwähnte Verordnung regelt die Zwangsvollstreckung nur soweit sie die Beitreibung von Geldbeträgen bezweckt. Soweit daher mit der Zwangsvollstreckung etwas anderes erwirkt werden soll, würden also die entsprechenden Vorschriften der ZPO. VIII. Buch anzuwenden sein. Über Erzwingung von Handlungen s. Anm. zu Abs. 1 § 51 GGG. Im Falle der Anwendung der Vorschriften der ZPO. kommt die Hilfstätigkeit der Ortspolizeibehörde in Fortfall, da dann das Amtsgericht Vollstreckungsgericht ist. Die Vermittlung der Zwangsvollstreckung wird aber auch in diesem Falle mangels eines Gerichtsschreibers dem Gemeindevorsteher obliegen.

5) § 127d GO. findet nur auf Streitigkeiten vor dem Gewerbegericht Anwendung.

§ 79 GGG. Der Gemeindevorsteher kann die Wahrnehmung der ihm nach den §§ 76 bis 78 obliegenden Geschäfte mit Genehmigung der höheren Verwaltungsbehörde[1]) einem Stellvertreter[2]) übertragen. Derselbe muß aus der Mitte der Gemeindeverwaltung oder Gemeindevertretung auf mindestens ein Jahr berufen werden. Die Berufung ist öffentlich[3]) bekanntzumachen.

1) Über höhere Verwaltungsbehörde s. § 1 Anm. zu Abs. 2 KGG.

2) Hier handelt es sich um dauernde Stellvertretung (s. Anm. zu § 19 KGG.).

3) Die öffentliche Bekanntmachung erfolgt nach Ermessen.

§ 80 GGG. Durch Anordnung der Landes-Zentralbehörde [1]) kann an Stelle des Gemeindevorstehers ein zur Vornahme von Sühneverhandlungen über streitige Rechtsangelegenheiten staatlich bestelltes Organ [2]) mit Wahrnehmung der in den §§ 76 bis 78 aufgeführten Geschäfte beauftragt werden. Die Anordnung ist öffentlich [3]) bekanntzumachen.

1) Über Landeszentralbehörde § 1 Anm. zu Abs. 5 KGG.

2) Für Preußen kommen als staatlich bestelltes Organ die Schiedsmänner in Frage (s. Schiedsmannsordnung v. 29. 3. 79, GS. 321).

3) Öffentliche Bekanntmachung erfolgt nach Ermessen.

Schlußbestimmungen.

§ 20.

Die Landes-Zentralbehörde kann anordnen [1]), daß in Bezirken, für welche zur Entscheidung gewerblicher Streitigkeiten auf Grund der Landesgesetze Gewerbegerichte bestehen (§ 85 [2]) des Gewerbegerichtsgesetzes), die für diese Gewerbegerichte geltenden besonderen Vorschriften über die Bildung von Vergleichskammern oder Vergleichsämtern und über das Verfahren vor denselben auch auf die Kaufmannsgerichte Anwendung finden.

Über die Entstehungsgeschichte und Begründung des § 20 s. Kommissionsberatungen S. 53, 54 und StenBer. der Reichstagssession 1903/04 S. 3089.

Zentralbehörden sind die Ministerien für Handel und des Innern.

1) Bis jetzt noch nicht geschehen (v. Mehren S. 99).

2) § 85 GGG. lautet:

§ 85 GGG. Die nach § 14 Nr. 4 des Gerichtsverfassungsgesetzes zugelassenen, auf Grund der Landesgesetze zur Entscheidung gewerblicher Streitigkeiten berufenen Gewerbegerichte werden mit dem 1. April 1892 aufgehoben, sofern nicht bis zu diesem Zeitpunkt ihre Zusammensetzung den Bestimmungen des § 13 Abs. 1 und 2 entspricht. Auf die Vertretung der Parteien vor den bezeichneten Gerichten finden die Bestimmungen des § 31 Anwendung.

Sofern diese Gerichte den vorbezeichneten Erfordernissen entsprechen, erleidet ihre Zuständigkeit durch dieses Gesetz keine Einschränkung.

§ 21.

Streitigkeiten, welche anhängig [1]) geworden sind, bevor ein für sie zuständiges Kaufmannsgericht bestand, werden von den bis dahin zuständig gewesenen Behörden [2]) erledigt.

Die Vorschrift des § 21 (§ 18 d. Entw.) bezieht sich auf alle Fälle, welche zur Zeit der erstmaligen Durchführung dieses Gesetzes anhängig sind oder in denen erst später ein Kaufmannsgericht errichtet wird. Die bis dahin zuständig gewesene Behörde, z. B. das Amtsgericht, hat die anhängigen Sachen in dem für sie vorgeschriebenen alten Verfahren zu erledigen. Auch die Vollstreckbarkeit sowie die Art und Weise der Zwangsvollstreckung fällt unter die Erledigung im Sinne der Vorschrift dieses Paragraphen (Mot. S. 14).

§ 21 ist als Übergangsvorschrift streng auszulegen; die vor Inkrafttreten dieses Gesetzes erhobene Klage auf Gehalt, die beim ordentlichen Gericht anhängig gemacht ist, kann nicht nach dem Inkrafttreten gemäß § 268 ZPO. auf die später fällig werdenden Gehaltsraten, für die nunmehr das Kaufmannsgericht zuständig ist, erweitert werden (KGBl. 05 107).

1) Nur bereits anhängige Streitigkeiten werden nach diesem Paragraphen behandelt, wird aber nach Inkrafttreten dieses Gesetzes gegen ein vor Inkrafttreten erhobene Klage Widerklage erhoben, die zur Zuständigkeit des Kaufmannsgerichts gehört, so ist hierfür nur das Kaufmannsgericht zuständig, auch dann, wenn die Widerklage mit der Klage in rechtlichem Zusammenhange steht (RG. 12. 5. 08 in GruchotsBeitr. 52 1154 = BayZ. 4 479).

Anhängig sind die Streitigkeiten erst mit Zustellung der Klage oder Widerklage (§§ 36, 37 GGG., KG. 25. 1. 06, SchlHolstAnz. 06 273).

Die Wiederaufnahme einer vor Errichtung eines zuständigen Kaufmannsgerichts anhängig gewordene Klage gehört zur Erledigung des Rechtsstreits und findet im alten Verfahren statt (so auch Haas, K. S. 59).

Über Vereinbarung des Gerichtsstandes s. Anm. zu § 6 dieses Gesetzes.

2) Nur bei Behörden anhängige Streitigkeiten kommen in Frage.

§ 22.

Die vorstehenden Bestimmungen treten, soweit sie sich auf die Herstellung der zu ihrer Durchführung erforderlichen Einrichtungen beziehen, mit dem Tage der Verkündung, im übrigen mit dem 1. Januar 1905 in Kraft.

Urkundlich unter Unserer Höchsteigenhändigen Unterschrift und beigedrucktem Kaiserlichen Insiegel.

Gegeben Swinemünde, an Bord M. Y. „Hohenzollern", den 6. Juli 1904.

Wilhelm.

(L. S.)

Graf von Posadowsky.

Preußische Ausführungsbestimmungen zum Kaufmannsgerichtsgesetz.*)

Erlaß des Ministers für Handel und Gewerbe vom 20. September 1904 (III a 7672), betreffend die Ausführung des Kaufmannsgerichtsgesetzes.

Den Herren Regierungspräsidenten übersende ich Abdruck einer von dem Herrn Minister des Innern und mir unter dem 6. d. M. zur Ausführung des Reichsgesetzes, betreffend Kaufmannsgerichte, vom 6. Juli d. J. erlassenen Bekanntmachung**) zur Veröffentlichung in den Regierungsamtsblättern.

Indem ich darauf hinweise, daß das vorbezeichnete Gesetz mit dem 1. Januar 1905 in Kraft tritt, daß aber nach § 22 des Gesetzes die zu seiner Durchführung erforderlichen Einrichtungen bereits vorher zu treffen sind, ersuche ich die Herren Regierungspräsidenten, der nunmehr ungesäumt in die Wege zu leitenden Errichtung von Kaufmannsgerichten gefälligst Ihre besondere Aufmerksamkeit zuzuwenden.

Im einzelnen bemerke ich folgendes:

I. Da das Kaufmannsgerichtsgesetz in enger Anlehnung an das Gewerbegerichtsgesetz die Sondergerichtsbarkeit, die durch das letztere Gesetz für die gewerblichen Arbeitgeber und

*) Abgedruckt im MBl. der Hand.- u. GewVerw. v. 30. Sept. 1904 S. 413—434, IV. Jahrgang Nr. 18.

**) S. S. 203.

Arbeitnehmer geschaffen ist, auf die Kaufleute und ihre Handlungsgehilfen und -lehrlinge ausdehnt, so werden bei der Beantwortung der Frage, für welche Bezirke die Kaufmannsgerichte am zweckmäßigsten zu errichten sind, diejenigen Grundsätze zu beachten sein, welche in dem zur Ausführung des Gewerbegerichtsgesetzes ergangenen Erlasse des damaligen Herrn Ministers für Handel und Gewerbe vom 27. September 1890 (B. 5938)*) entwickelt sind. — Ich mache aber besonders darauf aufmerksam, daß gemäß § 2 des Kaufmannsgerichtsgesetzes — entsprechend dem § 2 des Gewerbegerichtsgesetzes in der Fassung der Bekanntmachung vom 29. September

*) Der Erlaß ist nicht veröffentlicht. Es heißt darin:

„Für die Frage, für welche Bezirke die Gewerbegerichte am zweckmäßigsten zu errichten sind, ist in erster Linie der Gesichtspunkt zu beachten, daß für eine sachgemäße, rasche und für die Beteiligten möglichst leicht erreichbare Rechtspflege Sorge zu tragen ist. Soweit es hiermit vereinbar ist, wird auch Wert darauf zu legen sein, die Gewerbegerichte so zu bilden, daß sie auch geeignet sind, die ihnen durch die §§ 61 ff. (jetzt 62 ff.) und § 70 (jetzt 75) a. a. O. zugewiesene Tätigkeit in erfolgreicher Weise wahrzunehmen. — Dabei ist zu beachten, daß auch bei Errichtung eines Gewerbegerichts für einen weiteren Kommunalverband die Errichtung besonderer Gewerbegerichte für einzelne größere dem Kommunalverbande angehörende Gemeinden ... nach § 1 Abs. 4 Satz 2 nicht ausgeschlossen ist. Eine weitere Erleichterung einer zweckmäßigen Organisation wird dadurch geboten, daß das Gesetz die Einteilung der Gewerbegerichte in Kammern und zwar sowohl nach örtlichen Bezirken, als auch nach Gewerbezweigen zuläßt, und daß für diese Kammern sowohl die Bestellung besonderer Vorsitzenden, als auch die Wahl besonderer Beisitzer vorgesehen werden kann ...

Bei der Bedeutung, welche hiernach einer zweckmäßigen, nach einem möglichst einheitlichen Plane erfolgenden Ausführung des Gesetzes beizumessen ist, erscheint es dringend wünschenswert, daß sich die Regierung in Beziehung auf die Errichtung der Gewerbegerichte nicht lediglich abwartend verhält, vielmehr durch rechtzeitiges Eingreifen einen die allgemeinen Interessen zur Geltung bringenden Einfluß darauf zu gewinnen sucht."

1901 — für Gemeinden mit mehr als 20000 Einwohnern die Errichtung eines Kaufmannsgerichtes obligatorisch ist. Daher werden in erster Linie diese Gemeinden ohne Zeitverlust die erforderlichen Maßnahmen zu treffen haben, damit dort die Kaufmannsgerichte rechtzeitig am 1. Januar 1905 in Tätigkeit treten können.

II. Nach der Absicht des Gesetzgebers sollen die Kaufmannsgerichte, unbeschadet ihrer Selbständigkeit, tunlichst den bereits bestehenden Gewerbegerichten angegliedert werden. Zu diesem Zwecke bestimmt der § 9 Absatz 3 des Gesetzes:

„Besteht am Sitze des Kaufmannsgerichts ein auf Grund des § 1 oder des § 2 des Gewerbegerichtsgesetzes errichtetes Gewerbegericht, so sind in der Regel dessen Vorsitzender und seine Stellvertreter, sofern auf sie die im § 11 Absatz 1 bezeichneten Voraussetzungen zutreffen, zugleich zum Vorsitzenden und zu stellvertretenden Vorsitzenden des Kaufmannsgerichts zu bestellen, auch gemeinsame Einrichtungen für die Gerichtsschreiberei, den Bureaudienst, die Sitzungs- und Bureauräumlichkeiten und dergleichen zu treffen."

III. Gemäß § 11 Absatz 1 sollen der Vorsitzende des Gerichts und seine Stellvertreter in der Regel die Fähigkeit zum Richteramt oder höheren Verwaltungsdienste besitzen; nur für Ausnahmefälle ist der höheren Verwaltungsbehörde — dem Regierungspräsidenten — die Befugnis eingeräumt worden, Abweichungen von dieser Regel zuzulassen. Mit Rücksicht darauf, daß die Kaufmannsgerichte voraussichtlich häufiger als die Gewerbegerichte schwierige Rechtsfragen zu entscheiden haben werden, ersuche ich die Herren Regierungspräsidenten, von jener Ausnahmebewilligung grundsätzlich nur dann Gebrauch zu machen, wenn die Besetzung des Amts des Vorsitzenden mit einer zum Richteramt oder höheren Verwaltungsdienste befähigten Persönlichkeit auf ganz besondere Schwierigkeiten stößt, oder wenn etwa eine zum

Richteramt oder höheren Verwaltungsdienste nicht befähigte Persönlichkeit sich bereits als Vorsitzender oder stellvertretender Vorsitzender eines Gewerbegerichts bewährt hat und nunmehr auch zum Vorsitzenden oder stellvertretenden Vorsitzenden des gemäß § 9 Absatz 3 dem Gewerbegericht anzugliedernden Kaufmannsgerichts gewählt wird.

IV. Um den kommunalen Körperschaften, welche für die Errichtung von Kaufmannsgerichten zuständig sind, die Aufstellung der Statuten für diese Gerichte zu erleichtern, habe ich das beigefügte Musterstatut ausarbeiten lassen. In den §§ 11 ff. enthält dieses Musterstatut eingehende Vorschriften für die Regelung der Beisitzerwahlen, die gemäß § 12 Absatz 2 des Gesetzes ausnahmslos nach den Grundsätzen der Verhältniswahl stattzufinden haben. Diese Wahlvorschriften entsprechen — wenn auch nicht in allen Punkten, so doch im großen und ganzen — den Vorschlägen zur Regelung der Verhältniswahlen bei den Gewerbegerichten, welche ich den Herren Regierungspräsidenten mit meinem Erlasse vom 12. April 1902 (IIIa 2246)*) habe zugehen lassen. Die Vorschriften sind unter sorgfältiger Berücksichtigung der Literatur über das Verhältniswahlverfahren und unter Mitwirkung von Persönlichkeiten, die auf diesem Gebiet eine besondere Sachkunde erlangt haben, aufgestellt worden. Da bisher die Verhältniswahl in Deutschland nur bei einer kleinen Zahl von Gewerbegerichten seit kaum zwei Jahren eingeführt, also noch wenig erprobt ist, so empfiehlt es sich dringend, an den Bestimmungen des Musterstatuts tunlichst festzuhalten und nicht nach dem Vorgang einiger Gewerbegerichte andere Bestimmungen in das Statut aufzunehmen, die zwar den Anschein größerer Einfachheit erwecken, aber infolge ihrer Mangelhaftigkeit erhebliche Unzuträglichkeiten bei der Durchführung der Verhältniswahlen zur Folge haben können.

---

*) S. MinBl. 02 164 ff.

Zur Erläuterung der Vorschriften über die Verhältniswahl werden folgende Abhandlungen besonders dienlich sein:

1. Dr. Paul Siller, die Grundlagen und Ziele der Verhältniswahl. Berlin 1903, Carl Heymanns Verlag. Preis 1 M.
2. R. Siegfried, die Proportionalwahl bei den Gewerbegerichten. Amendierter Wiederabdruck aus dem „Preußischen Verwaltungsblatt" Nr. 33 und 34 vom 17. und 24. Mai 1902 — Königsberg i/Pr. Hartungsche Druckerei. (Diese Abhandlung wird vom Verfasser unentgeltlich abgegeben.)

V. Endlich weise ich im Einvernehmen mit dem Herrn Justizminister und dem Herrn Minister des Innern ausdrücklich darauf hin, daß die im Laufe der Jahre zur Ausführung des Gewerbegerichtsgesetzes ergangenen Ministerialerlasse, soweit nicht abweichende Bestimmungen des Kaufmannsgerichtsgesetzes entgegenstehen, auf die Kaufmannsgerichte sinngemäß Anwendung finden. Unter diesen Erlassen sind die folgenden hervorzuheben:

1. der Erlaß der Minister des Innern und für Handel und Gewerbe vom 1. August 1891 (MinBl. d. inn. Verw. S. 134), betreffend das Siegel der Gewerbegerichte;
2. der Erlaß des Ministers für Handel und Gewerbe vom 15. August 1892 (B. 6149), betreffend Benachrichtigung der Justizbehörden von der Errichtung von Gewerbegerichten;
3. der Erlaß des Justizministers und des Ministers für Handel und Gewerbe vom 31. Oktober 1892 (B. 8248 II M. f. H. u. G., I 5132 JustM.), betreffend die Rechtsprechung der Gewerbegerichte „im Namen des Königs";
4. der Erlaß des Ministers für Handel und Gewerbe vom 1. Juli 1896 (B. 6584), betreffend Stempelfreiheit der Schiedssprüche der Gewerbegerichte;

5. der Erlaß der Minister des Innern und für Handel und Gewerbe vom 14. Februar 1898 (MinBl. d. inn. Verw. S. 42), betreffend Vollstreckung der von den Gewerbegerichten als Ordnungsstrafen festgesetzten Haftstrafen;
6. die drei Erlasse der Minister für Handel und Gewerbe und des Innern, betreffend die Dienstaufsicht über die Geschäftsführung der Gewerbegerichte,
   a) vom 18. August 1898 (MinBl. d. inn. Verw. S. 188),
   b) vom 30. Mai 1899 (MinBl. d. inn. Verw., Jahrg. 1900, S. 93),
   c) vom 11. März 1901 (MinBl. d. Handels- u. Gew-Verw. S. 20);
7. der Erlaß des Ministers für Handel und Gewerbe vom 10. August 1901 (MinBl. S. 194), betreffend Rechtshilfeersuchen der Gewerbegerichte an Behörden im Auslande;
8. der Erlaß des Ministers für Handel und Gewerbe, des Justizministers und des Ministers des Innern vom 8. Januar 1902 (MinBl. S. 36), betreffend Aufbewahrung und Vernichtung der Akten der Gewerbegerichte.

VI. Bis zum 1. März k. J. wollen die Herren Regierungspräsidenten mir über die Ausführung des Kaufmannsgerichtsgesetzes gefälligst eingehend berichten. In den Berichten ist anzugeben, an welchen Orten und für welche Bezirke Kaufmannsgerichte errichtet sind, wie der Vorsitz in den Gerichten geregelt ist, und ob die Beisitzerwahlen nach den Bestimmungen des Musterstatuts geordnet sind. Ferner ist zu berichten, welche Gründungen von Kaufmannsgerichten etwa noch in Aussicht stehen oder zwar von den Herren Regierungspräsidenten für zweckmäßig erachtet, von den kommunalen Körperschaften aber abgelehnt werden, und ob es sich etwa als notwendig erweisen wird, die Errichtung von Kaufmannsgerichten nach Maßgabe der Vorschriften im § 1 Absatz 5 oder im § 2 des Gesetzes durch Anordnung der Landeszentralbehörde herbeizuführen.

VII. Von allen Statuten und Statutennachträgen für die Kaufmannsgerichte sind mir schon vor dem 1. März k. J. und auch fernerhin je drei Exemplare mittels besonderen Berichtes einzureichen.

Zusatz für die Regierungspräsidenten in Düsseldorf und Köln.

VIII. Die Vorschrift im § 9 Absatz 3 des Gesetzes, wonach in der Regel der Vorsitzende des Gewerbegerichtes und seine Stellvertreter auch zum Vorsitzenden und zu stellvertretenden Vorsitzenden des an demselben Ort errichteten Kaufmannsgerichts zu bestellen, sowie gemeinsame Bureaueinrichtungen für beide Gerichte zu treffen sind, wird tunlichst auch für die Kaufmannsgerichte an solchen Orten anzuwenden sein, wo auf Grund des Gesetzes vom 11. Juli 1891 (GS. S. 311) Königliche Gewerbegerichte bestehen.

Alsdann erfordert freilich die Deckung der Unterhaltungskosten für diese vereinigten Kaufmannsgerichte und Königlichen Gewerbegerichte eine besondere Regelung. Nach § 8 des Kaufmannsgerichtsgesetzes sind die Kosten der Einrichtung und Unterhaltung des Kaufmannsgerichts von der Gemeinde zu tragen. Dagegen fallen nach § 11 des Gesetzes vom 11. Juli 1891 bei den Königlichen Gewerbegerichten nur die Kosten für die Beschaffung, Ausstattung usw. der Geschäftsräume der Gemeinde zur Last, während die sonstigen Kosten nach näherer Bestimmung des Regulativs auf die Gewerbetreibenden des Gerichtsbezirkes umzulegen sind. Bevor eine dem § 9 Absatz 3 des Kaufmannsgerichtsgesetzes entsprechende Vereinigung der an einem und demselben Orte bestehenden Kaufmannsgerichte und Königlichen Gewerbegerichte erfolgen kann, muß unter diesen Umständen zunächst durch das Statut des Kaufmannsgerichtes und in Übereinstimmung damit durch das Regulativ des Gewerbegerichts festgesetzt werden, nach welchen Grundsätzen die durch die gemeinsame Einrichtung und Unterhaltung beider Gerichte entstehenden Kosten — abgesehen von den Kosten für die Geschäftsräume, die sämtlich der Gemeinde zur Last fallen — auf die zur Unterhaltung des Kaufmannsgerichts verpflichtete Gemeinde einerseits und auf die zur Unterhaltung des Gewerbegerichts verpflichteten Gewerbetreibenden andrerseits zu verteilen sind. Da es an einem anderen zuverlässigen Maßstabe für die Kostenverteilung mangelt, wird dieser Verteilung wohl am zweckmäßigsten die Zahl der jährlich bei jedem der beiden Gerichte anhängig gewordenen Streitsachen — ohne Rücksicht auf den Wert des Streitgegenstands — zugrunde zu legen sein. Alsdann würden beispielsweise, wenn bei dem Königlichen Gewerbegerichte dreimal soviel Streitsachen, wie bei dem Kaufmannsgericht, anhängig geworden sind, $^3/_4$ der zu verteilenden Kosten den zur Unterhaltung des Gewerbegerichts verpflichteten Gewerbetreibenden und $^1/_4$ der zur Unterhaltung des Kaufmannsgerichts verpflichteten Gemeinde zur Last fallen.

Daß bei einer solchen Angliederung eines Kaufmannsgerichtes an ein Königliches Gewerbegericht die Entschädigung der Beisitzer (§ 20 des Gewerbegerichtsgesetzes, § 15 Absatz 2 des Kaufmannsgerichtsgesetzes) und die Gebührenerhebung (§ 58 des ersteren, § 16 des letzteren Gesetzes) in dem Regulative des Gewerbegerichtes und in dem Statute des Kaufmannsgerichtes übereinstimmend zu regeln sein werden, liegt auf der Hand.

Wegen der Ausführung des § 20 des Kaufmannsgerichtsgesetzes, wonach die Landeszentralbehörde in Bezirken, für welche Königliche Gewerbegerichte bestehen, die Vorschriften über die Vergleichskammern dieser Gerichte auf die Kaufmannsgerichte ausdehnen kann, wird besondere Verfügung ergehen.

Bekanntmachung der Minister des Innern und für Handel und Gewerbe v. 6. Sept. 1904.

IIIa 7437 M. f. H.; IIb 3583 M. d. J.

Auf Grund des § 15 Absatz 2 des Gesetzes, betreffend Kaufmannsgerichte, vom 6. Juli d. J. (RGBl. S. 266), wonach bei der Ausführung dieses Gesetzes die §§ 22 und 88 des Gewerbegerichtsgesetzes — in der Fassung der Bekanntmachung vom 29. September 1901 (RGBl. S. 353) — sinngemäß Anwendung finden, bestimmen wir, was folgt:

1. Die auf Grund des § 20 — jetzt § 22 — des Gewerbegerichtsgesetzes ergangene Bekanntmachung der Minister für Handel und Gewerbe und des Innern vom 17. Februar 1891 (B. 713 M. f. H.; II 1817 M. d. J.),
   betreffend die Vereidigung der Mitglieder der Gewerbegerichte,

   findet bei der Ausführung des Gesetzes, betreffend Kaufmannsgerichte, sinngemäß Anwendung.
2. Die auf Grund des § 83 — jetzt § 88 — des Gewerbegerichtsgesetzes ergangenen Bekanntmachungen der Minister für Handel und Gewerbe und des Innern vom 23. September 1890 (MinBl. d. inn. Verw. S. 206) und vom 9. Januar 1891 (B 3 M. f. H.; II 73 M. d. J.),
   wodurch bestimmt wird, welche Verbände als weitere Kommunalverbände im Sinne des Gewerbegerichtsgesetzes anzusehen sind, von welchen Organen der Gemeinden und weiteren Kommunalverbände die Statuten über Errichtung von Gewerbegerichten zu beschließen und von welchen Staats- oder Gemeindeorganen die übrigen in diesem Gesetze den Staats- oder Gemeindebehörden sowie den Vertretungen der Gemeinden und weiteren Kommunalverbände zugewiesenen Verrichtungen wahrzunehmen sind,

   finden bei der Ausführung des Gesetzes, betreffend Kaufmannsgerichte, sinngemäß Anwendung.

Muster zur Aufstellung von Orts- (Kreis-) Statuten für Kaufmannsgerichte

auf Grund des Kaufmannsgerichts-Gesetzes vom 6. Juli 1904 (RGBl. S. 266).

Vorbemerkung.

Um den bei der Durchführung des Kaufmannsgerichts-Gesetzes vom 6. Juli 1904 (RGBl. S. 266) beteiligten Stellen eine Anleitung zur Aufstellung der Orts- usw. Statuten zu geben, ist auf Anordnung des Herrn Ministers für Handel und Gewerbe ein Muster für die Fassung solcher Statuten ausgearbeitet worden. Dieses Musterstatut soll aber für die Beteiligten nicht bindend sein; vielmehr bleibt es den zur Beschlußfassung über die Statuten berufenen Stellen überlassen, ob und inwieweit sie das Muster bei Aufstellung ihrer Statuten zugrunde legen wollen.

Durch die im Texte des Statuts vorkommenden eckigen Klammern [—] werden diejenigen Bestimmungen bezeichnet, deren Aufnahme in das Statut das Gesetz dem Ermessen der bei der Beschlußfassung beteiligten Stellen überläßt, oder verschiedene Fassungen zur Auswahl gestellt. Die in solche eckigen Klammern eingeschlossenen Sätze und Worte sind daher je nach den Umständen beizubehalten oder zu streichen, oder auch durch andere zu ersetzen.

Die durch einen * gekennzeichneten Bestimmungen des Musterstatuts sind mehr oder weniger wörtliche Wiederholungen solcher Gesetzesbestimmungen, welche durch das Statut nicht abgeändert werden dürfen. Die Aufnahme dieser Bestimmungen in das Statut ist daher nicht unbedingt erforderlich. Legen die zur Beschlußfassung über das Statut berufenen Stellen besonderen Wert auf eine kürzere Fassung des Statuts, so können die mit * bezeichneten Bestimmungen gestrichen werden.

Orts- (Kreis-) Statut
für die
Gemeinde (die Stadt, den Kreis) N. N., betreffend das Kaufmannsgericht zu N. N.

Einleitung.

A. Für Landgemeinden:

Für den Gemeindebezirk N. N. wird hierdurch nach Maßgabe des Beschlusses der Gemeindeversammlung (Gemeindevertretung) vom .... auf Grund des § 1 Abs. 1, 2 [3] Anm. 1. und 6 des Kaufmannsgerichts-Gesetzes vom 6. Juli 1904 (RGBl. S. 266) nach Anhörung beteiligter Kaufleute und Handlungsgehilfen nachstehendes Ortsstatut erlassen:

B. Für Stadtgemeinden:

Für den Gemeindebezirk der Stadt N. N. wird hierdurch nach Maßgabe des Beschlusses des Magistrats vom .... und des Beschlusses der Stadtverordneten-Versammlung (des bürgerschaftlichen Kollegiums usw.) vom .... [nach Maßgabe des Beschlusses der Stadtverordneten-Versammlung vom ....] auf Grund des § 1 Abs. 1, 2 [3] Anm. 1. und 6 des Kaufmannsgerichts-Gesetzes vom 6. Juli 1904 (RGBl. S. 266) nach Anhörung beteiligter Kaufleute und Handlungsgehilfen nachstehendes Ortsstatut erlassen:

C. Für weitere Kommunalverbände:

Für den Kreis (die Bürgermeisterei in der Rheinprovinz), (den Amtsbezirk in Westfalen) N. N. wird hierdurch nach Maßgabe des Beschlusses des Kreistages (der Bürgermeisterei-Versammlung), (der Amtsversammlung) vom .... auf Grund des § 1 Abs. 1, 4 und 6 des Kaufmannsgerichts-Gesetzes vom 6. Juli 1904 (RGBl. S. 266) nach

Anhörung beteiligter Kaufleute und Handlungsgehilfen nachstehendes Kreis- (Bürgermeisterei-), (Amtsbezirks-) Statut erlassen: Anm. 2.

Anm. 1: Die Ziffer 3 ist für den Fall der Errichtung eines mehreren Gemeinden gemeinsamen Kaufmannsgerichts anzuziehen.

Anm. 2: Auch die Errichtung eines, mehreren weiteren Kommunalverbänden oder eines, einem oder mehreren weiteren Kommunalverbänden und einer oder mehreren Gemeinden gemeinsamen Kaufmannsgerichts ist für gesetzlich zulässig zu erachten.

Erster Abschnitt.

Errichtung und Zusammensetzung des Kaufmannsgerichts.

§ 1. Zur Entscheidung von Streitigkeiten aus dem Dienst- oder Lehrverhältnisse zwischen Kaufleuten einerseits und ihren Handlungsgehilfen oder Handlungslehrlingen andrerseits wird ein Kaufmannsgericht errichtet, welches den Namen: KGG. § 1 Abs. 1. KGG. § 1 Abs. 2, 3 u. 4.

Kaufmannsgericht zu N. N. Anm. 3. führt.

Sein Sitz ist zu N. N.

Sein Bezirk umfaßt den Gemeindebezirk [der Stadt] N. N. [den Bezirk der Bürgermeisterei N. N., den Amtsbezirk N. N., die Bezirke der Gemeinden A., B. und C., die Bezirke der Bürgermeistereien A., B. und C., den Kreis N. N.] Anm. 4.

Anm. 3: Für den Fall des gleichzeitigen Bestehens mehrerer Gewerbegerichte an demselben Orte wird ein dieselben voneinander unterscheidender Zusatz erforderlich sein.

Anm. 4: Durch die räumliche Abgrenzung des Bezirks des Kaufmannsgerichts bzw. seiner Kammern ist gemäß § 16 KGG. in Verbindung mit § 27 GGG. zugleich die örtliche Zuständigkeit des Gerichts bzw. seiner Kammern dahin geregelt, daß alle streitigen Verpflichtungen der hier in Betracht kommenden Art, welche im Bezirk des Kaufmannsgerichts zu erfüllen sind, der Zuständigkeit desselben unterliegen. — Doch ist, wie hier ausdrücklich hervorgehoben werden mag, mit Rücksicht darauf, daß nach § 1 KGG. in Verbindung mit § 26 GGG. die für das amtsgerichtliche Verfahren geltenden Vorschriften der Zivilprozeßordnung für das Verfahren vor den Kaufmannsgerichten Anwendung finden, gemäß §§ 38 ff. der Zivilprozeßordnung den Parteien unbenommen, auf Grund einer stillschweigenden oder ausdrücklichen Vereinbarung im Prorogationswege ein anderes, als das sonst zuständige Kaufmannsgericht zur Entscheidung ihrer Streitigkeiten — innerhalb der sachlichen Zuständigkeit desselben — anzurufen.

Sachliche Zuständigkeit.

§ 2.* Das Kaufmannsgericht ist ohne Rücksicht auf den Wert des Streitgegenstandes zuständig für Streitigkeiten der im § 1 Abs. 1 bezeichneten Art, wenn diese Streitigkeiten betreffen:

1. den Antritt, die Fortsetzung oder die Auflösung des Dienst- oder Lehrverhältnisses, sowie die Aushändigung oder den Inhalt des Zeugnisses,
2. die Leistungen aus dem Dienst- oder Lehrverhältnisse,
3. die Rückgabe von Sicherheiten, Zeugnissen, Legitimationspapieren oder anderen Gegenständen, welche aus Anlaß des Dienst- oder Lehrverhältnisses übergeben worden sind,
4. die Ansprüche auf Schadenersatz oder auf Zahlung einer Vertragsstrafe wegen Nichterfüllung oder nicht gehöriger Erfüllung der Verpflichtungen, welche die unter Nr. 1 bis 3 bezeichneten Gegenstände betreffen, sowie wegen gesetzwidriger oder unrichtiger Eintragungen in Zeugnisse, Krankenkassenbücher oder Quittungskarten der Invalidenversicherung,
5. die Berechnung und Anrechnung der von den Handlungsgehilfen oder Handlungslehrlingen zu leistenden Krankenversicherungsbeiträge und Eintrittsgelder (§§ 53a, 65 des Krankenversicherungsgesetzes),
6. die Ansprüche aus einer Vereinbarung, durch welche der Handlungsgehilfe oder Handlungslehrling für die Zeit nach Beendigung des Dienst- oder Lehrverhältnisses in seiner gewerblichen Tätigkeit beschränkt wird.

KGG. § 5.

§ 3.* Vereinbarungen, durch welche der Entscheidung des Kaufmannsgerichts künftige, zu seiner Zuständigkeit gehörige, Streitigkeiten entzogen werden, sind nichtig.

KGG. § 6 Abs. 2.

Ausnahmen von der Zuständigkeit.

§ 4.* Ausgenommen von der Zuständigkeit des Kaufmannsgerichts sind Streitigkeiten aus dem Dienstverhältnisse von Handlungsgehilfen, deren Jahresarbeitsverdienst an Lohn oder Gehalt den Betrag von fünftausend Mark übersteigt, sowie von Gehilfen und Lehrlingen in Apotheken.

KGG. § 4.

Zusammensetzung.

§ 5. Das Kaufmannsgericht besteht aus einem Vorsitzenden, einem [3, 4, 6] Stellvertreter (n) desselben und vier [6, 10, 20] Beisitzern. Die Zahl der Stellvertreter und Beisitzer kann durch Beschluß der Gemeinde-Versammlung (Gemeinde-Vertretung) [des Magistrats] [des Kreis-Ausschusses] anderweit festgestellt werden.

[Das Kaufmannsgericht wird in zwei [3, 5, 6] Kammern eingeteilt, deren eine in der Stadt A., deren andere in der Stadt [Gemeinde] B. ihren Sitz hat.

Die Bezirke derselben werden nach näherer Bestimmung des Gemeindevorstandes [Kreis-Ausschusses] gegeneinander abgegrenzt [zunächst in der Weise, daß zu dem Bezirke der Kammer in A. die Gemeinden (Bürgermeistereien usw.) X. und Z., zu demjenigen der Kammer in B. die Gemeinden (Amtsbezirke) G., H. und J. gehören.] Anm. 5 u. 6.

[Der Vorsitzende des Kaufmannsgerichts führt den Vorsitz in der Kammer zu A., der erste Stellvertreter desselben in der Kammer zu B.] Anm. 7.

KGG. § 9.

Anm. 5: Statt den Gerichtsbezirk räumlich in mehrere Kammerbezirke einzuteilen, kann auch — besonders in Großstädten — der Gliederung des Gerichts in mehrere Kammern die Einteilung des Handelsgewerbes in verschiedene Branchen zugrunde gelegt werden.

Auch dann wird aber zweckmäßigerweise in dem Statut der Gemeindevertretung oder dem Magistrat das Recht zur Abänderung der Kammereinteilung einzuräumen sein.

Anm. 6: Die Kreisstatuten zur Errichtung von Kaufmannsgerichten mit besonderen Kammern werden nach Ziffer II des Erlasses vom 16. Februar 1891 (B 1095) zweckmäßig durch folgenden Zusatz ergänzt: „Abänderungen der Kammereinteilung können durch Beschluß des Kreisausschusses mit Genehmigung des Königl. Regierungspräsidenten zu N. N. mit rechtsverbindlicher Kraft vorgenommen werden."

Anm. 7: Bei der Verteilung der Geschäfte in der hier vorgesehenen Art wird außerdem durch das Statut für die Bestellung von Vertretern sowohl des Vorsitzenden, als auch seiner Stellvertreter für den von ihnen wahrzunehmenden Vorsitz in den einzelnen Kammern in entsprechender Weise Sorge zu tragen sein.

Allgemeine Erfordernisse für die Mitglieder.

§ 6.* Zum Mitgliede eines Kaufmannsgerichts können nicht berufen werden:

1. Personen weiblichen Geschlechts;
2. Ausländer;
3. Personen, welche die Fähigkeit zur Bekleidung öffentlicher Ämter infolge strafgerichtlicher Verurteilung verloren haben;
4. Personen, gegen welche das Hauptverfahren wegen eines Verbrechens oder Vergehens eröffnet ist, das die Aberkennung der bürgerlichen Ehrenrechte oder die Fähigkeit zur Bekleidung öffentlicher Ämter zur Folge haben kann;
5. Personen, welche infolge gerichtlicher Anordnung in der Verfügung über ihr Vermögen beschränkt sind.

Zum Mitgliede des Kaufmannsgerichts — einschließlich des Vorsitzenden und der Stellvertreter — soll nur berufen werden, wer das dreißigste Lebensjahr vollendet und in dem der Wahl vorangegangenen Jahre für sich oder seine Familie Armenunterstützung auf Grund des Gesetzes über den Unterstützungswohnsitz vom 6. Juni 1870 (RGBl. S. 360) und des

Gesetzes, betreffend die Ausführung des Bundesgesetzes über den Unterstützungswohnsitz, vom 8. März 1871 (GS. S. 130) nicht empfangen oder die empfangene Armenunterstützung erstattet hat. Zum Beisitzer soll nur berufen werden, wer im Bezirke des Gerichts seit mindestens zwei Jahren seine Handelsniederlassung hat oder beschäftigt ist.

Zu Mitgliedern des Kaufmannsgerichts sollen nicht berufen werden Personen, welche wegen geistiger oder körperlicher Gebrechen zu dem Amte nicht geeignet sind.

KGG. § 10.

Vorsitzender und Stellvertreter.

§ 7. Der Vorsitzende des Kaufmannsgerichts und seine Stellvertreter werden von der Gemeinde-Versammlung (Gemeinde-Vertretung), der Bürgermeisterei-Versammlung, der Amtsversammlung, dem Magistrate [und der Stadtverordneten-Versammlung usw.], dem Kreisausschusse [und dem Kreistage], auf ...... (mindestens ein) Jahr gewählt. Anm. 8

* Zum Vorsitzenden und zu Stellvertretern sollen Personen gewählt werden, welche die Fähigkeit zum Richteramt erlangt haben; auch können Personen gewählt werden, welche die Fähigkeit zum höheren Verwaltungsdienste besitzen. Ausnahmen kann der Königliche Regierungspräsident zu N. N. zulassen.

* [Solange am Sitze des Kaufmannsgerichts ein auf Grund des § 1 oder des § 2 des Gewerbegerichtsgesetzes errichtetes Gewerbegericht besteht, sind in der Regel dessen Vorsitzender und seine Stellvertreter, sofern auf sie die in den beiden vorstehenden Absätzen bezeichneten Voraussetzungen zutreffen, zugleich zum Vorsitzenden und zu stellvertretenden Vorsitzenden des Kaufmannsgerichts zu bestellen.] Anm. 9.

* Der Vorsitzende und seine Stellvertreter dürfen weder Kaufleute, noch Handlungsgehilfen sein. Vorsteher oder Mitglieder eines verwaltenden oder beschließenden Organs einer Gemeinde oder eines weiteren Kommunalverbandes können zum Vorsitzenden oder stellvertretenden Vorsitzenden des

Kaufmannsgerichts auch dann gewählt werden, wenn die Gemeinde oder der weitere Kommunalverband ein Handelsgewerbe betreibt.

* Die Wahl des Vorsitzenden und des [der] Stellvertreter (s) bedarf der Bestätigung des Königlichen Regierungspräsidenten zu N. N. Diese Bestimmung findet auf Staats- oder Gemeindebeamte, welche ihr Amt kraft staatlicher Ernennung oder Bestätigung verwalten, keine Anwendung, solange sie dieses Amt bekleiden. [Einer Bestätigung bedarf es ferner nicht, wenn im Falle des Absatzes 3 der Vorsitzende des Gewerbegerichts oder sein Stellvertreter zum Vorsitzenden oder zum stellvertretenden Vorsitzenden des Kaufmannsgerichts gewählt wird.] KGG. §§ 9 Abs. 3, 11, 14.

Anm. 8: Bei Gerichten, welche für mehrere Gemeinden oder weitere Kommunalverbände gemeinsam errichtet werden, ist durch das Statut die Frage zu regeln, welcher von den an sich gleich berechtigten Vertretungen der einzelnen zusammengetretenen Gemeinden usw. das Recht zur Wahl des Vorsitzenden und seiner Stellvertreter zustehen soll. Um den sich hierbei leicht ergebenden praktischen Schwierigkeiten nach Möglichkeit vorzubeugen, dürfte sich eine Regelung dahin empfehlen, daß die Wahl des Vorsitzenden der einen, die der Stellvertreter der anderen zugewiesen wird, oder daß die Wahl des Vorsitzenden und seiner Stellvertreter erstmalig von der Gemeinde A, zweitmalig von der Gemeinde B und so alternierend weiter zu vollziehen ist.

Die zur Wahl im gegebenen Falle berechtigte Vertretung hat auch über die etwa erforderlich werdende Entschädigung des Vorsitzenden usw. zu befinden.

Anm. 9: Eine gleiche Vorschrift kann auch für den Fall getroffen werden, daß am Sitz des Kaufmannsgerichts ein den Vorschriften des Gesetzes vom 11. Juli 1891 (GS. S. 311) entsprechendes Königliches Gewerbegericht besteht. Siehe Anm. 27 (zu § 32 dieses Statuts).

Beisitzer.

§ 8.* Die Beisitzer müssen zur Hälfte aus den Kaufleuten, welche mindestens einen Handlungsgehilfen oder Handlungslehrling regelmäßig das Jahr hindurch oder zu gewissen Zeiten des Jahres beschäftigen, zur Hälfte aus den Handlungsgehilfen entnommen werden.

Die Beisitzer aus dem Kreise der Kaufleute werden mittels Wahl der im Absatz 1 bezeichneten Kaufleute, die Beisitzer aus dem Kreise der Handlungsgehilfen mittels Wahl der Handlungsgehilfen auf die Dauer von drei [sechs] Jahren bestellt. Wiederwahl ist zulässig.

[Alle drei Jahre scheidet die Hälfte der Beisitzer jeder Kategorie aus und wird durch neue Wahlen ersetzt, wobei Wiederwahl zulässig ist. Die das erste Mal Ausscheidenden werden durch eine von dem Vorsitzenden des Kaufmannsgerichts oder seinem Stellvertreter in öffentlicher Sitzung vorzunehmende Auslosung bestimmt.]

[Beisitzer, deren Amtsperiode abgelaufen ist, scheiden erst dann aus, wenn ihr Nachfolger in das Amt eingetreten ist.] Anm. 10. *KGG. § 12.

Anm. 10: Die Vorschrift im Absatz 3, daß nur die Hälfte der Beisitzer periodisch ausscheidet, wird sich nur bei größeren Gerichten mit zahlreichen Beisitzerstellen empfehlen. Bei kleinen Gerichten stellt die Hälfte der Beisitzer jeder Kategorie eine so kleine Zahl dar, daß bei Ergänzungswahlen, die auf die Hälfte der Beisitzerstellen beschränkt werden, die Vorzüge der Verhältniswahl — verhältnismäßige Vertretung aller Parteien — häufig nicht genügend zur Geltung kommen würden. — Da die Wahl nach § 12 Abs. 3 KGG. nicht auf länger als sechs Jahre erfolgen darf, so ist die Vorschrift im Absatz 4 nur dann zulässig, wenn im Absatz 2 eine kürzere als sechsjährige Amtsperiode vorgeschrieben ist.

§ 9.* Zur Teilnahme an den Wahlen sind nur berechtigt:

a) solche Kaufleute, welche das fünfundzwanzigste Lebensjahr vollendet und im Bezirke des Kaufmannsgerichts ihre Handelsniederlassung haben;

b) solche Handlungsgehilfen, welche das fünfundzwanzigste Lebensjahr vollendet und in dem Bezirke des Kaufmannsgerichts beschäftigt sind.

Die in § 6 Abs. 1 dieses Statuts bezeichneten Personen sind nicht wahlberechtigt. KGG. § 13.

§ 10.* Den Kaufleuten im Sinne der §§ 7 bis 9 stehen gleich die Mitglieder des Vorstandes einer Aktiengesellschaft oder eingetragenen Genossenschaft oder einer als Kaufmann geltenden juristischen Person, sowie die Geschäftsführer einer Gesellschaft mit beschränkter Haftung. KGG. § 14.

Wahl der Beisitzer.

§ 11. Die Wahl der Beisitzer ist unmittelbar und geheim. Sie erfolgt nach den Grundsätzen der Verhältniswahl. Der gesamte Bezirk des Kaufmannsgerichts bildet einen Wahlbezirk. Zur Ausübung des Wahlrechts werden nach Maßgabe des Bedürfnisses in hinreichender Zahl örtliche Wahlstellen eingerichtet. Das Wahlrecht darf nur an einer Wahlstelle ausgeübt werden, und zwar an derjenigen, in deren Bezirk der Wähler zur Zeit der Aufstellung der Wählerlisten seine Handelsniederlassung hat oder beschäftigt ist. Anm. 10a.

KGG. § 12.

Anm. 10a: Da der Gedanke der Verhältniswahl zu seiner vollen Verwirklichung tunlichst großer Wahlbezirke bedarf, ist in den Bestimmungen der §§ 11 ff. davon ausgegangen, daß der Regel nach jeder Gerichtsbezirk nur einen Wahlbezirk bilden wird. Es wird hieran auch in größeren Gemeinden und weiteren Kommunalverbänden nach Möglichkeit festzuhalten sein, die Ermittlung des Wahlergebnisses wird auch dann keine besonderen Schwierigkeiten bieten. — In Großstädten wird freilich die Zahl der zu wählenden Beisitzer jeder Kategorie so groß sein, daß es sich dort kaum ermöglichen lassen wird, jeden Wähler an der Wahl sämtlicher Beisitzer seiner Kategorie teilnehmen zu lassen. Zur Beseitigung dieser Schwierigkeit schlägt der Aufsatz von R. Siegfried „Die Organisation der Wahlen zu den großstädtischen Kaufmannsgerichten" („Soziale Praxis" Nr. 52 vom 22. September 1904) vor, die Anzahl der für eine Vorschlagsliste und demzufolge auch für einen Stimmzettel zulässigen Namen auf 1/4, 1/6, 1/10 usw. der Anzahl der von einem Wahlkörper zu wählenden Beisitzer herunterzusetzen und die Parteien zu veranlassen, sich des Systems der verbundenen Listen zu bedienen, wobei jede Liste tunlichst einer Branche resp. einer Gruppe verwandter Branchen des Handelsgewerbes zu entsprechen hätte. Sollten die anscheinend sehr beachtenswerten Vorschläge von R. Siegfried sich praktisch nicht durchführen lassen, so würden sich zur Vereinfachung der zu den großstädtischen Kaufmannsgerichten vorzunehmenden Wahlen zwei Auswege darbieten:

a) Es werden mehrere Wahlbezirke gebildet und jedem Wahlbezirk wird die Wahl eines Teils der Beisitzer jeder Kategorie übertragen. Alsdann wird freilich der Hauptzweck der Verhältniswahl — daß möglichst alle Gruppen und Parteien der Wähler nach dem Verhältnis ihrer Stärke zur Geltung kommen sollen — nicht immer völlig erreicht werden.

b) Es wird im Statut bestimmt, daß die zu besetzenden Beisitzerstellen jeder Kategorie vom Magistrat oder von der Gemeindevertretung auf die verschiedenen Branchen des Handelsgewerbes — und zwar tunlichst im Verhältnis der überschläglich zu ermittelnden Zahl der in den einzelnen Branchen beschäftigten Handlungsgehilfen — zu verteilen und die einzelnen Wähler nur zur Wahl der Beisitzer ihrer Branche zuzulassen sind.

Wahlausschuß.

§ 12. Das Kaufmannsgericht, erstmalig der Gemeinde-Vorstand [die Gemeinde-Versammlung (Gemeinde-Vertretung)], der Bürgermeister [die Bürgermeisterei-Versammlung], der Amtmann [die Amtsversammlung], der Magistrat, der Vorsitzende des Kreisausschusses, bestimmt, aus wieviel Personen der Wahlausschuß zu bestehen hat. Vorsitzender des Wahlausschusses ist [der Vorsitzende des Kaufmannsgerichts, erstmalig] ein von dem Gemeinde-Vorstande [der Gemeinde-Versammlung (Gemeinde-Vertretung)], dem Bürgermeister [der Bürgermeisterei-Versammlung], dem Amtmann [der Amtsversammlung], dem Magistrate, dem Vorsitzenden des Kreisausschusses, zu bestellender Wahlvorsteher. Die übrigen Mitglieder des Wahlausschusses müssen zur Hälfte stimmberechtigte Kaufleute, zur Hälfte stimmberechtigte Handlungsgehilfen sein und werden je zur Hälfte von den als Mitglieder des Kaufmannsgerichts tätigen Kaufleuten und Handlungsgehilfen in geheimer Wahl oder durch Zuruf gewählt, erstmalig mit dieser Maßgabe von dem Gemeinde-Vorstande [der Gemeinde-Versammlung (Gemeinde-Vertretung)], dem Bürgermeister [der Bürgermeisterei-Versammlung], dem Amtmanne [der Amtsversammlung], dem Magistrate, dem Vorsitzenden des Kreisausschusses, ernannt.

Aufstellung der Wählerlisten. Anm. 11.

§ 13. Von dem Kaufmannsgericht, erstmalig dem Gemeindevorstand usw., sind für die Wahlen der Kaufleute und Handlungsgehilfen gesonderte Listen aufzustellen, in die alle Wahlberechtigten, deren Eintragung innerhalb zwei Wochen nach Bekanntgabe des Wahltermins (§ 14) unter Beifügung der erforderlichen Bescheinigungen beantragt wird, einzutragen sind. Wird die Eintragung abgelehnt, so entscheidet auf die innerhalb acht Tagen nach erfolgter Ablehnung zu erhebende Beschwerde der Gemeindevorstand usw., erstmalig dessen Aufsichtsbehörde.

[Der Gemeindevorstand hat für die Wahl der Kaufleute und Handlungsgehilfen gesonderte Listen der wahlberechtigten Personen aufzustellen. Diese sind, was bei der Bekanntgabe des Wahltermins (§ 14) zur öffentlichen Kenntnis zu bringen ist, spätestens vier Wochen vor der Wahl acht Tage lang an amtlicher Stelle zu jedermanns Einsicht offen zu legen. Einwendungen gegen die Richtigkeit oder Vollständigkeit der Listen müssen spätestens binnen drei Tagen nach beendeter Auslegung bei dem Gemeindevorstand usw. angebracht und durch Vorlage entsprechender Bescheinigungen begründet werden. Einmal eingetragene Personen dürfen nur gestrichen werden, nachdem ihnen zuvor Gelegenheit zur Äußerung gegeben ist. Über Beschwerden entscheidet die Aufsichtsbehörde.]

Für Personen, die bis zum Tage der Wahl in die Listen nicht aufgenommen sind, ruht das Stimmrecht.

Anm. 11: Die Aufstellung von Wählerlisten ist nicht unbedingt erforderlich. Kommen in einem Statut die Bestimmungen dieses Paragraphen in Wegfall, so wird auch der Abs. 4 des § 16 zu streichen und durch folgende Bestimmung zu ersetzen sein:

„Die zur Wahl Erschienenen sind in zwei tabellarisch aufgestellte Listen einzutragen, von denen die eine für die Kaufleute, die andere für die Handlungsgehilfen bestimmt ist, und welche in der ersten Spalte die fortlaufende Nummer der Erschienenen, in der zweiten deren Namen und in der dritten einen Vermerk über die Legitimation enthalten. In der Liste der Handlungsgehilfen ist in einer vierten Spalte der Kaufmann aufzuführen, bei dem der einzelne Wähler beschäftigt ist oder — falls vorübergehend stellenlos — zuletzt beschäftigt war."

Ort und Zeit der Wahlen. Aufstellung der Wahlvorschlagslisten.

§ 14. Ort und Zeit der Wahlen werden von dem Vorsitzenden des Wahlausschusses (§ 12) bestimmt und mindestens sechs Wochen vor der Wahl in dem zu amtlichen Anzeigen der Gemeindebehörden (Kreisbehörden) bestimmten Blatte zweimal bekanntgemacht. In der Anzeige sind zugleich die Wahlberechtigten zur Einreichung von Wahlvorschlagslisten [mit dem Hinweise] aufzufordern, [daß die Stimmabgabe bei den Wahlen auf die in diesen Listen vorgeschlagenen wählbaren Personen beschränkt sein werde.] Anm. 12.

Die Vorschlagslisten, welche für Kaufleute und Handlungsgehilfen gesondert aufzustellen sind und höchstens soviel [höchstens $^1/_4$, $^1/_5$, $^1/_{10}$ usw. soviel] Namen enthalten dürfen, als Beisitzer von jedem der beiden Wahlkörper zu wählen sind, Anm. 13. müssen unter Benennung eines für weitere Verhandlungen bevollmächtigten Vertreters von mindestens [10, 20 ...] Wählern des betreffenden Wahlkörpers unterzeichnet und spätestens drei Wochen vor der Wahl eingereicht sein. Hat ein Wähler mehrere Vorschlagslisten, [die nicht als „verbundene Listen" (siehe unten) bezeichnet sind,] unterschrieben, so ist seine Unterschrift auf allen Vorschlagslisten zu streichen; den Vertretern dieser Vorschlagslisten ist, wenn nötig, die Beschaffung anderer Unterschriften an Stelle der gestrichenen aufzugeben.

Personen, die auf mehreren Listen vorgeschlagen sind, werden zu einer Äußerung darüber aufgefordert, welcher Liste sie zugeteilt zu werden wünschen. Erfolgt hierauf nicht innerhalb drei Tagen eine ausreichende Erklärung, so werden sie derjenigen Liste zugerechnet, auf der sie an oberster Stelle vorgeschlagen sind. Stehen sie auf sämtlichen Listen an gleicher Stelle, so sind sie der Liste zuzurechnen, die zuerst zur Vorlage kam. Sind die Listen am gleichen Tage eingegangen, so entscheidet das Los.

Die Wahlvorschlagslisten werden nach der Reihenfolge ihres Eingangs mit Ordnungsnummern versehen und mit diesen und den Namen der drei ersten Unterzeichner [jedoch ohne die Namen der Unterzeichner] spätestens 14 Tage vor der Wahl in dem vorbezeichneten Blatte öffentlich bekanntgegeben.

[Werden zwei oder mehr Wahlvorschläge gleichzeitig eingereicht und von den Unterzeichnern übereinstimmend als zusammengehörig bezeichnet, derart, daß die Listen den Wahlvorschlägen anderer Wählervereinigungen gegenüber als ein Wahlvorschlag angesehen werden sollen, so gelten diese Listen als verbundene Listen. Bei der Bekanntgabe der Listen ist auf diese Zusammengehörigkeit aufmerksam zu machen. Auch ist die Zusammengehörigkeit der verbundenen Listen durch die Ordnungsnummern zum Ausdruck zu bringen, z. B. A 1, A 2, A 3; B 1, B 2, B 3 usw.] Anm. 14.

Anm. 12: Werden die Wähler bei ihrer Stimmabgabe — durch Aufnahme der eingeklammerten Worte in das Statut — auf den Kreis der in den Vorschlagslisten enthaltenen Personen beschränkt, wird also die Stimmabgabe „gebunden", so vereinfacht sich die Ermittlung des Wahlergebnisses (§ 17); freilich wird durch diese „Bindung" der Stimmabgabe die Freiheit der Wähler erheblich beschränkt. Übrigens können auch bei dieser Bindung der Stimmabgabe die Wähler sich auf ihren Stimmzetteln Namen aus verschiedenen Vorschlagslisten zusammenstellen (§ 16 Abs. 2).

Anm. 13: Durch die Worte „höchstens soviel Namen enthalten dürfen" sind auch unvollständige Vorschlagslisten zugelassen, d. h. solche, welche nicht soviel Namen enthalten, als Beisitzer zu wählen sind. Die Einreichung solcher unvollständiger Vorschlagslisten wird sich für kleinere Vereine oft empfehlen.

Durch das Statut kann auch festgesetzt werden, daß die Vorschlagslisten und demzufolge auch die Stimmzettel nur höchstens $^1/_4$, $^1/_5$, $^1/_{10}$ usw. der zu wählenden Personen umfassen dürfen. Vgl. oben § 11 Anm. 10a. Sind 100 Beisitzer von den selbständigen Kaufleuten oder den Handlungsgehilfen zu wählen und wird die für eine Vorschlagsliste zugelassene Höchstzahl von Namen im Statut

z. B. auf 10 normiert, so werden dadurch die Parteien genötigt, unter dem Namen von „verbundenen Wahlvorschlägen" (siehe den letzten Absatz von § 14) mehrere unter sich im Kartell stehende Wahlvorschläge einzureichen, von denen jeder eine bestimmte Branche resp. eine Gruppe verwandter Branchen umfaßt. Dies kann in großen Städten das Wahlgeschäft wesentlich erleichtern und jeder Branche zur richtigen Vertretung verhelfen. Vgl. den Aufsatz von R. Siegfried in der „Sozialen Praxis" Nr. 52 vom 22. September 1904: „Die Organisation der Wahlen zu den großstädtischen Kaufmannsgerichten".

Anm. 14: In den größeren Städten sollen diese „verbundenen" Listen den sich zur nämlichen Partei rechnenden Angehörigen verschiedener kaufmännischer Berufszweige dazu dienen, behufs Erzielung möglichst guter Vertretung ihres Erwerbszweigs nach Branchen getrennt, aber nach außen als geschlossene Partei vorzugehen; es soll damit vermieden werden, daß der betreffenden Partei infolge der Zersplitterung Sitze verloren gehen. Aber auch wo infolge minder lebhaften Handels eine geringere Mannigfaltigkeit in den verschiedenen Branchen besteht, sollen die verbundenen Listen es verwandten Parteien ermöglichen, unbeschadet ihrer Selbständigkeit bei den Wahlen gemeinsam vorzugehen.

Diese „Verbindung" von Listen ist nicht zu verwechseln mit der „Bindung" der Stimmabgabe (Anm. 12).

Wahlhandlung.

§ 15. Die Wahlhandlung ist öffentlich [und hat an sämtlichen Wahlstellen gleichzeitig zu erfolgen.] Der Wahlausschuß nimmt [an einer der Wahlstellen] die Geschäfte des Wahlvorstandes wahr, [für die übrigen Wahlstellen benennt er je eins seiner Mitglieder zum Wahlvorsteher.] Der Wahlvorsteher wählt aus der Zahl der [im Bezirk der betreffenden Wahlstelle] Wahlberechtigten 2 (4) Beisitzer, in gleicher Zahl Kaufleute und Handlungsgehilfen. Diese bilden mit ihm den Wahlvorstand. Die zur Stimmabgabe sich meldenden Personen haben sich vor dem Wahlvorstand auf Erfordern über ihre Identität mit der eingetragenen Person, deren Wahlrecht sie ausüben wollen, auszuweisen. Hierzu genügt für Kaufleute beispielsweise die Bescheinigung über die nach § 14 der Gewerbeordnung erfolgte Anmeldung des Betriebes oder die letzte Quittung über die Zahlung der Gewerbesteuer, für

Handlungsgehilfen ein Zeugnis des Prinzipals oder der Polizeibehörde. Die Anerkennung anderer Ausweise bleibt dem Ermessen des Wahlvorstandes überlassen.

Stimmabgabe. Anm. 15.

§ 16. Das Wahlrecht kann nur in Person und durch Abgabe eines Stimmzettels ausgeübt werden. Die Stimmzettel dürfen keine äußeren Kennzeichen haben, auch nicht unterschrieben sein oder einen Protest oder Vorbehalt enthalten. Sie sind außerhalb des Wahllokals handschriftlich oder im Wege der Vervielfältigung mit der deutlichen Bezeichnung so vieler [in den Wahlvorschlagslisten enthaltenen] Anm. 16. Personen zu versehen, als für eine Vorschlagsliste zugelassen sind, und derart zusammenzulegen, daß die darauf enthaltenen Namen verdeckt sind.

Die Namen können beliebigen Listen entnommen werden; [auch ist es zulässig, Personen, die keiner Liste zugehören, zur Wahl zu bringen]. Anm. 17.

Enthält ein Stimmzettel mehr Namen, als für eine Vorschlagsliste zugelassen sind, so gelten die zuletzt eingetragenen Namen als nicht geschrieben. Enthält er weniger Namen, als für eine Vorschlagsliste zugelassen sind, so wird er in der Weise ergänzt, daß die auf ihm geschriebenen Namen in der ihnen gegebenen Reihenfolge, soweit und so oft es zur Ausfüllung erforderlich ist, wiederholt werden. Auch darf ein Wähler, der auf seinem Stimmzettel weniger Namen hat, als für eine Vorschlagsliste zugelassen sind, sein Stimmrecht dadurch voll auszunutzen, daß er auf dem Stimmzettel einzelnen der von ihm Gewählten durch Beifügung von Zahlen hinter ihren Namen mehrere Stimmen gibt.

In den Wählerlisten (§ 13) ist durch einen Vermerk in besonderer Spalte ersichtlich zu machen, welche der darin verzeichneten Personen ihr Wahlrecht ausgeübt haben. Wird ein zur Wahl Erschienener wegen mangelnden Ausweises vom

Wahlvorstande zur Abgabe der Stimme nicht zugelassen, so ist dies gleichfalls unter Angabe des Grundes zu vermerken. Anm. 18.

Zur Aufnahme der Stimmzettel sind für beide Wahlkörper gesonderte Wahlurnen aufzustellen, in welche die zur Abgabe der Stimme Zugelassenen ihre Stimmzettel verdeckt durch die Hand des Wahlvorstehers einlegen.

Anm. 15: Das System der „einnamigen" Stimmabgabe, das in den Vorschlägen des Handelsministers zur Regelung der Verhältniswahl bei den Gewerbegerichten vom 12. April 1902 (MinBl. der Handels- und Gewerbeverwaltung S. 164) neben dem System der „mehrnamigen" Stimmabgabe zur Auswahl gestellt ist, hat in der Theorie und Praxis keinen Anklang gefunden und ist deshalb in diesem Musterstatut nicht mehr berücksichtigt worden.

Anm. 16: Die eingeklammerten Worte sind zu streichen, wenn im § 14 Abs. 1 die eingeklammerte, von der „Bindung" der Stimmabgabe handelnde Bestimmung gestrichen ist.

Anm. 17: Die eingeklammerten Worte, welche die Stimmabgabe für sogenannte „Wilde" ermöglichen, sind dann zu streichen, wenn die im § 14 Abs. 1 und im § 16 Abs. 1 eingeklammerten Worte in das Statut aufgenommen sind, also die Stimmabgabe „gebunden" ist.

Anm. 18: siehe oben Anm. 11.

Ermittelung des Wahlergebnisses.

§ 17. Nach Ablauf der zur Vornahme der Wahlen festgesetzten Zeit sind nur noch die im Wahllokale bereits anwesenden Personen zur Wahl zuzulassen. Alsdann wird die Wahl für geschlossen erklärt und auf den Listen von den Mitgliedern des Wahlvorstandes durch Namensunterschrift bescheinigt, daß sich während der für die Ausübung der Wahl festgesetzten Zeit (§ 15) niemand weiter zur Ausübung des Wahlrechts gemeldet habe.

Nunmehr wird die Zahl der in die Wahlurne eingelegten Stimmzettel ermittelt. Ergibt sich hierbei eine Abweichung von der in den Listen festgestellten Zahl der zur Abgabe ihrer Stimme Zugelassenen, so ist dies nebst dem zur Aufklärung der Sachlage dienlichen in dem Wahlprotokoll zu vermerken.

Hierauf wird die Zahl der abgegebenen gültigen Stimmen festgestellt.

Ist aus einem Stimmzettel die Person eines der Gewählten nicht mit Sicherheit zu entnehmen oder sind nicht wählbare [oder in den Wahlvorschlagslisten nicht enthaltene] Anm. 19. Personen darin bezeichnet, so sind die für diese Personen abgegebenen Stimmen ungültig, unbeschadet jedoch der Gültigkeit der außerdem auf dem Stimmzettel noch angegebenen Namen.

Über die Gültigkeit oder Ungültigkeit entscheidet mit Stimmenmehrheit der Wahlvorstand, bei Stimmengleichheit der Vorsitzende. Ergebnis und Gründe des Beschlusses sind im Wahlprotokoll zu vermerken.

Demnächst wird zur Feststellung des Wahlergebnisses geschritten. [Diese ist, sofern die Wahlen an mehreren örtlichen Wahlstellen stattgefunden haben, am Aufenthaltsorte des Wahlausschusses (§ 15) vorzunehmen, Wahlprotokolle und Stimmzettel hat der Wahlvorsteher in versiegeltem Umschlag dorthin einzusenden.]

Der Wahlausschuß ermittelt zunächst die Zahl der auf jeden Kandidaten entfallenen gültigen Stimmen und stellt danach — durch Zusammenzählung dieser Stimmen — fest, welche Zahl gültiger Stimmen auf jede der eingereichten Wahlvorschlagslisten gefallen ist. [Für verbundene Listen wird außerdem die Gesamtzahl der auf sie vereinigten Stimmen ermittelt.]

[Kandidaten, die keiner der eingereichten Vorschlagslisten angehören, werden — jeder für sich — als besondere Liste geführt.] Anm. 20.

Innerhalb jeder Liste werden die Kandidaten nach Maßgabe der erhaltenen Stimmenzahl geordnet, bei gleicher Stimmenzahl entscheidet die Reihenfolge, in welcher die Kandidaten bei Einreichung der Liste vorgeschlagen sind.

Es wird nunmehr die Zahl der von jedem der Wahlkörper zu wählenden Beisitzer auf die einzelnen Listen nach dem

Verhältnis ihrer Stimmenzahlen verteilt, [wobei die verbundenen Listen zunächst als *eine* Liste zu gelten haben]. Zu diesem Behuf wird festgestellt, auf welche Stimmenzahl je *ein* Beisitzer entfällt. Diese Zahl (Verteilungszahl) ist grundsätzlich so zu wählen, daß sie in der Stimmenzahl der einzelnen Listen — unter Nichtbeachtung der bei der Teilung verbleibenden Restzahlen — insgesamt so oft enthalten ist, als die Zahl der zu wählenden Beisitzer beträgt. Anm 21. Von jeder Wahlvorschlagsliste sind alsdann so viele Kandidaten zu Beisitzern erwählt, als die Verteilungszahl in der Stimmenzahl ihrer Liste enthalten ist. Die Namen der Gewählten ergeben sich aus der für jede Liste festgestellten Reihenfolge.

[Nach denselben Grundsätzen wird die Gesamtzahl der den verbundenen Listen zugefallenen Vertreter auf die Einzellisten unterverteilt, wobei für jede Gruppe verbundener Wahlvorschläge die Verteilungszahl zuvor von neuem zu ermitteln ist. Welche Kandidaten jeder Einzelliste gewählt sind, ergibt die für sie festgestellte Reihenfolge.]

Sollten hiernach einer Liste mehr Vertreter zuzuweisen sein, als auf ihr Kandidaten vorgeschlagen sind, so sind alle Kandidaten der Liste gewählt. Soweit die Beisitzerstellen nicht von dieser einen Liste in Anspruch genommen sind, sind sie unter die übrigen Listen noch einmal zu verteilen.

Sollten bei der Verteilung auf die Listen zwei oder mehrere Listen auf die letzte der zu besetzenden Beisitzerstellen gleiches Anrecht haben, so wird diese Beisitzerstelle derjenigen Liste zugewiesen, deren Kandidat die größere Stimmenzahl aufweist. Bei gleicher Stimmenzahl entscheidet das Los.

Der Wahlausschuß hat das Wahlergebnis sofort, jedenfalls innerhalb dreier Tage dem Gemeindevorstand (Kreisausschuß usw.) unter Beifügung der Wahlprotokolle und Stimmzettel anzuzeigen.

Anm. 19: Für die eingeklammerten Worte gilt das in Anm. 16 (zu § 16) Gesagte.

Anm. 20: Für die eingeklammerten Worte in diesem Absatz gilt das in Anm. 17 zu § 16 Gesagte.

Von der Aufnahme derjenigen Kandidaten, welche keiner der eingereichten Vorschlagslisten angehören, in eine „Ergänzungsliste" (siehe Nr. 11 des „Gewerbegericht" vom 1. August 1901 S. 211) ist dringend abzuraten, weil die als Folge der Vereinigung der Einzelkandidaten zu einer solchen Liste sich ergebende gegenseitige Stimmenübertragung in diesem Falle der inneren Berechtigung entbehrt und somit dem Grundsatz der verhältnismäßigen Berücksichtigung der Parteien widerspricht.

Anm. 21: Bei Ermittelung der Verteilungszahl ist zweckmäßig wie folgt zu verfahren:

Die Gesamtzahl der gültigen Stimmen wird durch die um 1 vermehrte Zahl der Beisitzerstellen geteilt. Der sich hierbei ergebende Quotient, welcher auf die nächst höhere ganze Zahl zu erhöhen ist, wird der Reihe nach in die von einer jeden Liste erlangte Stimmenzahl dividiert, und jede Liste erhält soviel Sitze zugewiesen, als diese Verteilung ergibt. Damit ist in den meisten Fällen die Verteilung bewirkt.

Sind jedoch hierdurch nicht sämtliche Beisitzerstellen verteilt, so wird die Stimmenzahl einer jeden Liste durch die um 1 vermehrte Anzahl der ihr zugewiesenen Sitze geteilt, und der erste noch zu vergebende Sitz derjenigen Liste zugewiesen, welche den größten Quotienten aufweist. Ist noch ein weiterer Sitz zu besetzen, so wird zunächst bei derjenigen Liste, welche den ersten fehlenden Sitz zugewiesen erhielt, ein neuer Quotient festgestellt, indem die Stimmenzahl dieser Liste durch die wiederum um 1 vermehrte Anzahl der ihr bereits zugewiesenen Sitze geteilt wird; der neue Quotient wird mit den bei den anderen Listen bereits vorhandenen Quotienten verglichen, und derjenigen Liste der zweite Sitz zugewiesen, welche den größten Quotienten aufweist.

Nur in sehr seltenen Fällen ist dieses Verfahren noch weiter fortzusetzen.

Beispiele:

a) Wahl von 5 Beisitzern.

Es erhielten:

Liste I	341	Stimmen
„ II . .	267	„
„ III	206	„
„ IV	105	„
zusammen . . .	919	Stimmen

geteilt durch 5 + 1 oder 6 = 153¹/₆; die nächst größere Zahl, 154, ist daher bei der ersten Verteilung als Divisor zu benutzen.

Es erhalten:

Liste I	. . . .	2 Beisitzer
„ II	. . . .	1 „
„ III	. . . .	1 „
„ IV	. . . .	0 „
		4 Beisitzer.

Da aber 5 Beisitzer zu wählen sind, muß einer der Listen noch ein Beisitzer entnommen werden. Welche Liste dies ist, ergibt folgende Berechnung:

Die Stimmenzahl jeder der Listen ist durch die um 1 vermehrte Zahl der schon ermittelten Beisitzer zu teilen, also:

Liste I	mit 341	Stimmen	durch	$3 = 113^{2}/_{3}$
„ II	„ 267	„	„	$2 = 133^{1}/_{2}$
„ III	„ 206	„	„	$2 = 103$
„ IV	„ 105	„	„	$1 = 105$.

Der größte Quotient $133^{1}/_{2}$ ist dann die Verteilungszahl, so daß

Liste I	. . . .	2 Beisitzer	
„ II	. . . .	2 „	
„ III	. . . . .	1 „	stellt,
„ IV aber leer ausgeht.			

b) 15 Beisitzer sind zu wählen:

I. Liste	4732	. 5	$: 6 = 788^{2}/_{3}$	5	$: 6 = 788^{2}/_{3}$	6
II. „	3194	. 3	$: 4 = 798^{1}/_{2}$	4	$: 5 = 638^{4}/_{5}$	4
III. „	2967	. 3	$: 4 = 741^{3}/_{4}$	3	$: 4 = 741^{3}/_{4}$	3
IV. „	1986	. 2	$: 3 = 662$	2	$: 3 = 662$	2
	12879	13		14		15 Beisitzer.
Zum ersten Male ist zu teilen mit $12879 : 16 = 804^{15}/_{16}$ oder aufgerundet 805.						Verteilungszahl $788^{2}/_{3}$

Bekanntmachung des Wahlergebnisses.

§ 18. Das Ergebnis der Wahl ist von dem Kaufmannsgericht, erstmalig von dem Gemeindevorstand usw. sofort in dem im § 14 bezeichneten Blatte mit dem Hinweise bekannt zu geben, daß Beschwerden gegen die Rechtsgültigkeit der Wahlen binnen einer Ausschlußfrist von einem Monat nach der Wahl bei dem Bezirksausschuß anzubringen sind.

In der Bekanntmachung sind auch die Zahl der abgegebenen gültigen und ungültigen Stimmen, die Verteilung der ersteren auf die einzelnen Kandidaten und Listen sowie die zur Anwendung gebrachten Verteilungszahlen mitzuteilen.

Gleichzeitig sind die Gewählten von ihrer Berufung zu Mitgliedern des Kaufmannsgerichts schriftlich in Kenntnis zu setzen und aufzufordern, etwaige Ablehnungsgründe bei dem Kaufmannsgericht, erstmalig bei dem Gemeindevorstand usw. geltend zu machen.

Ablehnung der Wahl.

§ 19.* Das Amt der Beisitzer ist ein Ehrenamt. Seine Übernahme darf nur aus solchen Gründen verweigert, die Niederlegung nur auf solche Gründe gestützt werden, die zur Ablehnung eines unbesoldeten Gemeindeamtes berechtigen. Doch kann auch derjenige, der das Amt eines Beisitzers sechs Jahre versehen hat, während der nächsten sechs Jahre die Übernahme des Amtes ablehnen. Ablehnungsgründe gewählter Beisitzer sind nur dann zu berücksichtigen, wenn sie, nachdem der Gewählte von seiner Wahl in Kenntnis gesetzt ist, schriftlich binnen einer Woche geltend gemacht werden.

Über den Antrag entscheidet die im § 7 Abs. 1 bezeichnete Stelle. KGG. § 15 Abs. 2. GGG. § 20.

Beschwerden gegen die Rechtsgültigkeit der Wahlen.

§ 20.* Beschwerden gegen die Rechtsgültigkeit der Wahlen sind nur innerhalb eines Monats nach der Bekanntgabe der Wahl (§ 18) zulässig. Sie werden von dem Bezirksausschuß entschieden, der auf erhobene Beschwerde Wahlen, die gegen das Gesetz oder die auf Grund des Gesetzes erlassenen Wahlvorschriften verstoßen, für ungültig zu erklären hat.

KGG. § 15 Abs. 1. GGG. § 17 Abs. 1.

Ersatz für ausscheidende Beisitzer.

§ 21. Lehnt ein Beisitzer die Übernahme des Amtes mit Erfolg ab oder scheidet im Laufe der Wahlperiode ein Beisitzer aus, so tritt derjenige derselben Wahlvorschlagsliste angehörige Bewerber, welcher unter den nicht für gewählt Erklärten die höchste Stimmenzahl erhalten hatte, an seine Stelle.

Verringert sich trotz dieses Ersatzverfahrens die Zahl der Beisitzer einer Kategorie um mehr als ein Drittel, so kann der Gemeindevorstand (Bürgermeister, Amtmann, Magistrat, Vorsitzende des Kreisausschusses) Ersatzwahlen für den Rest der Wahlperiode anordnen. [Für diese Ersatzwahlen bleiben die für die letzten regelmäßigen Wahlen aufgestellten Wählerlisten (§ 13) maßgebend.]

Verfahren bei Wahlstörungen.

§ 22. Sind Wahlen nicht zustande gekommen oder wiederholt für ungültig erklärt, so ist der Königliche Regierungspräsident (für Berlin der Oberpräsident zu Potsdam) befugt:

a) die Wahlen, soweit sie durch Kaufleute oder Handlungsgehilfen vorzunehmen waren, durch die Gemeinde-Versammlung (Gemeinde-Vertretung, Bürgermeisterei-Versammlung, Amts-Versammlung, den Magistrat [und die Stadtverordneten-Versammlung], Kreistag) vornehmen zu lassen;

b) soweit die Wahlen von der Gemeinde-Versammlung (Gemeinde-Vertretung), (Bürgermeisterei-Versammlung), (Amts-Versammlung), (dem Magistrate), (dem Magistrate und der Stadtverordneten-Versammlung), (dem Kreisausschusse oder dem Kreistage) vorzunehmen waren, die Mitglieder selbst zu ernennen. Anm. 22.

Im Falle zu a ist bei den Wahlen [das für sonstige Wahlen der Gemeinde-Vertretung usw. bestehende Verfahren zu befolgen] [das vorstehend bezeichnete Verfahren zugrunde zu legen]. *KGG. § 15 Abs. 1. GGG. § 18.

Anm. 22: Die Bestimmung bezieht sich zunächst auf die Wahl des Vorsitzenden und seiner Stellvertreter, sodann aber auch auf die gemäß lit. a zu vollziehenden Beisitzerwahlen, wenn diese wiederum nicht zustande gekommen oder wiederholt für ungültig erklärt sind. Danach ist die Fassung zu wählen.

Bekanntgabe der endgültigen Zusammensetzung des Kaufmannsgerichts.

§ 23. Die endgültige Zusammensetzung des Gerichts ist von dem Vorsitzenden des Kaufmannsgerichts [dem Gemeindevorstand usw.] in dem in § 14 bezeichneten Blatte unter Angabe der Namen und Wohnorte der einzelnen Mitglieder bekanntzumachen.

Vereidigung der Mitglieder.

§ 24.* Der Vorsitzende des Kaufmannsgerichts und seine Stellvertreter sind vor ihrem Amtsantritte durch einen von dem Königlichen Regierungspräsidenten (für Berlin vom Oberpräsidenten zu Potsdam) beauftragten Beamten, die Beisitzer vor der ersten Dienstleistung durch den Vorsitzenden oder seinen Stellvertreter auf die Erfüllung der Obliegenheiten des ihnen übertragenen Amtes gemäß der Bekanntmachung der Herren Minister für Handel und Gewerbe und des Innern vom 17. Februar 1891 (MBl. f. d. i. V. S. 26) eidlich zu verpflichten. KGG. § 15 Abs. 2. GGG. § 22.

Enthebung, Entsetzung der Mitglieder.

§ 25.* Ein Mitglied des Kaufmannsgerichts, hinsichtlich dessen Umstände eintreten oder bekannt werden, welche die Wählbarkeit zu dem von ihm bekleideten Amte nach Maßgabe dieses Statuts ausschließen, ist des Amtes zu entheben. Die Enthebung erfolgt durch den Bezirksausschuß zu N. nach Anhörung des Beteiligten.

Aus den Handlungsgehilfen entnommene Beisitzer, deren Jahresarbeitsverdienst an Lohn oder Gehalt erst nach der Wahl den Betrag von fünftausend Mark übersteigt, bleiben bis zur nächsten Wahl im Amte.

Ein Mitglied des Kaufmannsgerichts, welches sich einer groben Verletzung seiner Amtspflicht schuldig macht, kann seines Amtes entsetzt werden. Die Entsetzung erfolgt durch das Königliche Landgericht in N. Anm. 23.

Hinsichtlich des Verfahrens und der Rechtsmittel finden die Vorschriften entsprechende Anwendung, welche für die zur Zuständigkeit der Landgerichte gehörigen Strafsachen gelten. Die Klage wird von der Königlichen Staatsanwaltschaft auf Antrag des Königlichen Regierungspräsidenten (für Berlin des Oberpräsidenten zu Potsdam) erhoben.

KGG. § 15 Abs. 2 u. 3. GGG. § 21.

Anm. 23: Zuständig ist dasjenige Landgericht, in dessen Bezirk das Kaufmannsgericht seinen Sitz hat.

Verteilung der Beisitzer.

§ 26. Die Reihenfolge, in welcher die Beisitzer an den Sitzungen des Kaufmannsgerichts [bezw. derjenigen Kammer, welcher sie zugewiesen sind,] teilzunehmen bezw. als Hilfsbeisitzer zu fungieren haben, wird durch den Vorsitzenden [durch Auslosung] festgestellt. [Das Los zieht der Vorsitzende [der einzelnen Kammer]. Über die Auslosung wird ein Protokoll aufgenommen.] GGG. § 24 Abs. 3.

§ 27. [Jeder Beisitzer hat während des Geschäftsjahrs der Regel nach nur während zweier Sitzungsperioden von je zwei aufeinanderfolgenden Wochen und während der an diese Sitzungsperioden unmittelbar sich anschließenden zwei Wochen, falls erforderlich, als Hilfsbeisitzer zu fungieren.]

Der Vorsitzende [der einzelnen Kammer] setzt die Beisitzer von ihrer [Zuweisung zu der einzelnen Kammer und] Auslosung, den Sitzungsperioden und den Sitzungstagen, für welche bezw. an welchen sie in Tätigkeit zu treten haben, unter Hinweis auf die Folgen des Ausbleibens schriftlich Anm. 24. in Kenntnis.

Eine Änderung in der bestimmten Reihenfolge kann auf übereinstimmenden Antrag der beteiligten Beisitzer von dem Vorsitzenden bewilligt werden, sofern die in den betreffenden Sitzungen zu verhandelnden Sachen noch nicht bestimmt sind.

Der Antrag und die Bewilligung sind aktenkundig zu machen.

Anm. 24: Wegen der Rechtsfolgen, die an den Empfang dieser Mitteilungen geknüpft sind (Verhängung von Ordnungsstrafen im Falle unentschuldigten Ausbleibens der Beisitzer), wird die Behändigung der Mitteilungen in einer Form zu erfolgen haben, welche, wie ein eingeschriebener Brief, eine Kurrende usw., den Nachweis der tatsächlich erfolgten Zustellung erleichtern; doch kann die Auswahl der im Einzelfalle zur Anwendung zu bringenden Form dem Ermessen des Vorsitzenden überlassen bleiben.

Ausbleiben der Beisitzer.

§ 28. Die Beisitzer sind verpflichtet, im Falle der Verhinderung ihre Entschuldigungsgründe rechtzeitig dem Vorsitzenden anzuzeigen.

*Beisitzer, welche ohne genügende Entschuldigung zu den Sitzungen nicht rechtzeitig sich einfinden oder ihren Obliegenheiten in anderer Weise sich entziehen, sind zu einer Ordnungsstrafe bis zu 300 Mark, sowie in die verursachten Kosten zu verurteilen. Die Verurteilung wird durch den Vorsitzenden [der einzelnen Kammer] ausgesprochen. Erfolgt nachträglich genügende Entschuldigung, so kann die Verurteilung ganz oder teilweise zurückgenommen werden.

*Gegen die Entscheidung findet Beschwerde an das Königliche Landgericht zu N. statt. Das Verfahren richtet sich nach den Vorschriften der Strafprozeßordnung. Anm. 25.

[Wenn sowohl der ausgeloste Beisitzer wie der Hilfsbeisitzer verhindert ist, so können statt ihrer andere Beisitzer aus der Zahl der nicht zu einer bestimmten Sitzungsperiode eingeteilten Anm. 26. durch den Vorsitzenden [der einzelnen Kammer] einberufen werden.]

Die Beisitzer haben jeden Wechsel ihrer Wohnung binnen drei Tagen dem Vorsitzenden [der einzelnen Kammer] anzuzeigen. GGG. § 23.

Anm. 25: Strafprozeßordnung §§ 338 Abs. 1, 348, 349, 352 Abs. 2. Gerichtsverfassungsgesetz §§ 72, 77, 78.

Anm. 26: Für das Vorhandensein solcher nicht zu einer bestimmten Sitzungsperiode eingeteilten Beisitzer ist bei Bemessung der Gesamtzahl der Beisitzer Sorge zu tragen.

Besetzung des Gerichts in der einzelnen Sitzung.

§ 29. Für jede Spruchsitzung des Kaufmannsgerichts [der einzelnen Kammer des Kaufmannsgerichts] sind [vier] Beisitzer, [zwei] Kaufleute und [zwei] Handlungsgehilfen, einzuladen.

Zur Beschlußfassung genügt die Anwesenheit des Vorsitzenden und zweier Beisitzer, von denen der eine Kaufmann, der andere Handlungsgehilfe ist.

[Wenn [drei] Beisitzer erscheinen, wird der eine der doppelt besetzten Kategorie entlassen.] GGG. § 24.

Entschädigung der Beisitzer.

§ 30. Die Beisitzer erhalten für jede Sitzung, welcher sie beigewohnt haben, als Entschädigung für Zeitversäumnis .... Mark, wenn die Sitzung einen ganzen Arbeitstag in Anspruch genommen hat, die Hälfte dieses Betrages, wenn dieselbe nicht über einen halben Arbeitstag angedauert hat [und im Falle des § 29 Abs. 3]. Die Entschädigungen werden in der Regel vierteljährlich, auf Wunsch auch sofort ausgezahlt, ihre Zurückweisung ist nicht statthaft.

Außerdem erhalten die Beisitzer als Ersatz für Reisekosten, soweit die Reise auf Eisenbahnen oder Dampfschiffen zurückgelegt werden kann, die Kosten eines Billetts II. Klasse, bei Dampfschiffen I. Klasse für die Hinreise und die Rückreise, sowie drei [zwei, eine] Mark für jeden Ab- und Zugang, im übrigen den Betrag der für die Beförderung nachweislich erforderlich gewesenen baren Auslagen vergütet. Dabei wird jedesmal die kürzeste fahrbare Straßenverbindung zugrunde gelegt. GGG. § 20 Abs. 2.

Gerichtsschreiberei usw.

§ 31. *Bei dem Kaufmannsgerichte wird eine Gerichtsschreiberei [sowie eine Gerichtskasse] eingerichtet.

*Die erforderlichen Bureau- und Schreibkräfte, Zustellungsbeamten, Unterbeamten und Geschäftsräume überweist die Gemeinde (Bürgermeisterei, das Amt, die Stadt, der Kreis) N. dem Kaufmannsgerichte.

*Der von dem Gemeindevorstande (Magistrate, Kreisausschusse) zu ernennende Gerichtsschreiber und diejenigen seiner Gehilfen, welche an den Spruchsitzungen des Gewerbegerichts als Protokollführer teilnehmen sollen, sind durch den Vorsitzenden des Kaufmannsgerichts gemäß der Bekanntmachung der Herren Minister für Handel und Gewerbe und des Innern vom 17. Februar 1891 (MBl. f. d. i. V. S. 26) zu vereidigen.

[Die Geschäftsräume, einschließlich der Gerichtskasse, werden für das Kaufmannsgericht und das Gewerbegericht in N. gemeinsam eingerichtet, die Gerichtsschreiber, sonstigen Bureaubeamten, Kassenbeamten, Schreibkräfte, Unterbeamten und Zustellungsbeamten für beide Gerichte gemeinsam bestellt und der Bureaudienst, einschließlich der Kassenverwaltung, gemeinsam geregelt.] GGG. § 25. KGG. § 9 Abs. 3.

Unterhaltungskosten.

§ 32. Die Kosten der Einrichtung und Unterhaltung des Kaufmannsgerichts sind, soweit sie nicht in dessen Einnahmen ihre Deckung finden, von der Gemeinde (Bürgermeisterei, dem Amtsbezirke, der Stadtgemeinde, dem Kreise) N. [den Gemeinden usw. A. B. zu je einem Dritteile, den Gemeinden usw. D. E. zu je einem Sechsteile] zu tragen. Anm. 27.

Der Vorsitzende des Kaufmannsgerichts hat alljährlich einen Bericht über die gesamte Geschäftstätigkeit des Gerichts in dem abgelaufenen Jahre an den Gemeindevorstand (Bürgermeister, Amtmann, Magistrat, Kreisausschuß) zu erstatten. KGG. § 8.

Anm. 27: Wegen der Deckung der Unterhaltungskosten für diejenigen Kaufmannsgerichte, welche in sinngemäßer Anwendung des § 9 Abs. 3 KGG. den auf Grund landesgesetzlicher Vorschrift bestehenden „Königlichen Gewerbegerichten" in der Rheinprovinz angegliedert werden, siehe den Ministerialerlaß zur Ausführung des Kaufmannsgerichts-Gesetzes vom 20. September 1904 (IIIa 7672 — MinBl. S. 413 —).

Zweiter Abschnitt.

Verfahren.

§ 33.* Auf das Verfahren vor den Kaufmannsgerichten finden die Vorschriften der §§ 26 bis 61 des Gewerbegerichtsgesetzes mit der Maßgabe entsprechende Anwendung, daß die Berufung gegen die Urteile der Kaufmannsgerichte nur zulässig ist, wenn der Wert des Streitgegenstandes den Betrag von dreihundert Mark übersteigt. Anm. 28.

Die Vorschrift im § 11 der Zivilprozeßordnung über die bindende Wirkung der rechtskräftigen Entscheidung, durch welche ein Gericht sich für sachlich unzuständig erklärt hat, findet auch in dem Verhältnisse der Kaufmannsgerichte und der Gewerbegerichte Anwendung.

Wird bei dem Kaufmannsgericht eine vor das Gewerbegericht gehörige Klage erhoben, so hat das Kaufmannsgericht, sofern für die Verhandlung und Entscheidung derselben ein Gewerbegericht besteht, durch Beschluß seine Unzuständigkeit auszusprechen und den Rechtsstreit an das Gewerbegericht zu verweisen. Eine Anfechtung des Beschlusses findet nicht statt; mit der Verkündung des Beschlusses gilt der Rechtsstreit als bei dem Gewerbegericht anhängig. Die in dem Verfahren vor dem Kaufmannsgericht erwachsenen Kosten werden als Teil der bei dem Gewerbegericht erwachsenen Kosten behandelt. Diese Vorschriften finden entsprechende Anwendung, wenn bei dem Gewerbegericht eine vor das Kaufmannsgericht gehörige Klage erhoben wird. KGG. § 16.

Anm. 28: Bei denjenigen Kaufmannsgerichten in der Rheinprovinz, für welche die Landeszentralbehörde die im § 20 KGG. vorgesehene Anordnung ergehen läßt, wird der Inhalt der §§ 9 und 10 des Gesetzes vom 11. Juli 1891 (GS. S. 311) an dieser Stelle in das Statut aufzunehmen oder doch wenigstens die Bemerkung einzuschalten sein, daß der § 54 GGG. keine Anwendung findet.

Gebühren.

§ 34. Für die Verhandlung des Rechtsstreits vor dem Kaufmannsgerichte werden Gebühren nicht erhoben.

[Für die Verhandlung des Rechtsstreites vor dem Kaufmannsgerichte wird eine einmalige Gebühr nach dem Werte des Streitgegenstandes erhoben.

Dieselbe beträgt bei einem Gegenstande im Werte bis 20 ℳ einschließlich . . . . 0,50 ℳ,
von mehr als 20 ℳ bis 50 ℳ einschließlich . . . 1,00 ℳ,
von mehr als 50 ℳ bis 100 ℳ einschließlich. . . 1,50 ℳ.

Die ferneren Wertklassen steigen um je 100 ℳ, die Gebühren um je 1,50 ℳ. Die höchste Gebühr beträgt 30 ℳ.

Wird der Rechtsstreit durch Versäumnisurteil oder durch eine auf Grund eines Anerkenntnisses oder einer Zurücknahme der Klage erlassene Entscheidung erledigt, ohne daß eine kontradiktorische Verhandlung vorhergegangen war, so wird eine Gebühr in Höhe der Hälfte der oben bezeichneten Sätze erhoben.

Wird ein zur Beilegung des Rechtsstreits abgeschlossener Vergleich aufgenommen, so wird eine Gebühr nicht erhoben, auch wenn eine kontradiktorische Verhandlung vorausgegangen war.]

[Auch] Schreibgebühren kommen nicht in Ansatz. Für Zustellungen werden bare Auslagen nicht erhoben.

Im übrigen findet die Erhebung der Auslagen nach Maßgabe des § 79 des Gerichtskostengesetzes statt. Der § 2 desselben findet Anwendung. GGG. § 58.

Dritter Abschnitt.

Tätigkeit des Kaufmannsgerichts als Einigungsamt.

§ 35.* Das Kaufmannsgericht kann bei Streitigkeiten zwischen Kaufleuten und Handlungsgehilfen oder Handlungslehrlingen über die Bedingungen der Fortsetzung oder Wiederaufnahme des Dienst- oder Lehrverhältnisses als Einigungsamt angerufen werden. KGG. § 17.

§ 36.* Der Anrufung ist Folge zu geben, wenn sie von beiden Teilen erfolgt und die beteiligten Kaufleute und Handlungsgehilfen und -lehrlinge — die Kaufleute, sofern ihre Zahl mehr als drei beträgt — Vertreter bestellen, welche mit der Verhandlung vor dem Einigungsamte beauftragt werden.

Als Vertreter können nur Beteiligte bestellt werden, welche das fünfundzwanzigste Lebensjahr vollendet haben, sich im Besitze der bürgerlichen Ehrenrechte befinden und nicht durch gerichtliche Anordnung in der Verfügung über ihr Vermögen beschränkt sind.

Soweit beteiligte Handlungsgehilfen oder -lehrlinge in diesem Alter nicht, oder nicht in genügender Anzahl vorhanden sind, können jüngere Vertreter zugelassen werden.

Die Zahl der Vertreter jedes Teiles soll in der Regel nicht mehr als drei betragen. Das Einigungsamt kann eine größere Zahl von Vertretern zulassen.

Ob die Vertreter für genügend legitimiert zu erachten sind, entscheidet das Einigungsamt nach freiem Ermessen, jedoch werden der Regel nach diejenigen Personen als genügend legitimierte Vertreter zu gelten haben, welche von dem anderen Teile als solche ausdrücklich oder stillschweigend anerkannt werden. GGG. § 63.

§ 37.* Erfolgt die Anrufung nur von einer Seite, so soll der Vorsitzende dem anderen Teile oder dessen Stellvertretern oder Beauftragten Kenntnis geben und zugleich nach Möglichkeit dahin wirken, daß auch dieser Teil sich zur Anrufung des Einigungsamts bereit findet. GGG. § 64.

§ 38.* Auch in anderen Fällen soll der Vorsitzende bei Streitigkeiten der in § 35 bezeichneten Art auf die Anrufung des Einigungsamts hinzuwirken suchen und diese Anrufung den Beteiligten bei geeigneter Veranlassung nahe legen. GGG. § 65.

§ 39.* Der Vorsitzende ist befugt, zur Einleitung der Verhandlung und in deren Verlauf an den Streitigkeiten beteiligte Personen vorzuladen und zu vernehmen. Er kann hierbei, wenn das Einigungsamt gemäß § 36 oder § 37 dieses Statuts angerufen worden ist, für den Fall des Nichterscheinens eine Geldstrafe bis zu 100 Mark androhen. Gegen die Festsetzung der Strafe findet Beschwerde nach den Bestimmungen der Zivilprozeßordnung statt.

Eine Vertretung beteiligter Personen durch deren allgemeine Stellvertreter (§ 45 der Gewerbeordnung), Prokuristen oder Betriebsleiter ist zulässig. GGG. § 66.

§ 40. *Das Kaufmannsgericht, welches als Einigungsamt tätig wird, besteht neben dem Vorsitzenden aus Vertrauensmännern der Kaufleute und der Handlungsgehilfen oder -lehrlinge in gleicher Zahl.

Die Verhandlungen des Einigungsamts sind öffentlich, falls dies von beiden Teilen beantragt wird. Ein Protokollführer kann zugezogen werden.

[Bei Streitigkeiten zwischen Kaufleuten und Handlungsgehilfen oder -lehrlingen innerhalb eines Kammerbezirkes kann der Vorsitz demjenigen Stellvertreter des Vorsitzenden des Kaufmannsgerichts übertragen werden, welcher den Vorsitz in der betreffenden Kammer führt.

Beantragen beide Teile die Übertragung des Vorsitzes auf einen namhaft gemachten Stellvertreter des Vorsitzenden des Kaufmannsgerichts, so ist diesem Antrage stattzugeben.]

*Die Vertrauensmänner sind von den Beteiligten zu bezeichnen. Erfolgt die Bezeichnung nicht, dann werden die Vertrauensmänner durch den Vorsitzenden ernannt.

*Einigen sich die Beteiligten über die Zahl der zuzuziehenden Vertrauensmänner nicht, so ist deren Zahl von dem Vorsitzenden auf mindestens zwei für jeden Teil zu bestimmen.

*Die Vertrauensmänner dürfen nicht zu den Beteiligten und zu den in § 6 Abs. 1 dieses Statuts bezeichneten Personen gehören.

*Der Vorsitzende ist befugt, eine oder zwei unbeteiligte Personen, die nicht zu den in § 6 Abs. 1 dieses Statuts bezeichneten gehören dürfen, als Beisitzer mit beratender Stimme zuzuziehen; vor der Zuziehung sind die beiden Teile zu hören. GGG. § 67.

§ 41.* Das Einigungsamt hat durch Vernehmung der Vertreter beider Teile die Streitpunkte und die für die Beurteilung derselben in Betracht kommenden Verhältnisse festzustellen.

Das Einigungsamt oder, im Falle des § 37, der Vorsitzende des Kaufmannsgerichts ist befugt, zur Aufklärung der in Betracht kommenden Verhältnisse Auskunftspersonen vorzuladen und zu vernehmen.

Jedem Beisitzer und Vertrauensmann steht das Recht zu, durch den Vorsitzenden Fragen an die Vertreter und Auskunftspersonen zu richten. GGG. § 68.

§ 42.* Nach erfolgter Klarstellung der Verhältnisse ist in gemeinsamer Verhandlung jedem Teile Gelegenheit zu geben, sich über das Vorbringen des anderen Teiles, sowie über die vorliegenden Aussagen der Auskunftspersonen zu äußern. Demnächst findet ein Einigungsversuch zwischen den streitenden Teilen statt. GGG. § 69.

§ 43.* Kommt eine Vereinbarung zustande, so ist der Inhalt derselben durch eine von sämtlichen Mitgliedern des Einigungsamts und von den Vertretern beider Teile zu unterzeichnende Bekanntmachung in geeigneten, gelesenen Tagesblättern [und durch Anschlag] zu veröffentlichen. GGG. § 70.

§ 44.* Kommt eine Vereinbarung nicht zustande, so hat das Einigungsamt einen Schiedsspruch abzugeben, welcher sich auf alle zwischen den Parteien streitigen Fragen zu erstrecken hat.

Die Beschlußfassung über den Schiedsspruch erfolgt mit einfacher Stimmenmehrheit. Stehen bei der Beschlußfassung über den Schiedsspruch die Stimmen sämtlicher für die Kaufleute zugezogenen Vertrauensmänner denjenigen sämtlicher für die Handlungsgehilfen oder -lehrlinge zugezogenen gegenüber, so kann der Vorsitzende sich seiner Stimme enthalten und feststellen, daß ein Schiedsspruch nicht zustande gekommen ist. GGG. § 71.

§ 45.* Ist ein Schiedsspruch zustande gekommen, so ist derselbe den Vertretern beider Teile mit der Aufforderung mündlich oder schriftlich zu eröffnen, sich binnen einer zu bestimmenden Frist darüber zu erklären, ob sie sich dem Schiedsspruche unterwerfen. Die Nichtabgabe der Erklärung binnen der bestimmten Frist gilt als Ablehnung der Unterwerfung.

Nach Ablauf der Frist hat das Einigungsamt eine von seinen sämtlichen Mitgliedern unterzeichnete öffentliche Bekanntmachung in geeigneten, geleseneren Tagesblättern [und durch Anschlag] zu erlassen, welche den abgegebenen Schiedsspruch und die darauf abgegebenen Erklärungen der Parteien enthält. GGG. § 79.

§ 46.* Ist weder eine Vereinbarung (§ 43) noch ein Schiedsspruch zustande gekommen, so ist dies von dem Vorsitzenden des Einigungsamts in gleicher Weise, wie dies in § 45 vorgesehen ist, öffentlich bekanntzumachen. GGG. § 73.

§ 47. Die Vertrauensmänner und Beisitzer (§ 40 Abs. 1 und 8) erhalten auf ihren Antrag Entschädigung für Zeitversäumnis und Reisekosten gemäß § 30 des Statuts, die Auskunftspersonen (§ 41 Abs. 2) eine Vergütung nach Maßgabe der Gebührenordnung für Zeugen und Sachverständige.

Vierter Abschnitt.

Gutachten und Anträge des Kaufmannsgerichts.

§ 48.* Das Kaufmannsgericht ist verpflichtet, auf Ansuchen von Staatsbehörden oder des Gemeindevorstandes (Bürgermeisters, Amtmanns, Magistrats, Kreisausschusses) Gutachten über Fragen abzugeben, welche das kaufmännische Dienst- oder Lehrverhältnis betreffen.

Das Kaufmannsgericht ist berechtigt, in den bezeichneten Fragen Anträge an Behörden, an Vertretungen von Kommunalverbänden und an die gesetzgebenden Körperschaften des Staates oder des Reichs zu richten. KGG. § 18.

§ 49. Über die vorbezeichneten [Gutachten und] Anträge hat unter Leitung des Vorsitzenden die Gesamtheit der Beisitzer (Gesamt-Kaufmannsgericht) zu beraten und zu beschließen.

§ 50. Das Gesamt-Kaufmannsgericht kann die Vorbereitung der Anträge und die Vorbereitung [und Abgabe] der Gutachten einem aus Kaufleuten und Handlungsgehilfen in gleicher Zahl bestehenden Ausschuß übertragen. Anm. 29. Die Wahl des Ausschusses erfolgt, falls keiner der Beisitzer Widerspruch erhebt, durch Zuruf, anderenfalls getrennt von Kaufleuten und Handlungsgehilfen durch verschlossene Stimmzettel in der Weise, daß jeder Stimmberechtigte so viele Namen auf einen Stimmzettel schreibt, wie Ausschußmitglieder gewählt werden sollen. [Gewählt sind diejenigen, auf welche die meisten Stimmen gefallen sind. Bei Stimmengleichheit entscheidet das durch den Vorsitzenden zu ziehende Los.] [Die Wahl erfolgt nach den Grundsätzen der Verhältniswahl unter sinngemäßer Anwendung der §§ 16 und 17 dieses Statuts und mit der Maßgabe, daß Wahlvorschlagslisten, von mindestens [3] Beisitzern unterzeichnet, erst in dem Wahltermin vor Beginn der Wahlhandlung dem Vorsitzenden vorgelegt zu werden brauchen und der Versammlung durch den Vorsitzenden bekanntzumachen sind.]

Berührt die vorliegende Frage ausschließlich oder vorwiegend die Betriebe, für welche eine der Kammern des Kaufmannsgerichts zuständig ist, so können [sind] die Mitglieder dieser Kammer mit der Vorbereitung [und bei Gutachten auch mit der Beschlußfassung] beauftragt werden [zu beauftragen].

Die beiden vorstehenden Paragraphen können auch folgende Fassung erhalten:

§ 49. Über die vorbezeichneten Anträge hat unter Leitung des Vorsitzenden die Gesamtheit der Beisitzer (Gesamt-Kaufmannsgericht) zu beschließen.

Zur Vorbereitung der Anträge und zur Vorbereitung und Abgabe der Gutachten ist ein Ausschuß aus der Mitte des Kaufmannsgerichts unter Leitung des Vorsitzenden zu bilden.

§ 50. Der Ausschuß besteht aus ...... Kaufleuten und ...... Handlungsgehilfen, welche nach jeder Neuwahl der Beisitzer für die Wahlperiode von sämtlichen Beisitzern getrennt nach Kaufleuten und Handlungsgehilfen aus ihrer Mitte unter Leitung des Vorsitzenden gewählt werden. Anm. 29.

Die Wahl erfolgt, falls keiner der Beisitzer Widerspruch erhebt, durch Zuruf, anderenfalls getrennt von Kaufleuten und Handlungsgehilfen durch verschlossenen Stimmzettel in der Weise, daß jeder Stimmberechtigte so viele Namen auf einen Stimmzettel schreibt, wie Ausschußmitglieder gewählt werden sollen. [Gewählt sind diejenigen, auf welche die meisten Stimmen gefallen sind. Bei Stimmengleichheit entscheidet das durch den Vorsitzenden zu ziehende Los.] [Die Wahl erfolgt nach den Grundsätzen der Verhältniswahl unter sinngemäßer Anwendung der §§ 16 und 17 dieses Statuts und mit der Maßgabe, daß Wahlvorschlagslisten, von mindestens [3] Beisitzern unterzeichnet, erst in dem Wahltermin vor Beginn der Wahlhandlung dem Vorsitzenden vorgelegt zu werden brauchen und der Versammlung durch den Vorsitzenden bekanntzumachen sind.]

Anm. 29: Mit Rücksicht auf die Vorschrift im § 18 Abs. 4 KGG. wird es sich empfehlen, die Ausschüsse von vornherein derart zusammenzusetzen, daß Kaufleute und Handlungsgehilfen in gleicher Zahl darin vertreten sind.

§ 51. Der Vorsitzende des Kaufmannsgerichts beruft das Gesamt-Kaufmannsgericht und den Ausschuß und leitet die Verhandlungen.

Der [die] Stellvertreter des Vorsitzenden kann [können] an den Beratungen [mit beschließender [beratender] Stimme] teilnehmen.

Beschlüsse werden einschließlich [ausschließlich] des Vorsitzenden mit einfacher Stimmenmehrheit gefaßt. Ein Antrag, für welchen nur die Hälfte der Stimmen abgegeben ist, gilt als abgelehnt.

§ 52. Das Gesamt-Kaufmannsgericht [Der Ausschuß] muß berufen werden, wenn von mindestens ...... Beisitzern beantragt wird, daß eine von ihnen bezeichnete Frage zum Gegenstande eines Antrages der in § 18 Abs. 2 des Gesetzes bezeichneten Art gemacht werde.

Andere als die im § 18 Abs. 2 des Gesetzes bezeichneten Fragen sind vom Vorsitzenden nicht zur Verhandlung zu bringen.

§ 53. Über die Verhandlungen des Gesamt-Kaufmannsgerichts [und des Ausschusses] ist ein Protokoll aufzunehmen, welches bei hervortretenden Meinungsverschiedenheiten ersichtlich machen muß, welche Meinungen von den Kaufleuten und welche von den Handlungsgehilfen vertreten worden sind.

Etwaige Abstimmungen sind so vorzunehmen und zu protokollieren, daß das Ergebnis derselben hinsichtlich der Kaufleute und hinsichtlich der Handlungsgehilfen getrennt ersichtlich ist.

§ 54. Mit dem beschlossenen Gutachten oder Antrage ist eine Abschrift des über die Verhandlungen aufgenommenen Protokolls einzureichen.

Ist über ein vom Kaufmannsgerichte zu erstattendes Gutachten ein Beschluß nicht zustande gekommen, so ist eine Abschrift des über die Verhandlung aufgenommenen Protokolls einzureichen.

Fünfter Abschnitt.

Schlußbestimmungen.

§ 55. Die dienstliche Aufsicht über die Geschäftsführung des Kaufmannsgerichts nimmt in erster Instanz der ...., in höherer und letzter Instanz der .... wahr. Anm. 30.

Anm. 30: Die Dienstaufsicht über die Geschäftsführung nimmt, wie in den Erlassen vom 18. August 1898 und 30. Mai 1899 $\frac{\text{B. 7095 u. 2938 M. f. H.}}{\text{II. 12923 u. 6336 M. d. J.}}$ näher dargelegt ist, wahr bei Kaufmannsgerichten:

a) für Landgemeinden, Ämter der Provinz Westfalen und Bürgermeistereien der Rheinprovinz in erster Instanz der Landrat als Vorsitzender des Kreisausschusses, in höherer und letzter Instanz der Regierungspräsident (§ 24 des Zuständigkeitsgesetzes),

b) für Stadtgemeinden in erster Instanz der Regierungspräsident, in höherer und letzter Instanz der Oberpräsident — für die Stadt Berlin tritt an die Stelle des Regierungspräsidenten der Oberpräsident, an die Stelle des Oberpräsidenten der Minister des Innern, für die Hohenzollernschen Lande tritt an die Stelle des Oberpräsidenten der Minister des Innern (§ 7 des Zuständigkeitsgesetzes),

c) für Kreise in erster Instanz der Regierungspräsident, in höherer und letzter Instanz der Oberpräsident (§ 177 der Kreisordnung für die Provinzen Preußen, Brandenburg, Pommern, Posen, Schlesien und Sachsen in der Fassung vom 19. März 1881 (GS. S. 155) und entsprechende Vorschriften in den für die übrigen Provinzen erlassenen Kreisordnungen).

§ 56. Dieses Orts- (Kreis-) Statut tritt am .... in Kraft; die Maßnahmen, welche erforderlich sind, um die Tätigkeit des Kaufmannsgerichts von diesem Zeitpunkt ab zu ermöglichen, sind bereits vorher zu treffen.

§ 57. Die am Tage des Inkrafttretens dieses Statuts bei den zuständigen Behörden bereits anhängigen Streitigkeiten sind bei diesen Behörden auch zur Erledigung zu bringen.

Sachregister.

(Die Zahlen bezeichnen die Seiten.)

A

B

H

J

K

L

M

N

O

W

Nachtrag

zu

Depène, Gesetz, betr. Kaufmannsgerichte.

(Guttentagsche Sammlung Deutscher Reichsgesetze Nr. 112.)

Verordnung zur Abänderung des Gewerbegerichtsgesetzes vom 29. Juli 1890/30. Juni 1901 und des Gesetzes, betreffend Kaufmannsgerichte, vom 6. Juli 1904.

Vom 29. Oktober 1920 (RGBl. S. 1843).

Auf Grund des Gesetzes über die vereinfachte Form der Gesetzgebung für die Zwecke der Übergangswirtschaft vom 3. August 1920 (Reichs-Gesetzbl. S. 1493) wird von der Reichsregierung mit Zustimmung des Reichsrats und des vom Reichstag gewählten Ausschusses folgendes verordnet:

Artikel I.

Das Gewerbegerichtsgesetz vom 29. Juli 1890/30. Juni 1901, in der Fassung der Bekanntmachung vom 29. September 1901 (Reichs-Gesetzbl. S. 353), und der Verordnung vom 12. Mai 1920 (Reichs-Gesetzbl. S. 958), wird dahin geändert, daß im § 3 Abs. 2 an Stelle von „fünfzehntausend" zu setzen ist „dreißigtausend".

Artikel II.

Das Gesetz, betreffend Kaufmannsgerichte, vom 6. Juli 1904 in der Fassung der Verordnung vom 12. Mai 1920 (Reichs-Gesetzbl. S. 958) wird dahin geändert, daß im § 4 und im § 15 Abs. 3 jeweils an Stelle von „fünfzehntausend" zu setzen ist „dreißigtausend".

Artikel III.

Soweit auf Grund der Bekanntmachung über die Besetzung der Gewerbegerichte, der Kaufmannsgerichte und der Innungsschiedsgerichte während des Krieges vom 12. Juli 1917 (Reichs-Gesetzbl. S. 606) in Verbindung mit Artikel V der Verordnung vom 12. Mai 1920 zur Abänderung des Gewerbegerichtsgesetzes vom 29. Juli 1890/30. Juni 1901 und des Gesetzes, betreffend Kaufmannsgerichte, vom 6. Juli 1904 (Reichs-Gesetzbl. S. 958) Neuwahlen zu den Gewerbe- und Kaufmannsgerichten bereits stattgefunden haben, bleiben die gewählten Beisitzer im Amte.

Soweit die Neuwahlen bis zum 31. Dezember 1920 nicht durchgeführt sind, wird die Amtsdauer der bisherigen Beisitzer bis zur Durchführung der Neuwahlen, jedoch längstens bis zum 31. März 1921 verlängert.

Artikel IV.

Sind Gemeinden seit dem 1. Oktober 1920 zu einer Gemeinde vereinigt worden oder soll die Vereinigung auf Grund bereits ergangener gesetzlicher Bestimmungen bis zum 1. Januar 1921 erfolgen, so bleiben die in den Einzelgemeinden bestehenden Gewerbe- und Kaufmannsgerichte in ihrer bisherigen Besetzung bis zur Einrichtung von Gewerbe- und Kaufmannsgerichten der neuen Gemeinde, jedoch längstens bis zum 30. Juni 1921 in Tätigkeit.

Artikel V.

Diese Verordnung tritt mit der Verkündung in Kraft.

Berlin, den 29. Oktober 1920.

Die Reichsregierung.
Fehrenbach.

15000. — XII. 21. 6,

Guttentagsche Sammlung

Deutscher Reichsgesetze.

Text-Ausgaben mit Anmerkungen. Taschenformat.

Nr. 1. **Verfassung des Deutschen Reichs.** Von Dr. **L. von Rönne. 10. Aufl.** von Landrat **P. v. Rönne** und Reg.-Assessor **v. Dobbeler. — 1912.** 3,90 ℳ

Neue Verfassung von 1919 siehe Nr. **137.**

Nr. **2. Strafgesetzbuch** für das Deutsche Reich nebst 20 der wichtigsten strafrechtl. Nebengesetze. Von Prof. Dr. **Fr. v. Liszt** und Prof. Dr. **E. Delaquis. 25. Aufl. — 1920.** 16,— ℳ

Nr. **3. Militärstrafgerichtsordnung** nebst Einführungsgesetz. Von Wirkl. Geh. Kriegsrat Dr. **A. Romen** und Kriegsgerichtsrat Dr. **E. Rissom. — 1918. 2. Aufl.** 17,50 ℳ

Feldausgabe in 2 Bänden gebunden 18,50 ℳ

Nr. **4. Handelsgesetzbuch vom 10. Mai 1897** unter Ausschluß des Seerechts. Von **Litthauer. 16. Aufl.** Herausgegeben von Geh. Justizrat Prof. Dr. **A. Mosse.** 8°. **— 1920.** 30,— ℳ

Nr. **5. Wechselordnung vom 3. Juni 1908.** Kommentar von Justizrat Dr. **J. Stranz** und Rechtsanwalt Dr. **M. Stranz.** Neue Auflage im Druck.

Nr. **5a. Wechselstempelgesetz** apart. **11. Aufl. — 1913.** 2,35 ℳ

Nr. **6. Reichsgewerbeordnung** nebst Ausführungsbestimmungen. **20. Aufl.** von Dr. **Fr. Hiller** und Dr. **H. Luppe. — 1921.** 40,— ℳ

Nr. **7. Post- und Telegraphen-Gesetzgebung.** Nebst Weltpostvertrag und Internationalem Telegraphenvertrag. **6. Aufl.** von Geh. Ob.Postrat Dr. **M. König. — 1908.** 5,85 ℳ

Nr. **8.** Die Reichsgesetze über den **Unterstützungswohnsitz, Freizügigkeit, Reichs- und Staatsangehörigkeit.** Von Geh. Rat Dr **J. Krech. 9. Aufl. — 1922.** Im Druck.

Bänden noch ein Teuerungszuschlag des Verlages von 25 %

Guttentagsche Sammlung Deutscher Reichsgesetze.

Nr. 9. **Sammlung kleinerer strafrechtlicher Reichsgesetze.** Von Prof. Dr. **R. H. Kriegsmann.** **3. Aufl. — 1910.** 5,85 *M*

Nr. 10. **Das Reichsbeamtengesetz** vom 31. März 1873. Von **J. Pieper. 2. Aufl. — 1901.** 6,50 *M*

Reichsbeamtengesetz von **1907** siehe Nr. **82.**

Nr 11. **Zivilprozeßordnung mit Gerichtsverfassungsgesetz.** Von **R. Sydow.** Fortgeführt von Reichsgerichtsrat **L. Busch** und Landgerichtsrat Dr. **Krantz. 16. Aufl.** Unveränderter Abdruck. Gr. 8°. — **1920.** 35 — *M*

Nr. 12. **Strafprozeßordnung und Gerichtsverfassungsgesetz nebst den Gesetzen, betr. die Entschädigung der im Wiederaufnahme**verfahren freigesprochenen Personen und die Entschädigung für unschuldig erlittene Untersuchungshaft. **18. Aufl.,** bearbeitet von Prof. Dr. **Kohlrausch. — 1920.** 24,— *M*

Nr. 13. **Konkursordnung und Anfechtungsgesetz.** Von **R. Sydow.** Fortgeführt von **L. Busch. 12. Aufl. — 1916.** 5,45 *M*

Nr. 14. **Gerichtsverfassungsgesetz** mit Einführungsgesetz. Herausgegeben von **R. Sydow.** Fortgeführt von **L. Busch. 9. Aufl. — 1905.** 2,35 *M*

Nr. 15. **Das Deutsche Gerichtskostengesetz** nebst den Gebührenordnungen für Gerichtsvollzieher, Zeugen und Sachverständige. Von **R. Sydow.** Fortgeführt von Reichsgerichtsrat **L. Busch** und Amtsrichter **Koehler. 10. Aufl. — 1920.** Mit Nachtrag, enthaltend die Änderungen von 1921. 12,— *M*

Nr. 16. **Rechtsanwaltsordnung.** Von **R. Sydow. 5. Aufl.** von Justizrat **M. Jacobsohn.** Mit Nachtrag, enth. die Bestimmungen vom 22. Mai 1910. — **1907.** 1,95 *M*

Nr. 17. **Die Deutsche Gebührenordnung für Rechtsanwälte und das Preußische Gebührengesetz** vom 27. IX. / 6. X. 1899. Von **R. Sydow.** Fortgeführt von **L. Busch. 11. Aufl.** Mit Nachtrag, enth. die Änderungen der Deutschen Gebührenordnung vom 16. Nov. 1916 und 1. April 1918 und der Preuß. Gebührenordnung vom 6. Juli 1918 nebst Tabellen. (Nachtrag apart 80 Pf.) 4,40 *M*

Guttentagsche Sammlung Deutscher Reichsgesetze.

Nr. **18.** **Reichsstempelgesetz** vom 3. Juli 1913. (Börsen-, Lotterie-, Frachturkunden-, Fahrkarten-, Kraftfahrzeug-, Tantieme-, Scheck- und Grundstücksübertragungssteuer.) Mit den gesamten Ausführungsbestimmungen. Von Geh. Reg.Rat **P. Loeck.** 8⁰ **12. Aufl. — 1914.** Vergriffen.

Neue Auflage unter Berücksichtigung der inzwischen ergangenen Abänderungsbestimmungen befindet sich in Vorbereitung.

Siehe auch Nr. **131 b.**

Nr. **19.** Die **Seegesetzgebung.** Von Dr. **W. E. Knitschky. 5. Aufl.** bearbeitet von Ober-L.G.Rat **O. Rudorff. — 1913.** 11,— *M*

Nr. **20. Krankenversicherungsgesetz (1883).** Von weil. Dr. **E. von Woedtke.** — Neue Fassung **(1911)** siehe **Nr. 107.**

Nr. **21.** Die **Konsulargesetzgebung.** Von Prof. Dr. **Ph. Zorn. 3. Aufl.** von Dr. **A. Zorn. — 1911.** 6,50 *M*

Nr. **22. Patentgesetz.** Nebst Ausführungsbestimmungen, völkerrechtlichen Verträgen und der Patentanwalts-Ordnung. Von **R. Lutter,** Geh. Reg.Rat im Reichs-Patentamt. **8. Aufl. — 1920.** 27,— *M*

(Kriegsvorschriften auf dem Gebiete des gewerblichen Rechtsschutzes. Von **R. Lutter. — 1917.** 8⁰. 2,50 *M*.)

Nr. **23. Gewerbe-Unfallversicherungsgesetz. (1884.)** Von weil. Dr. **E. v. Woedtke.** — Neue Fassung **(1911)** siehe **Nr. 108.**

Nr. **24. Aktiengesellschaft und Kommanditgesellschaften auf Aktien.** Von Dr. **H. Keyßner** und Dr. **H. Veit Simon. 6. Aufl.** von Amtsrichter **L. Keyßner. — 1911.** Vergriffen.

Neue Auflage in Bearbeitung.

Nr. **25. Brausteuergesetz** vom 15. Juli 1909. Von Oberzollrevisor **A. Düffe. 2. Aufl. — 1910.** 4,40 *M*

Nr. **26.** Die Reichsgesetzgebung über **Münz- und Notenbankwesen,** Papiergeld, Prämienpapiere und Reichsschulden. Von Dr. **R. Koch. — 6. Aufl. 1910.** Vergriffen.

Neue Auflage in Bearbeitung.

Nr. **27. Gesundheitswesen im Deutschen Reich.** Von Dr. jur. **E. Goesch** und Dr. med. **J. Karsten. — 1888.** 2,60 *M*

Bänden noch ein Teuerungszuschlag des Verlages von 25 %

Guttentagsche Sammlung Deutscher Reichsgesetze.

Nr. 28. **Bau-Unfallversicherungsgesetz.** Vom 30. Juni 1900. Von **R. Ehrzescinski.** Neue Fassung **(1911)** siehe Nr. **108.**

Nr. 29. **Erwerbs- und Wirtschaftsgenossenschaften.** Von **L. Parisius** und Dr. **H. Crüger. 16., neubearbeitete Aufl.** von Dr. **H. Crüger. — 1920.** 13,— *M*

Nr. 30. **Invalidenversicherungsgesetz** (1899). Von weil. Dr. **E. v. Woedtke.** Neue Fassung **(1911)** siehe Nr. **109.**

Nr. 31. **Gewerbegerichtsgesetz.** Von Stadtrat **L. Mugdan. 7. Aufl.** bearbeitet von Oberbürgermeister **W. Cuno. — 1911.** 3,65 *M*

Nr. 32. Reichsgesetz, betr. die **Gesellschaften mit beschränkter Haftung.** Von **L. Parisius** und Dr. **H. Crüger. 15. Aufl.** von Dr. **H. Crüger. — 1921.** 10,— *M*

Nr. 33. **Vereins- und Versammlungsrecht.** Von Dr. **E. Ball. 2. Aufl.** von Dr. **F. Friedenthal. — 1907.** 3,65 *M*

Reichs-Vereinsgesetz vom 19. April 1908 siehe Nr. **88.**

Nr. 34. Die **Abzahlungsgeschäfte.** Gesetz vom 16. Mai 1894. **3. Aufl.** von Land-G.Rat Dr. **E. Wilke. — 1910.** 2,10 *M*

Nr. 35. Die **Reichs-Eisenbahngesetzgebung.** Von Amtsrichter **W. Coermann. — 1895.** 3,40 *M*
Siehe auch Nr. **66.**

Nr. 36. Gesetze, betr. die **privatrechtlichen Verhältnisse der Binnenschiffahrt und der Flößerei.** Von Geh. Justizrat **E. Löwe. 5. Aufl. — 1915.** 5,20 *M*

Nr. 37. Gesetz gegen den **unlauteren Wettbewerb.** Von Justizrat **A. Pinner. 7. Aufl.** von Dr. **A. Elster. — 1921.** 10,— *M*

Nr. **38/39. Bürgerliches Gesetzbuch nebst Einführungsgesetz** von Dr. **A. Achilles.** In Verbindung mit Prof. Dr. **André,** Senatspräsident **Meyer,** Reichs-G.Rat Dr. **Strecker,** Staatsrat Dr. **v. Unzner** herausgegeben von Wirkl. Geh. Ob.J.Rat und Ober-L.G.Präsident **Greiff. 9.** vermehrte **Aufl.** Mit Anhang: Änderungen des BGB. in Kriegs- und Übergangszeit. 8° — **1920.** 42,— *M*

Einzelverkauf. Nachtrag zur 8. Auflage: **Bestimmungen über das Erbbaurecht** v. 15. Januar 1919. — **1919.** —,80 *M*

Guttentagsche Sammlung Deutscher Reichsgesetze.

Nr. **40.** Gesetz, betr. die **Pflichten der Kaufleute bei Aufbewahrung fremder Wertpapiere [Depotgesetz].** Von Min.Dir. **F. Lusensky. 3. Aufl. — 1916.** 3,25 *M*

Nr **41. Börsengesetz.** Von **Th. Hemptenmacher. 3. Aufl.** von Syndikus **O. Meyer. — 1915.** 5,20 *M*

Nr. **42. Grundbuchordnung** nebst preuß. Ausf.-Best. Von Prof. Dr. **O. Fischer. 7. Aufl. — 1920.** 8,— *M*

Nr. **43. Zwangsvollstreckung in das unbewegliche Vermögen** im Reiche und in Preußen. Kosten- und Gebührentabellen. Von Dr. **J. Krech** und Dr. **O. Fischer. 8. Aufl.** bearbeitet von Prof. Dr. **O. Fischer. — 1916.** 3,90 *M*

Nr. **44.** Das Reichsgesetz über das **Auswanderungswesen.** Von Prof. Dr. **F. Stoerk. — 1899.** 3,25 *M*

Nr. **45.** Das **Entmündigungsrecht** mit den für Preußen geltenden Vorschriften nebst Just.-Min.-Verfügung vom 28. Nov. 1899. Von Land-G.Rat Dr. **P. Koll. — 1900.** 2,35 *M*

Nr. **46.** Die Gesetze des Reiches und Preußens über die **freiwillige Gerichtsbarkeit.** Von Amts-G.Rat **H. Jastrow. 6. Aufl.** von Land-G.Rat Dr. **Herm. Günther. — 1921.** 28,— *M*

Nr. **47.** Das **deutsche Vormundschaftsrecht** und das preuß. Gesetz über die Fürsorgeerziehung Minderjähriger. Von Ober-Verw.G.Rat **M. Schultzenstein** und Amts-G.Rat Dr. **P. Köhne. 2. Aufl. — 1901.** 4,40 *M*

Nr. **48.** Gesetze, betr. den **Drogen-, Gift- und Farbenhandel** außerhalb der Apotheken. Von Dr. **J. Broh. — 1899.** 1,95 *M*

Nr. **49.** Deutsche **Kolonialgesetzgebung.** Von Geh. J.Rat Prof. Dr. **Ph. Zorn. 2. Aufl.** von Gerichtsassessor Dr. **Sassen. — 1913.** 10,40 *M*

Nr. **50.** Der **Viehkauf [Viehgewährschaft] nach dem BGB.** Verordnung betr. die Hauptmängel und Gewährsfristen beim Viehhandel. Von Rechtsanwalt Dr. **H. Stölzle** und **Reg.-** und Vet.Rat **H. Weiskopf. 5. Aufl. — 1913.** 8,45 *M*

Bänden noch ein Teuerungszuschlag des Verlages von 25 %

Guttentagsche Sammlung Deutscher Reichsgesetze.

Nr. **51.** **Hypothekenbankgesetz** vom 13. Juli 1899. Von Dr. **H. Göppert. 2. Aufl.** bearbeitet von Geh. Reg.Rat Dr. **Seidel. — 1911.** 3,40 *M*

Nr. **52.** Gesetz, betr. die gemeinsamen **Rechte der Besitzer von Schuldverschreibungen.** Von Dr. **H. Göppert. 2. Aufl.** bearbeitet von Amtsrichter Dr. **E. Trendelenburg. — 1915.** 2,60 *M*

Nr. **53.** **Reichspreßgesetz** vom 7. Mai 1874. Mit Kommentar von Bürgermeister **A. Born. 2. Aufl. — 1911.** 3,10 *M*

Nr. **54.** Verkehr mit **Nahrungsmitteln, Genußmitteln** und **Gebrauchsgegenständen.** Von Dr. **G. Lebbin,** Nahrungsmittelchemiker **in Berlin. — 1900.** 3,25 *M*

Nr. **55.** Das Recht der **Beschlagnahme von Lohn- und Gehaltsforderungen.** Von Justizrat **G. Meyer. 5. Aufl. — 1914.** Mit Nachtrag, enthaltend Verordnung über Lohnpfändung vom 10. August 1920. 7,40 *M*

Nr. **56.** Gesetz, betr. die **Bekämpfung gemeingefährlicher Krankheiten.** Nebst Ausführungsbestimmungen. Von Reg.Rat Dr. **B. Burkhardt. — 1900.** 2,10 *M*

Nr. **57.** **See-Unfallversicherungsgesetz (1887).** Von Ober-L.G.Rat Dr. **M. Mittelstein. —** Neue Fassung **1911** siehe Nr. **108.**

Nr. **58.** **Das Recht der unehelichen Kinder nach dem BGB.** Von Amtsgerichtsrat **H. Jastrow. — 1901.** 2,60 *M*

Nr. **59.** Reichsgesetz über die **Beurkundung des Personenstandes und die Eheschließung.** Von Amtsgerichtsrat Dr. **F. Fidler. 2. Aufl. — 1912.** 3,65 *M*

Nr. **60.** Gesetz, betr. das **Urheberrecht an Werken der Literatur und der Tonkunst.** Von Geh. Ob.J.Rat **O. Lindemann. 4. Aufl. — 1921.** 14,— *M*

Nr. **61.** Gesetz über das **Verlagsrecht.** Von Rechtsanwalt Dr. **B. Marwitz. 2. Aufl. — 1911.** 2,60 *M*

Nr. **62.** Gesetz über **private Versicherungsunternehmungen.** Von Reichs-G.Rat **H. Könige. 2. Aufl. — 1910.** 5,85 *M*

Guttentagsche Sammlung Deutscher Reichsgesetze.

Nr. **63.** **Gesetzestafel des Deutschen Reichsrechts.** Systematisch geordnete Nachweisung des z. Z. geltenden Reichsrechts. Von **H. Bruhns. 2. Aufl. — 1913.** 5,20 ℳ

Nr. **64.** Gesetzsammlung betr. den **Handel mit Drogen und Giften.** Mit Anhang: landesgesetzliche Verordnungen sämtlicher Bundesstaaten. Von Rechtsanwalt **H. Sonnenfeld,** Syndikus der Berliner Drogisten-Innung. **2. Aufl. — 1912.** 5,85 ℳ

Nr. **65.** Das **Weingesetz** in der Fassung von 1909. Mit Ausführungsbestimmungen von Dr. **G. Lebbin,** Nahrungsmittelchemiker. **2. Aufl. — 1909.** 3,65 ℳ

Nr. **66.** Die **Eisenbahn-Gesetzgebung.** Von **W. Pietsch,** Rechnungsrat im Reichseisenbahnamt. **2. Aufl. — 1913.** 5,20 ℳ

Nr. **67.** **Militär-Strafgesetzbuch für das Deutsche Reich.** Von Wirkl. Geh. Kriegsrat Dr. **A. Romen** und Kriegsgerichtsrat Dr. **C. Rissom. 3. Aufl. — 1918.** 14,50 ℳ

— — Feldausgabe in 2 Bänden, gebunden 15,— ℳ

Nr. **68.** Das **Fleischbeschaugesetz.** Vom 3. Juni 1900. Von Dr. **G. Lebbin** und Dr. **G. Baum. — 1903.** 5,85 ℳ

Nr. **69.** Reichsgesetz über die **Naturalleistungen der bewaffneten Macht im Frieden** nebst den preußischen Bestimmungen. Von Dr. **W. v. Hippel. — 1903.** 2,10 ℳ

Nr. **70.** Das **Reichs-Haftpflichtgesetz** vom 7. Juni 1871. Von Reg.Rat Dr. **G. Eger. — 1903.** Vergriffen.

(Kommentar von **Seligsohn. — 1920.** 20,— ℳ.)

Nr. **71.** Gesetz betr. **Kinderarbeit in gewerblichen Betrieben** vom 30. März 1903. Von Ober-Verw.G.Rat **H. Spangenberg. 2. Aufl. — 1904.** 2,35 ℳ

Nr. **72.** **Unfallversicherungsgesetz für Land- und Forstwirtschaft.** (1886.) Von weil. Dr. **E. v. Woedtke.** Siehe Nr. **108.**

Nr. **73.** **Entschädigung für unschuldig erlittene Verhaftung und Bestrafung.** Anhang: Nebengesetze über Schadensersatz. Von Wirkl. Geh. Kriegsrat Dr. **A. Romen. — 1904.** 3,10 ℳ

Bänden noch ein Teuerungszuschlag des Verlages von 25 %

Guttentagsche Sammlung Deutscher Reichsgesetze.

Nr. 74. **Die Kaufmannsgerichte** nebst Ausführungsbestimmungen. Von Prof. Dr. **M. Apt. 3. Aufl. — 1904.** 3,10 *M*

Siehe auch Nr. **112.**

Nr. 75. Reichsgesetz über die **Konsulargerichtsbarkeit.** Von Rechtsanwalt Dr. **A. F. Vorwerk,** Schanghai. **2. Ausgabe,** mit den Schutzgebietsgesetzen. — **1908.** 3,10 *M*

Nr. 76. **Die Rechtshilfe im Verkehr mit den ordentlichen Gerichten** nach deutschem Reichsrecht. Von Landrichter Dr. **A. Friedländer. — 1906.** 2,60 *M*

Nr. 77. **Das Erbschaftssteuergesetz.** Vom 10. September 1919. Von Oberzollsekretär **B. Hendel. — 1920.** 28,— *M*

Nr. 78. **Zigarettensteuergesetz.** Vom 3 Juni 1906. Von Regierungsassessor Dr. **Cuno.**

Nr. 79. **Die Militärpensionsgesetze** vom 31. Mai 1906 nebst Ausführungsbestimmungen. Zum Gebrauch für Heer, Marine und Schutztruppe von Wirkl. Geh. Kriegsrat Dr. **A. Romen.**

a) I. Teil: **Offizierpensionsgesetz. — 1907.** 4,95 *M*

b) II. Teil: **Mannschaftsversorgungsgesetz** mit Nachtrag, enth. **Kapitalabfindungsgesetz** vom 3. Juli 1916. — **1908.** 4,95 *M*

Militärversorgungsgesetze siehe auch Nr. **136.**

Nr. 80. Reichsgesetzgebung über **gerichtliche Registerführung.** Von Geh. Ob.J.Rat **O. Lindemann. — 1906.** 4,40 *M*

Nr. 81. **Urheberrecht an Werken der bildenden Künste und der Photographie.** Von Rechtsanwalt Dr. **L. Fuld. — 1907.** Vergriffen. — Neue Auflage im Druck.

Nr. 82. **Reichsbeamtengesetz** vom 18. Mai 1907 mit Ergänzungen von Geh.Rat Prof. Dr. **A. Arndt. 2. Aufl. — 1921.**

Nr. 83. Reichsgesetz über den **Versicherungsvertrag** nebst Einführungsgesetz. Von Dr. **P. Hager** und Dr. **E. Bruck. 4. verm. u. verb. Aufl. — 1920.** 38,— *M*

Nr. 84. **Sammlung kleinerer privatrechtlicher Reichsgesetze.** Von Ober-L.G.Rat **G. Müller. — 1908.** 9,10 *M*

Guttentagsche Sammlung Deutscher Reichsgesetze.

Nr. **85. Scheckgesetz.** Von Prof. Dr. **M. Apt.** Vergriffen. Siehe Nr. **113.**

Nr. **86. Die Auslieferungsverträge des Deutschen Reiches.** Von Landrichter Dr. **A. Cohn. — 1908.** 5,85 *M*

Nr. **87.** Gesetz zum **Schutz der Warenbezeichnungen.** Von Geh. Reg.Rat, Mitgl. des Kaiserl. Patentamts Dr. **Freund** und Rechtsanwalt **Magnus. 5. Aufl. — 1909.** Vergriffen. Neue Auflage in Vorbereitung.

Nr. **88. Vereinsgesetz** vom 19. April 1908. Von Wirkl. Geh. Kriegsrat Dr. **A. Romen.** Mit den **Bestimmungen** über **Jugendliche und Gewerkschaften. 4. Aufl. — 1916.** 4,55 *M*

Nr. **89. Vogelschutzgesetz** vom 30. Mai 1908 nebst den das Flugwild betr. Bestimmungen der Preuß. Jagdordnung. Von Dr. **L. v. Boxberger. — 1909.** 1,60 *M*

Nr. **90.** Die Haager Abkommen über das **Internationale Privatrecht.** Von Dr. **G. Bogeng. — 1908.** 3,25 *M*

Nr. **91. Eisenbahn-Verkehrsordnung** mit Ausführungsbestimmungen. Von Reg.Rat Dr. **E. Blume. — 1909.** Vergriffen. Neue Auflage in Vorbereitung.

Nr. **92.** Gesetz, betr. den **Verkehr mit Kraftfahrzeugen.** Von Amtsgerichtsrat **R. Kirchner. 3. Aufl. — 1915.** 5,85 *M*

Nr. **93.** Gesetz über die **Sicherung der Bauforderungen.** Von Justizrat Dr. **E. Harnier. 3. Aufl. — 1912.** 2,85 *M*

Nr. **94. Die Beamtenhaftpflichtgesetze des Reiches und der Länder.** Von Geh. Justizrat Dr. **H. Delius. 3. Aufl. — 1921.** 27,— *M*

Nr. **95.** Die Berner Übereinkunft über **Internationales Urheberrecht.** Von Geh.Rat Dr. **H. Dungs. — 1910.** 1,60 *M*

Nr. **96. Branntweinsteuergesetz** vom 15. Juli 1909 mit den für das Reich erlassenen Ausf.-Bestimmungen und **Kriegsverordnungen. 2. Aufl.,** bearbeitet von Reg.Assessor Dr. **K. Kniebe,** Hilfsarbeiter im Reichsamt des Innern. **— 1916.** 5,20 *M*

Branntweinmonopolgesetz siehe **Nr. 131 a.**

Bänden noch ein Teuerungszuschlag des Verlages von 25 %.

Guttentagsche Sammlung Deutscher Reichsgesetze.

Nr. 97. **Schutzgebietsgesetz** nebst dem G. über die Konsulargerichtsbarkeit sowie den Ausf.-Bestimmungen. Von **J. Gerstmeyer,** Wirkl. Legationsrat. — **1910.** 4,40 *M*

Nr. 98. **Sechs Haager Abkommen** über **Internationales Privatrecht.** Von Geh.Rat Dr. **Dungs.** — **1910.** 2,35 *M*

Nr. 99. **Die Abkommen der Haager Friedenskonferenz.** Von Dr. **H. Wehberg.** — **1910.** Vergriffen.

Neue Auflage unter dem Titel: „**Wehberg, Völkerbundakte**". (Außerhalb der Sammlung.) 14,— *M*

Nr. **100.** Gesetz über den **Absatz von Kalisalzen.** Von Geh. Bergrat **B. Voelkel.** — **1910.** 3,40 *M*

Nr. **101.** **Zuwachssteuergesetz** vom 14. Februar 1911. Von Geh. Reg.Rat Dr. **W. Cuno.** — **1911.** 5,20 *M*

Nr. **102.** **Urheberrecht an Mustern und Modellen** und Ges. betr. Schutz von **Gebrauchsmustern.** Von Reg.Rat **J. Neuberg,** Mitgl. d Patentamts. — **1911.** 3,40 *M*

Nr. **103.** **Reichs-Viehseuchengesetz** vom 26. Juni 1909 nebst Ausführungsvorschriften und dem preuß. Ausführungsgesetz. Von Landrat Dr. **W. v. Hippel.** **2. Aufl.** — **1912.** 6,50 *M*

Nr. **104.** **Versicherungsgesetz für Angestellte.** Von **O. Bernstein** und Dr. **J. Kupferberg.** **2. Aufl.** — **1912.** Vergriffen. (Siehe auch Nr. **144.**)

Nr. **105.** **Das Geldwesen in den deutschen Schutzgebieten.** Von **W. Hintze,** Geh. Sekr. im Reichskolonialamt. — **1912.** 2,90 *M*

Nr. **106—109.** **Reichs-Versicherungsordnung nebst Einführungsgesetz.** Herausgegeben von Direktor Dr. **F. Caspar** und Geh. Ob.Reg.Rat **A. Spielhagen.** **4 Bände.**

Nr. **106.** I., V. und VI. Buch. **Gemeinsame Vorschriften. — Beziehungen der Versicherungsträger zu einander und zu anderen Verpflichteten. — Verfahren.** Von Dr. **K. Lippmann,** Senatspräsident im Reichs-Vers.Amt, Dr. **L. Laß** und **H. Siefart.** — **1913.** 8,45 *M*

Ergänzungen zum I. und VI. Buch. Von Dr. **K. Lippmann.** — **1920.** Einzeln 1 *M*

Guttentagsche Sammlung Deutscher Reichsgesetze.

Nr. **107.** II. Buch. **Krankenversicherung.** Von Geh. Reg. Rat **H. Siefart** und Reg.Rat Dr. **F. Sitzler. — 1916.** 9,75 *M*

Ergänzungen zum II. Buch. Bearbeitet von Dr. **K. Lippmann. — 1920.** 6,— *M*

Nr. **108.** III. Buch. **Unfallversicherung.** Von **A. Radtke,** Senatspräsident im R.Vers.Amt. **— 1913.** 11,— *M*

Ergänzungen zum III. Buch Bearbeitet von **A. Radtke. — 1921.** 12,— *M*

Nr. **109.** IV. Buch. **Invaliden- und Hinterbliebenenversicherung.** Von Geh. Ob.Reg.Rat **B. Jaup** und **H. Follmann,** Senatspräsident im R.Vers.Amt. **— 1912.** Mit Nachtrag, enthaltend die Ergänzungen 1914—1916 5,85 *M*

Nr. **110. Wehrbeitragsgesetz** mit Ausf.-Bestimmungen. Von Wirkl. Geh. Ob.Fin.Rat **A. Fernow. 2. Aufl. — 1913.** 2,90 *M*

Nr. **111. Reichs- und Staatsangehörigkeitsgesetz.** Von Wirkl. Geh. Kriegsrat Dr. **A. Romen. — 1913.** 3,25 *M*

Nr. **112. Kaufmannsgerichtsgesetz** mit Best. des Gewerbegerichtsgesetzes. Von Dr. **H. Depène,** Vors. des Kaufmannsgerichts zu Berlin. **— 1914.** 3,65 *M*

Nr. **113. Postscheckgesetz.** Von Oberpostinspektor **J. Weiland. — 1914.** Mit Nachtrag **1918.** 2,35 *M*

Nr. **113 a. Postscheckordnung** mit Ausführungsbestimmungen. Von **J. Weiland. — 1914.** Mit Nachtrag **1918.** 2,35 *M*

Nr. **114. Waffengebrauch und Festnahmerecht des Militärs.** Von Wirkl. Geh. Kriegsrat Dr. **A. Romen** und Kriegsgerichtsrat Dr. **C. Rissom. — 1914.** 2,90 *M*

Nr. **115. Das vertragliche Wettbewerbsverbot [Konkurrenzklausel].** Nebst Kommentar zum G. v. 10. Juni 1914. Von Rechtsanwalt Dr. **G. Baum. — 1914.** 4,40 *M*

Nr. **116. Kriegs-Zivil- und Finanzgesetze** vom 4. Aug. 1914 und die dazu erlassenen Verordnungen und Bekanntmachungen. **3. Aufl. — 1915.** 3,40 *M*

Nr. **116 a.** Zweite Folge: Das Jahr 1915. **— 1916.** Siehe auch Nr. **129.** 2,90 *M*

Bänden noch ein Teuerungszuschlag des Verlages von 25 %.

Guttentagsche Sammlung Deutscher Reichsgesetze.

Nr. **117. Darlehnskassengesetz.** Von Rechtsanwalt **Salomon** und Bankvorsteher **Bud. — 1915.** 2,90 *M*

Nr. **118. Militärhinterbliebenengesetz.** Von Rechnungsrat **Neh.** Mit Nachtrag, enth. das **Kapitalabfindungsgesetz** vom 11. Juli 1916. — **1915.** — (Siehe auch Nr. **136.**) 3,65 *M*

Nr. **119. Kriegsleistungsgesetz.** Von Rechtsanwälten J.Rat **Heilberg** und **Schäffer. — 1915.** Vergriffen.

Nr. **120. Telegraphenwegegesetz.** Von Postreferendar **Wolf. — 1916.** 2,35 *M*

Nr. **121. Direkte Kriegssteuer.** Gesetze z. Besteuerung der Kriegsgewinne. Von Ob.Verw.Gerichtsrat **A. Mrozek. — 1916.** 5,85 *M*

Nr. **122. Gesetz über den Belagerungszustand.** Von Kriegsgerichtsrat Dr. **H. Bürschel. — 1916.** 6,50 *M*

Nr **123. Warenumsatzstempel.** Von Geh. Ober-Justizrat **Lindemann. — 1916.** 3,25 *M*

Umsatzsteuergesetze — 1918 und 1919. Siehe Nr. **132.** — (Ausgabe ohne Anmerkung S. 22.)

Nr. **124. Todeserklärung Kriegsverschollener.** Von Prof. Dr. **J. Partsch. — 1916.** 3,90 *M*

Nr. **125.** Das Gesetz über den **vaterländischen Hilfsdienst. 3. vermehrte Aufl. — 1917.** 1,50 *M*

Nr. **126. Besitzsteuergesetz** mit Ausführungsbestimmungen. Von Ob.Verw.Gerichtsrat **A. Mrozek. — 1917.** 6,— *M*

Nr. **127.** Verordnung über die **Geschäftsaufsicht zur Abwendung des Konkurses** vom 14. Dez. 1916. Von Rechtsanwalt **G. Klien,** mit system. Einleitung von Geh. Hofrat Dr. **Ernst Jaeger,** ord. Prof. a. d. Universität Leipzig. — **1917.** 2,— *M*

Nr. **128.** Gesetz, betr. die **Verhaftung und Aufenthaltsbeschränkung,** vom 4. Dez. 1916. Nebst Anhang, betr. Entschädigung unschuldig Verhafteter. Von Wirkl. Geh. Kriegsrat Dr. **A. Romen. — 1917.** 2,50 *M*

Nr. **129.** Kriegsgesetze auf dem Gebiete des **Zivil- und Prozeßrechtes,** für die gerichtliche Praxis zusammengestellt von Amtsrichter Dr. **Johannes Fischer. — 1918.** 4,— *M*

Zu den aufgeführten Preisen tritt bei den vor 1920 erschienenen

Guttentagsche Sammlung Deutscher Reichsgesetze.

Nr. 130. **Ersatzlebensmittelverordnung** nebst Ausf.-Vorschr. des Reichs und der wichtigsten Bundesstaaten. Verordnungen über **Schleichhandel, Preistreiberei und Papierhandel.** Von **Heinz Emil Wendel,** Polizeirat in Berlin. — 1918. 2,— M.

Nr. 131 a. **Reichsfinanzgesetzgebung 1918.** Bd. I. **Getränkesteuern** (Bier, Branntwein, Wein, Schaumwein, Limonaden). Von Dr. **G. Mayer.** — 1918. 6,50 M

Nr. 131 b. **Reichsfinanzgesetzgebung 1918.** Bd. II. **Abgabe vom Einkommen, Stempel, Umsatz, Kriegsgewinn** usw., **Steuerflucht.** Von Dr. **G. Mayer.** — 1919. 4,— M

Nr. 132. **Umsatzsteuergesetz** und Ausführungsbestimmungen. Von Geh. Ober-Justizrat **Otto Lindemann,** vortr. Rat im Justizministerium. 2. Aufl. — 1920. 32,— M

Nr. 133. **Reichswuchergesetzgebung.** Von Reichsgerichtsrat Dr. **Ad. Lobe.** — 1918. 6,50 M

Nr. 134. **Die Friedensverträge.** Von Dr. **Karl Strupp.** I. **Die Ostfrieden.** — 1918. 12,— M

Nr. 135. Verordnung über das **Erbbaurecht.** Von Land-G.Rat Dr. **Hermann Günther.** — 1919. 5,— M

Nr. 136. **Militärversorgungsgesetze.** Von Landrichter Dr. **Hermann Günther.** — 1919. 6,50 M

Nr. 137. **Die neue Verfassung des Deutschen Reiches.** Von Prof. Dr. **A. Arndt.** 2. Aufl. — 1921. 18,— M

Nr. 138 a. **Arbeiterschutz und Arbeitsrecht.** Von Prof. Dr. **A. Günther.** — 1920. 25,— M

Nr. 138 b. **Betriebsrätegesetz.** Von Prof. Dr. **A. Günther.** — 1920. 9,— M

Nr. 139. **Grunderwerbsteuergesetz.** Von Geh. Ober-Justizrat **Otto Lindemann.** — 1919. 6,— M

Nr. 140. **Die Siedelungsgesetzgebung im Reich und in Preußen.** Von Geh. Ob.-Justizrat **W. Holzapfel.** — 1920. 12,— M

Bänden noch ein Teuerungszuschlag des Verlages von 25 %.

Guttentagsche Sammlung Deutscher Reichsgesetze.

Nr. **141.** **Sozialisierungsgesetze.** Von Rechtsanwalt Dr. **Otto Meier.** — **1920.** 10,— *M*

Nr. **142.** **Wirtschaftliche Demobilmachung.** Von Geh. Reg.-Rat Dr. **Gg. Fischbach.** — **1920.** 5,— *M*

Nr. **143.** **Reichsabgabenordnung** mit Einleitung. Von Rechtsanwalt Dr. **Friedmann.** — **1920.** 9,— *M*

Nr. **144.** **Versicherungsgesetz für Angestellte.** Von Senatspräsident Dr **Lippmann.** — **1920.** Mit Nachtrag, enthaltend Ergänzungen bis 23. Juli 1921. 12,— *M*

Nr. **145.** Gesetzgebung über **Steuer- und Kapitalflucht.** Von Rechtsanwalt Dr. **E. H. Meyer.** 2. Aufl. — **1921.** 10,— *M*

Nr. **146.** **Tabaksteuergesetz.** Von Rechtsanwalt Dr. **Wündisch.** — **1920.** 17,— *M*

Nr. **147.** Gesetz über **Filmzensur.** Von Regierungsrat **Szczesny.** — **1920.** 9,— *M*

Nr. **148.** **Reichsausgleichsgesetz.** Von Rechtsanwalt Dr. **Decke.** — **1920.** 9,— *M*

Nr. **149.** **Reichsnotopfergesetz.** Von Rechtsanwalt Dr. **Friedmann** und Dr. **Richard Wrzeszinsky.** — **1921.** 36,— *M*

Nr. **150** **Reichsschädengesetze.** Von Rechtsanwalt Dr. **Adolf Hohenstein** und Rechtsanwalt und Notar Dr. **Wenzel Goldbaum.** — **1921.** Im Druck.

Guttentagsche Sammlung
Preußischer Gesetze.
Text-Ausgaben mit Anmerkungen. Taschenformat.

Nr. 1. **Die Verfassung des Freistaats Preußen.** Mit Einleitung, vollständigem Kommentar, Landeswahlgesetz und Sachregister Von Prof. Dr **A. Arndt. — 1921.** 10,— M
(Ausführlicher Kommentar von Prof. Stier-Somlo. — **1921.** 35,— M)

Nr. 2. Preußische **Beamten-Gesetzgebung.** Enth. die wichtigsten Beamtengesetze in Preußen. Von **K. Pfafferoth. 5. Aufl. — 1916.** 3,90 M

Nr. 3. **Aufnahme von Nottestamenten** durch die bestellten Urkundspersonen. Anweisung mit Musterbeispielen. Von Amtsgerichtsrat **E. Kurtz. — 1904.** 2,35 M

Nr. 4. **Gebührenordnung** für **Notare** vom 25. Juli 1910. **5. Aufl.** von Justizrat **Rausnitz. — 1917.** 5,— M

Nr. 5. Gesetz vom **24. April 1854 [betr. die außereheliche Schwängerung].** Von Dr. **Schulze. — 1873.** 1,— M
Reichs-Recht siehe Reichsgesetze Nr. **58.**

Nr. 6. Die Preuß. **Ausführungsgesetze und Verordnungen zu den Reichs-Justizgesetzen.** Von **R. Sydow.** Vergriffen.

Nr. 7. Allg. **Gerichtsordnung** und Preuß. **Konkursordnung.** Von **F. Vierhaus.** Vergriffen.

Nr. 8. **Vormundschaftsordnung.** Von **F. Schultzenstein.**
Reichs-Recht siehe Reichsgesetze Nr. **47.**

Nr. 9. Die Preußische **Grundbuchgesetzgebung.** Von Prof. Dr. **Fischer.** Vergriffen; siehe Reichsgesetze Nr. **42.**

Nr. 10. **Einkommensteuergesetz.** Von Wirkl. Geh. Ob.Finanzrat **A. Fernow. 8. Aufl. — 1913.** Vergriffen.
Siehe auch S. 22.

Nr. 11. **Gewerbesteuergesetz.** Von Wirkl. Geh. Ob.Fin.Rat **A. Fernow. 6., vermehrte Aufl. — 1915.** Vergriffen.

Guttentagsche Sammlung
Deutscher Reichs- und Preußischer Gesetze.

Preiserhöhungen.

A. Reichsgesetze.

Nr. 2. **Strafgesetzbuch.** Von Liszt und Delaquis. 25. Auflage. **20,— M**

Nr. 4. **Handelsgesetzbuch.** Von Litthauer und Mosse. 16. Auflage. **50,— M**

Nr. 9. **Sammlung kleinerer strafrechtlicher Reichsgesetze.** Von Kriegsmann. 3. Auflage. **12,— M**

Nr. 13. **Konkursordnung und Anfechtungsgesetz.** Von Sydow und Busch. 12. Auflage. **12,— M**

Nr. 16. **Rechtsanwaltsordnung.** Von Sydow und Jacobsohn.. 5. Auflage. **5,— M**

Nr. 19. **Seegesetzgebung.** Von Knitschky und Rudorff. 5. Auflage. **20,— M**

Nr. 21. **Konsulargesetzgebung.** Von Ph. Zorn und K. Zorn. 3. Auflage. **12,— M**

Nr. 40. **Gesetz, betr. die Pflichten der Kaufleute bei Aufbewahrung fremder Wertpapiere (Depotgesetz).** Von Lusensky. 3. Auflage. **6,— M**

Nr. 41. **Börsengesetz.** Von Th. Hemptenmacher und O. Meyer. 3. Auflage. **12,— M**

Nr. 50. **Viehkauf (Viehgewährschaft)** nach dem BGB. Von Stölzle und Weiskopf. 5. Auflage. **15,— M**

Nr. 51. **Hypothekenbankgesetz.** Von Göppert und Seibel. 2. Auflage. 7,— M

Nr. 52. Gesetz, betr. die gemeinsamen **Rechte der Besitzer von Schuldverschreibungen.** Von Göppert und Trendelenburg. 2. Auflage. 6,— M

Nr. 53. **Reichspreßgesetz.** Von A. Born. 2. Auflage. 7,— M

Nr. 55. Recht der **Beschlagnahme von Lohn- und Gehaltsforderungen.** Von G. Meyer. 5. Auflage. 10,— M

Nr. 59. Reichsgesetz über die **Beurkundung des Personenstandes und die Eheschließung.** Von Fidler. 2. Auflage. 7,— M

Nr. 61. **Verlagsrecht.** Von Marwitz. 6,— M

Nr. 67. **Militär-Strafgesetzbuch für das Deutsche Reich.** Von A. Romen und Rissom. 3. Auflage. 20,— M

Nr. 84. **Sammlung kleinerer privatrechtlicher Reichsgesetze.** Von G. Müller. 20,— M

Nr. 88. **Vereinsgesetz.** Von A. Romen. Mit den **Bestimmungen** über **Jugendliche und Gewerkschaften.** 4. Auflage. 10,— M

Nr. 89. **Vogelschutzgesetz.** Von L. v. Boxberger. 4,— M

Nr. 90. **Internationales Privatrecht.** Von G. Bogeng. 7,— M

Nr. 92. **Verkehr mit Kraftfahrzeugen.** Von R. Kirchner. 3. Auflage. 12,— M

Nr. 95. **Internationales Urheberrecht.** Von H. Dungs. 4,— M

Nr. 98. **Sechs Haager Abkommen über Internationales Privatrecht.** Von Dungs. 6,— M

Nr. 102. **Urheberrecht an Mustern und Modellen** und Ges., betr. Schutz von **Gebrauchsmustern.** Von J. Neuberg. 7,— M

Nr. **106.** I., V. u. VI. Buch. **Gemeinsame Vorschriften. — Beziehungen der Versicherungsträger zu einander und zu anderen Verpflichteten. — Verfahren.** Von K. Lippmann L. Laß und H. Siefart. 16,— M

Nr. **107.** II. Buch. **Krankenversicherung.** Von H. Siefart und F. Sitzler. 18,— M

Nr. **108.** III. Buch. **Unfallversicherung.** Von A. Radtke. 20,— M

Nr. **109.** IV. Buch. **Invaliden- und Hinterbliebenenversicherung.** Von B. Jaup und H. Follmann. 12,— M

Nr **112. Kaufmannsgerichtsgesetz.** Von H. Depène. 7,— M

Nr. **115. Das vertragliche Wettbewerbsverbot (Konkurrenzklausel).** Von G. Baum. 9,— M

Nr. **126. Besitzsteuergesetz.** Von A. Mrozek. 10,— M

Nr. **127. Geschäftsaufsicht zur Abwendung des Konkurses.** Von G. Klien und E. Jaeger. 6,— M

B. Preußische Gesetze.

Nr **17. Gerichtskostengesetz.** Von Siméon. 7. Auflage. 12,— M

Nr. **21.** Gesetz über die **Handelskammern.** Von F. Lusensky. 2. Auflage. 10,— M

Nr. **23. Ausführungsgesetz zum Bürgerlichen Gesetzbuche.** Von Siméon. 3. Auflage. 7,— M

Nr. **28. Fürsorgeerziehung Minderjähriger.** Von P. F. Aschrott. 3. Auflage. 10,— M

Nr. **32. Die Städteordnung für die sechs östlichen Provinzen Preußens.** Von W. Ledermann und Brühl. 2. Auflage. 20,— M

Nr. **34.** Sammlung der wichtigsten **preußischen Strafgesetze** Von Lindemann. 2. Auflage. **10,— M**

Nr. **36. Polizeiverordnungen in Preußen.** Von Lindemann. 2. Auflage. **8,— M**

Nr. **40. Verwaltungsstrafverfahren.** Von R. Katzenstein. **10,— M**

Nr. **50. Gesetz, betr. die Anlegung und Veränderung von Straßen und Plätzen in Städten und ländlichen Ortschaften.** Von O. Meyer. **10,— M**

Nr. **51. Das preußische Disziplinargesetz für die nichtrichterlichen Beamten.** Von Dr. E. v. Dultzig. **12,— M**

Nr. **52. Preußisches Wassergesetz.** Von G. Wulff und F. Herold. **15,— M**

Nr. **53. Hinterlegungsordnung.** Von Hagemann. **7,— M**

Nr. **55. Preußisches Wohnungsgesetz** und **Bürgschaftssicherungsgesetz.** Von Schmittmann. **12,— M**

C. Textausgaben.

Konkursordnung mit **Einführungsgesetz.** 2. Auflage. **3,— M**

Wechselordnung. **6,— M**

Druck von Otto Walter in Berlin S 14.

Bänden noch ein Teuerungszuschlag des Verlages von 25 %.

Guttentagsche Sammlung Preußischer Gesetze.

Nr. **12.** **Allgemeines Berggesetz.** Mit seinen Novellen und Nebengesetzen. **3. Aufl.**, bearbeitet von den Oberbergräten **Schlüter** und **Hense.** — **1913.** 10,40 *M*

Nr **13.** **Ergänzungssteuergesetz** (Vermögenssteuergesetz). Von Wirkl. Geh. Ob.Fin Rat **A. Fernow. 5. Aufl.** Mit Nachtrag, enth. Ges. betr. Erhöhung der Zuschläge vom 8. Juli 1916. — **1914.** 5,85 *M*

Nr. **14.** **Kommunalabgabengesetz** vom 14. Juli 1893 und Ges. wegen Aufhebung direkter Staatssteuern. Von Oberbürgermeister Dr. **F. Adickes. 6. Aufl.** bearbeitet von Bürgermeister Dr **Falk.** In Bearbeitung.

Nr. **15.** **Die Kreisordnungen** für den Preußischen Staat. Von Land-G.Rat **O. Kolisch.** — **1894.** 5,50 *M*

Nr. **16.** **Konzessionierung gewerblicher Anlagen.** Von Geh. Reg.Rat Dr. **W. v. Rüdiger. 2. Aufl.** — **1901.** Vergriffen.

Nr. **17.** Preußisches **Gerichtskostengesetz.** Vom 25. Juli 1910. Mit Kostentabellen. Von Kammer-G.Rat Dr. **P. Siméon. 7. Aufl.** — **1913.** Mit Nachtrag: Abänderungen der Jahre 1919 und 1920. 5,85 *M*

Nr. **18.** Preußisches **Stempelsteuergesetz** vom 30. Juni 1909 Mit sämtlichen Ausführungsbestimmungen. Von **P. Loeck. 8. Aufl.** von Reg.Rat **W. Seyffarth.** — **1914.** 11,70 *M*
Neue Auflage in Vorbereitung.

Nr. **19.** **Das Jagdscheingesetz.** Von Wirkl. Geh. Ob.Reg.Rat **F. Kunze. 2. Aufl.** — **1899.** 2,90 *M*

Nr. **20.** **Die preußischen Erbschaftssteuergesetze.** Von Rechnungsrat **U. Hoffmann.** — **1905.** 5,20 *M*
(**Reichs**-Erbschaftssteuergesetz siehe Reichsgesetze Nr. **77** und Seite 22.)

Nr. **21.** Gesetz über die **Handelskammern.** Von Min.Dir. **F. Lusensky. 2. Aufl.** — **1909.** 4,40 *M*

Nr. **22.** Gesetz, betr. **Anstellung und Versorgung der Kommunalbeamten.** Von Dr. **W. Ledermann. 2. Aufl.**, bearbeitet von Dr. **L. Brühl.** — **1914.** 8,10 *M*

Guttentagsche Sammlung Preußischer Gesetze.

Nr. 23. **Ausführungsgesetz zum Bürgerlichen Gesetzbuche.** Von Kammer-G.Rat Dr. **P. Siméon. 3. Aufl. — 1914.** 3,10 ℳ

Nr. 24. Die **Hinterlegungsordnung. (1879.)** Von Reg.Rat Dr. **G. Bartels. 2. Aufl. — 1908.** 2,60 ℳ
—— Abänderungsgesetz vom 21. April 1913 siehe Nr. **53.**

Nr. 25. **Preußische Kommunalbeamtengesetzgebung.** Von Mag.Assessor Dr. **F. Kremski,** Berlin. **— 1901.** 4,40 ℳ

Nr. 26. Gesetze über das **Diensteinkommen der Lehrer und Lehrerinnen, Ruhegehalt und Hinterbliebenenfürsorge.** Tabelle zur Berechnung der Ruhegehalts-, Witwen- und Waisenbezüge. Von Bürgermeister Dr. **E. Cremer. — 1900.** 3,40 ℳ

Nr. 27. Gesetz, betr. die **Warenhaussteuer.** Von Geh. Ober-Fin.Rat Dr. **G. Strutz. — 1900.** 1,95 ℳ

Nr. 28. Die **Fürsorgeerziehung Minderjähriger.** Von Geh. Justizrat Dr. **P. F. Aschrott.** Mit Ausführungsbestimmungen und allen wichtigeren Ministerialerlassen. **3. Aufl. — 1917.** 5,— ℳ

Nr. 29. Gesetz, betr **die ärztlichen Ehrengerichte, das Umlagerecht und die Kassen der Aerztekammern.** Von Amtsgerichtsrat Dr. **F. Fidler. — 1901.** 2,35 ℳ

Nr. 30. Das **Preußische Staatsschuldbuch** und **Reichsschuldbuch.** Von Wirkl. Geh. Ob.Fin.Rat **J. Mücke. — 1902.** 2,60 ℳ

Nr. 31. **Die geltenden Preußischen Gesindeordnungen. Zwei Bände.** Von Rechtsanwalt **St. Gerhard.**

31 a. Gesindeordnung für die altpreußischen Provinzen vom 8. Nov. 1810, unter Berücksichtigung der Ergänzungsgesetze, der Rechtsverhältnisse der Stellenvermittler und Reichsversicherungsordnung, sowie die Gesindeordnungen für Neuvorpommern und Rügen und für die Rheinprovinz. **2. Aufl. — 1914.** 4 40 ℳ

31 b. Gesindeordnungen für Hannover, Schleswig-Holstein, Hessen-Nassau und den Regierungsbezirk Hohenzollern. **— 1902.** 3,65 ℳ

Bänden noch ein Teuerungszuschlag des Verlages von 25 %.

Guttentagsche Sammlung Preußischer Gesetze.

Nr. 32. **Die Städteordnung für die sechs östlichen Provinzen Preußens.** Von Dr. **W. Ledermann** u. Dr. **L. Brühl. 2. Aufl.** — 1913. 9,75 *M*

Nr. 33. **Rentenguts- und Anerbenrechts-Gesetzgebung in Preußen.** Von Land-G.Rat **M. Peltasohn** und Rechtsanwalt **B. Peltasohn.** — 1903. 4,40 *M*

Nr. 34. Sammlung der wichtigsten **preußischen Strafgesetze** nebst Ges., betr. polizeil. Strafverfügungen, vom 23. April 1883. Von Geh. Ob.J.Rat **Lindemann. 2. Aufl.** — 1912. 4,70 *M*

Nr. 35. **Geschäftsordnung für Gerichtsvollzieher.** Von **E. Exner.** — 1904. 4,55 *M*

Nr. 36. **Polizeiverordnungen in Preußen.** Von Geh. Ober-Justizrat **O. Lindemann. — 2. Aufl. 1912.** 3,40 *M*

Nr. 37. Gesetz, betr. **Enteignung von Grundeigentum,** vom 11. Juni 1874. Von Ob.L.G.Rat **O. Meyer. 2. Aufl.** — 1911. 3,25 *M*

Nr. 38. **Kreis- und Provinzial-Abgabengesetz** vom 23. April 1906. Von Gemeindevorsteher **F. Schmidt.** — 1906. 1,95 *M*

Nr. 39. Gesetz, betr. die **Unterhaltung der öffentlichen Volksschulen.** Von Reg.Rat Dr. **A. Marcks.** — 1906. 2,90 *M*

Nr. 40. **Verwaltungsstrafverfahren** bei Zuwiderhandlungen gegen die Zollgesetze und indirekte Reichs- und Landesabgaben. Von Dr. **R. Katzenstein.** — 1907. 5,20 *M*

Nr. 41. Die **preußischen Jagdpolizeigesetze.** Von Wirkl. Geh. Ob.Reg.Rat **F. Kunze** und Rechtsanwalt **R. Kühnemann. 2. Aufl.** — 1907. 5,20 *M*

Nr. 42. Die Gesetzgebung über die **Allgemeine Landesverwaltung** und **Zuständigkeit der Verwaltungs- und Verwaltungsgerichtsbehörden.** Von Dr. **K. Friedrichs. 2. Aufl.** — 1921. 20,— *M*

Nr. 43. Gesetz, betr. die **Zulassung einer Verschuldungsgrenze** für land- und forstwirtschaftlich **benutzte Grundstücke.** Von Syndikus Dr. **R. Leweck.** — 1908. 3,40 *M*

Zu den aufgeführten Preisen tritt bei den v o r 1920 erschienenen

Guttentagsche Sammlung Preußischer Gesetze.

Nr. **44.** **Quellenschutzgesetz** nebst den Ausführungsbestimmungen. Von Geh. Bergrat **E. Voelkel.** — **1909.** 1,60 *M*

Nr. **45.** **Rechtsverhältnisse der Juden in Preußen.** Von Rechtsanwalt Dr. **M. Kollenscher.** — **1910.** 3,40 *M*

Nr. **46.** Gesetz, betr. **Austritt aus der Landeskirche,** vom 14. Mai 1873. Von Ger.Assessor **H. Caro.** — **1911.** 3,40 *M*

Nr. **47.** Gesetz, betr. die **Feuerbestattung.** Von Amtsgerichtsrat Dr. **W. Lohmann.** — **1912.** 2,10 *M*

Nr. **48.** **Zweckverbandsgesetz für Groß-Berlin** vom 19. Juli 1911 nebst Abdruck des allgemeinen Zweckverbandsgesetzes. Von den Magistratsräten Dr. **L. Brühl,** Dr. **K. Gordan** und Stadtrat Dr. **W. Ledermann.** — **1912.** 5,85 *M*

Nr. **49.** **Gesetze gegen die Verunstaltung landschaftlich hervorragender Gegenden** mit Ausführungsanweisungen. Von Regierungsrat **O. Goldschmidt.** — **1912.** 3,40 *M*

Nr. **50.** **Gesetz, betr. die Anlegung und Veränderung von Straßen und Plätzen in Städten und ländlichen Ortschaften.** Von Oberlandgerichtsrat **O. Meyer.** — **1913.** 4,40 *M*

Nr. **51.** **Das preußische Disziplinargesetz für die nichtrichterlichen Beamten** und die Privatdozenten. Von Regierungsrat Dr. **E. v. Dultzig.** — **1914.** 6,25 *M*

Nr. **52.** **Preußisches Wassergesetz** vom 7. April 1913. Von den Rechtsanwälten **G. Wulff** und **F. Herold.** — **1913.** 7,15 *M*

Nr. **53.** **Hinterlegungsordnung** vom 21. April 1913. Von Landrichter **Hagemann.** — **1914.** 3,25 *M*

Nr. **54.** Gesetz, betr. **Anlegung von Sparkassenbeständen in Inhaberpapieren** nebst Ausführungsverordnung vom 8. Mai 1913. Von Rechtsanwalt **H. Döhring.** — **1914.** 2,90 *M*

Bänden noch ein Teuerungszuschlag des Verlages von 25 %.

Guttentagsche Sammlung Preußischer Gesetze.

Nr. 55. **Preußisches Wohnungsgesetz** und **Bürgschaftssicherungsgesetz**. Von Hochschulprofessor Dr. jur. **B. Schmittmann**. — 1918. 6,— M

Nr. 56. **Das preußische Tumultschadengesetz**. Von Justizrat Dr. **Bruno Friedländer**. — 1919. 1,20 M

Nr. 57. Gesetz über **Landeskulturbehörden**. Von Geh. Ober-Justizrat **W. Holzapfel**. — 1920. 7,— M

Nr. 58. **Arbeitsnachweis**. Von Magistratsrat **P. Wölbling**. — 1920. 4,— M

Nr. 59. **Bildung der neuen Stadtgemeinde Berlin**. Von Magistratsrat **P. Wölbling**. 2. Aufl. — 1920. 10,— M

Nr. 60. **Umlegungsordnung**. Von Geh. Ober-Justizrat **W. Holzapfel**. — 1921. 13,— M

Sonderverzeichnisse über hervorragende Erscheinungen aus den Gebieten des Verwaltungs- und Handelsrechts sowie der genossenschaftlichen Literatur durch jede Buchhandlung und direkt vom Verlage.

Zu den aufgeführten Preisen tritt bei den vor 1920 erschienenen

Guttentagsche Sammlung
von
Textausgaben ohne Anmerkungen mit Sachregister.

Betriebsrätegesetz. 2,— M
Bürgerliches Gesetzbuch nebst **Einführungsgesetz.** 13. Aufl. — 1921. 20,— M
Erbschaftssteuergesetz mit Ausführungsanweisung. 2. Aufl. 4,— M
Freiwillige Gerichtsbarkeit. — 1920. 12,— M
Handelsgesetzbuch nebst **Einführungsgesetz** und **Seerecht.** 10. Aufl. — 1921. 16,— M
Konkursordnung mit **Einführungsges.** 2. Aufl. — 1915. 1,80 M
Kriegsgewinnsteuer. — 1916. —,80 M
Die Kriegssteuergesetze. 2. Aufl. — 1917. 2,— M
Militärstrafgerichtsordnung m. **Einführungsges.** — 1901. 1,95 M
Militär-Strafgesetzbuch. 2. Aufl. — 1916. 1,55 M
Reichseinkommensteuer — Körperschaftssteuer — Kapitalertragssteuer — Landessteuer. 7,— M
Einkommensteuergesetz i. d. Fass. d. Nov. v. 24 3. 1921. 6,— M
Ausf.-Best. zum Einkommensteuergesetz. — 1921. 7,50 M
Reichsfinanzgesetze von 1909. — 1909. 2,60 M
Reichsnotopfergesetz. 1,50 M
Reichsversicherungsordnung (Kranken-, Unfall-, Invaliden- und Hinterbliebenenversicherung). 20. bis 30. Tausend. 6,— M
Strafgesetzbuch. — 1921. 8,— M
Strafprozeßordnung. 3. Aufl. — 1920. 12,— M
Umsatzsteuergesetz. — 1920. 3,— M
Verkehrs- u. Kohlensteuer u. Kriegssteuerzuschlag. — 1917. 2,— M
Verfassung des Deutschen Reiches v. 11. Aug. 1919. 2. Aufl. 6,— M
Verfassung des Freistaates Preußen. 3,60 M
Versicherungsgesetz für Angestellte. — 1911. S. R. 144. Vergriffen.
Wechselordnung. — 1908. 3,— M
Wehrbeitrag und **Besitzsteuer.** — 1913. 1,30 M
Zivilprozeßordnung mit **Gerichtsverfassungsgesetz** und **Einführungsgesetzen.** 1921. 18,— M
Zuwachssteuergesetz. — 1911. 1,05 M
— — **Ausführungsbestimmungen.** — 1911. —,80 M
Preuß. Ausf.-Anweis. zur **Gewerbeordnung.** — 1904. 2,90 M

Bänden noch ein Teuerungszuschlag des Verlages von 25 %.

Schlagwort-Register

R. = Nummer der Sammlung Deutscher Reichsgesetze.
P. = Nummer der Sammlung Preußischer Gesetze.
S. = Seite.

Schlagwort-Register. (R. = Reichsgesetz, P. = preuß. Gesetz.)

Schlagwort-Register. (R. = Reichsgesetz, P. = preuß. Gesetz.)

Schlagwort-Register. (R. = Reichsgesetz, P. = preuß. Gesetz.)

Schlagwort-Register. (R. = Reichsgesetz, P. = preuß. Gesetz.)

FSC
www.fsc.org
MIX
Papier | Fördert
gute Waldnutzung
FSC® C083411

Kolibri 360 GmbH
Ferdinand-Jühlke-Straße 7
99095 Erfurt, Deutschland
produktsicherheit@kolibri360.de